Peter Lexe • Ferdinand Neumüller

Friaul – Julisch-Venetien:

Sieben köstliche Reisen

Kultur • Küche • Keller

Verlag Carinthia

Inhalt

Mandi … 5

Die erste Reise.
Tarvisio – das Kanaltal – das Fellatal – Tolmezzo – die Carnia – die deutschen Sprachinseln Sauris und Sappada 9

Die zweite Reise.
In die Colli Orientali. Venzone – Gemona – Tarcento – Ramandolo – Faedis – Tal des Grivo – Cividale – Die Natisone-Täler – Das Cialla-Tal – Prepotto und Spessa – Die Weinhügel von Buttrio bis Corno di Rosazzo – Die Abbazia di Rosazzo 41

Die dritte Reise.
Dolegna del Collio – Cormons – Gradisca d'Isonzo – Farra d'Isonzo – Görz – San Floriano – Capriva del Friuli – Cormons 85

Die vierte Reise.
Durch den Karst in die Stadt Triest. Von Gradisca d'Isonzo – San Martino – Terrana – Weinstraße – Triest – Muggia 119

Die fünfte Reise.
Tricesimo – Buia – San Daniele – die Strada del Prosciutto e di Castelli – Udine – Manzano – Mortegliano – Codroipo – die Villa Manin 145

Die sechste Reise.
Monfalcone – Grado – Aquileia – Cervignano – Marano Lagunare – Lignano 191

Die siebente Reise.
Codroipo – Sesto al Reghena – San Vito al Tagliamento – Valvasone – Porcia – Pordenone – Sacile – Aviano – San Quirino – Spilimbergo – Clauzetto – Pinzano – San Daniele in Friuli 211

Rezepte 236

Empfehlenswerte Hotels 237

Wirte, Winzer, Produzenten 238

Worterklärungen 239

Mandi ...

Natürlich habe ich es erhofft, aber nicht so erwartet: Der kulinarische Reiseführer »Friaul-Julisch Venetien: Sieben köstliche Reisen« ist ein Klassiker geworden. Wir haben zwar mehrfach Neuauflagen mit Änderungen gedruckt, aber nach acht Jahren am Markt musste der Führer von Grund auf neu verfasst werden.

An den wirklich guten Restaurants hat sich ja nicht viel verändert, die bleiben konstant. Doch hat sich in diesem Land eine neue Generation an Wirtsleuten, Winzern, Winzerinnen und Produzenten köstlicher, regionaler Lebens- und Genussmittel entwickelt, die ich meiner Leserfamilie vorstellen möchte. Insoferne hat sich viel getan. Doch beginnen wir von vorne:

Es war Mitte der 70er Jahre, als mich der Udineser Juwelier Rudy Battilana in die Trattoria »Da Toni« nach Gradiscutta (in der Nähe von Codroipo) eingeladen hatte. Der Lions Club Lignano beging damals die Charter Night eines »Leo«-Clubs. Neun Gänge wurden als Menü serviert und zu jedem Tellergericht reichte der Patron des Hauses, Aldo Morasutti, einen eigenen, dazupassenden Wein. Solch üppige Essenskultur war mir fremd, und daher prägte ich mir diesen köstlichen Abend in mein Gedächtnis ein – ein bisschen auch wegen des Schwipses, den mir die Riege der wichtigsten friulanischen Weine von Tocai bis Piccolit zugefügt hatte ...

Natürlich stammt meine Liebe zu diesem Land »Friaul« nicht von diesem Abend ab, aber er machte mich neugierig gegenüber der Küche des Landes und gegenüber seinen Restaurants.

Die Liebe zu Friaul selbst scheint mir bereits in die Wiege gelegt worden zu sein: Meine Mutter lebte als Kind viele Monate in Triest im Hause eines Kapitäns der Handelsmarine, und als ich Kind war, gehörten die Ausflüge von Villach per Bahn nach Tarvis sowie per Bahn und Bus an die Strände von Lignano und Grado zum ganz normalen Jahresablauf. Später – mit dem eigenen Auto – folgten dann auch Ausflüge in das Landesinnere: Görz und Triest sind unsere bevorzugten Ziele gewesen.

Das verheerende Erdbeben im Mai 1976 und die Städtepartnerschaft Villach–Udine, ein Jahr danach, brachten mich als jungen Journalisten häufig in den Raum Venzone–Udine–Latisana. Neben der Berichterstattung über das Beben und seine Auswirkungen, über Politik, Wirtschaft und Gesellschaft von Udine lernte ich auch zahlreiche Restaurants kennen. Pasta, Insalata und Vino stilisierten sich in mir zum Hochgenuss. Ich lernte die ersten Wirte guter Trattorien persönlich kennen und begann erst zögerlich, dann schon routiniert nach den Rezepten zu fragen, um sie zu veröffentlichen – was in Sonderbeilagen über »Friaul« in der »Kärntner Tageszeitung« und dann in der »Kleinen Zeitung« geschah.

Aber so richtig zum »nachkochenden Gourmet« bin ich durch meine Freundschaft zu Hans Tschemernjak, dem »Tschebull«-Wirt vom Faaker See, geworden. Er lehrte mich Wein von Wein zu unterscheiden, nahm mich zu Weinmessen mit und erklärte mir Tipps und Tricks aus der Küche. Als er die erste »Alpen-Adria-Wirtepartnerschaft« am Beginn der 80er gründete, erinnerte ich mich der Trattoria »Da Toni« und stellte über meinen lieben Freund Kurt Hütter – er war der Schwager des Tschebull-Wirts – den ersten Kontakt her. Seitdem funktioniert diese Wirtekooperation beispielhaft.

Mein Interesse an Friaul – Julisch-Venetien mag in erster Linie ein kulinarisches sein, doch es ist mehr. Es ist auch ein kulturelles und gesellschaftliches Interesse, das mich in dieses Land zieht: Im Laufe der Jahre habe ich hier Menschen kennengelernt, die offen und hilfsbereit gegenüber meinen Fragen waren und in denen ich vorbehaltlos Freunde gewinnen konnte. Paolo Meroi beispielsweise, ein junger Winzer und Gastronom aus Buttrio, der Jahr für Jahr qualitätsvollere Weine keltert, mit dem ich oft verkoste, der Kritik verträgt und mir immer wieder Winzerkollegen aus den Colli Orientali vorstellt. In seinem »Al Parco« ist meine ganze Familie gerne zu Gast.

Giorgio Tuti, der Patron des noblen Restaurants »Aquila d'Oro«, darf auch zu meinen Freunden gezählt werden. Er hat es nicht leicht sich immer mit der Spitze der Gastronomie messen zu müssen, aber seine Schwester Anna ist in der Küche so kreativ, dass die Messlatte der Kritik meist übersprungen wird.

Nicht zuletzt sind auch Roberto Brovedani und seine Gattin Fabrizia Meroi gute Freunde von mir geworden. Das junge Paar führt in Sappada, einer deutschen Sprachinsel in den östlichen Dolomiten (bereits in Belluno, hart an der Grenze zu Friaul), ein Kleinod gehobener Gastronomie, das Ristorante »Laite«. Ein Stern im Michelin für Fabrizia – das sagt alles. Sie zeigen, wie auch in entlegenen Gebieten höchste Tafelkultur überleben kann.

Die Küche in Friaul – Julisch-Venetien ist weniger geprägt von der traditionellen, italienischen Küche, sondern vielmehr von der Küche der Alpen und der Adria. Es sind in erster Linie einfache, eher deftige Speisen aus Grundprodukten, die in der Umgebung der Wirtshäuser produziert werden: Gemüse, Wiesenkräuter, Polenta (Maismehl), Rollgerste, Bohnen, Kastanien, Fleisch vom Schwein, Rind, Kalb, Lamm und Wild, Fische aus den Gebirgsbächen, Forellen aus Teichen und natürlich Fische aus der Adria sowie Muscheln aus der Bucht von Triest und der großen Lagune von Marano (zwischen Grado und Lignano). Über Meeresfische wusste ich vor etlichen Jahren praktisch gar nichts. Nachhilfeunterricht hatte mir in den 90er Jahren Anton Tarmastin gegeben. Der Villacher betrieb in der Innenstadt die legendäre »Trattoria adriatico«. Jetzt, in Pension, schippert der

Draustädter mit Gattin Heidi und Boot »Hetore« über die Adria.

Der größte Teil an »Nachhilfe« wurde mir durch die Freundschaft zu Walter Filiputti und der Wirtevereinigung »Friuli – Via dei Sapori« zuteil. So manche Rezepte der friulanischen Küche finden sich in ähnlicher Form in Kärnten und Slowenien wieder. Es mag verblüffen, ist aber doch einfach erklärt: Die sogenannte »regionale Küche« kennt eben keine politischen Grenzen. Gerichte in der »Carnia« finden sich im Gail- und Lesachtal wieder, Rollgerste, Polenta & Co sind in Kärnten und Slowenien gleichermaßen auf dem täglichen Speisefahrplan bäuerlicher Familien aufzufinden. Das habe ich vor allem als »Kuchlmasta« der Kleinen Zeitung erfahren. Im Vergleich zwischen bäuerlichen Wirtshäusern in Kärnten und jenen in Friaul fand ich in den Rezepten zahlreiche Querverbindungen. »Frico« beispielsweise, das in Kärnten und Slowenien »Frigga« genannt wird; die »Gubana« aus Cividale ist der »Reindling« in Kärnten und die »Potizza« in Slowenien. Die Liste lässt sich fortsetzen.

»Wirst Du auch Deine Geheimtipps verraten?«, hat mich ein Journalistenkollege gefragt. »Natürlich«, gab ich zur Antwort, »ein Wirtshaus lebt ja nicht davon, Geheimtipp zu sein. Ein Wirt will sein Gasthaus doch eher in die Auslage als in das entfernteste Winkerl stellen.« Wer jetzt meint, ein Zuviel an Öffentlichkeit bringt viele Gäste, die ihrerseits negativen Einfluss auf die Individualität des vorgestellten Wirtshauses ausüben, der mag schon recht haben. Ein friulanisches Wirtshaus, das wegen ausländischer Gäste und deren heimischer Gewohnheiten sein originelles Konzept verlässt, wird sowieso »vom Markt geregelt«. Und den anderen sei der Erfolg gegönnt, an genügend Gästen verdienen zu dürfen.

Sieben Reisen durch Friaul – Julisch-Venetien habe ich für meine Leserinnen und Leser unternommen. Ich stelle den Weg vor, was rechts und links auch kulturell oder geschichtlich von Bedeutung ist, zeige auf, wo Köstlichkeiten verkostet und eingekauft werden können, bringe eine persönliche Auswahl an Wirtshäusern und natürlich auch die Tipps, wo gut übernachtet werden kann. Sie werden vielleicht Ihr »Lieblingslokal« nicht in diesem Buch finden. Macht nichts – es ist doch schön, immer wieder auf etwas Neues aufmerksam gemacht zu werden.

Die Region stellt ja auf der üppigen Weinkarte Italiens ein besonderes Biotop dar, was dieses Buch anschaulich zum Ausdruck bringen will. Es sind in erster Linie die Weißweine, die Friaul als Weinland international berühmt machen. Dass die Leitsorte »Tocai friulano« nach einem Urheberrechtsprozess, den Ungarn gegen Italien angestrengt und gewonnen hat, in Zukunft nur mehr »Friulano« genannt werden darf, soll hier nicht unerwähnt bleiben. Für Sammler: Der Jahrgang 2005 (eventuell werden noch einige Winzer den 2006 mit »Tocai friulano« etikettieren) ist somit ein historischer.

Eine schöne Eigenart des Landes Friaul ist auch der sehr persönliche Gruß »Mandi«. Manche leiten den Gruß vom lateinischen »mane diu« ab (bleibe lange), andere sehen den Ursprung im Ausdruck »manibus dei« (in Gottes Hand), wieder andere sehen darin die italienische Zusammensetzung »mi raccomando«, was friulanisch m'arcomandi heißt (ich empfehle mich Deinem Wohlwollen).

Am Beginn des sehr persönlichen Buches »Friaul – Julisch-Venetien: Sieben köstliche Reisen« greife ich auf dieses »Mandi« zurück: Somit empfehle ich mich Ihrem Wohlwollen und schließe mit dem Wunsch: Verweilen Sie lange in diesem Buch.

Ihr Peter Lexe

Die erste Reise.

Tarvisio – das Kanaltal – das Fellatal – Tolmezzo – die Carnia – die deutschen Sprachinseln Sauris und Sappada

Früher, da tummelten sich auf den Schneefeldern des Sella Nevea nahe Tarvis auch im Sommer die Schifahrer. Das ist vorbei. Seit dem generellen Rückgang der Gletscher in unseren Alpen sind auch die Schneefelder des Monte Canin im Hochsommer auf kleine Patzen zusammengeschmolzen. Damit verliert die Aussage des berühmten Dichters Ippolito Nievo (1831–1861), der Friaul als »Die ganze Welt im Kleinen« bezeichnete, ihren umfassenden bildhaften Charakter. »Vom Meer bis zum Gletscher« besitzt nur mehr beschränkt Geltung. Trotzdem ist dieses Friaul noch immer ein »kleines Universum«: Innerhalb von zwei Stunden Fahrt mit dem Auto hat man vom Hochgebirge, über Mittelgebirge, Hügelland, Tiefebene bis zum Meer all jene topographischen Formen, die sonst kein anderes Land auf so engem Raum aufzuweisen vermag.

Über den Sella Nevea, den Nevea-Sattel, nehme ich von Tarvis aus vor allem im Herbst gerne einen Umweg in Richtung Udine in Kauf. Das Kanaltal wird damit umfahren, denn bei Chiusaforte, im Canale di Ferro (Fellatal), gelangt man nach einer wunderschönen Berg- und Talfahrt wieder auf die Hauptstraße, die Strada Statale 13 (SS13). Um in den Süden in Richtung Cividale, Görz oder Triest zu gelangen, kann ich auch die Bergstrecke von Tarvis über den Cave del Predil in das slowenische Socatal (der Fluss Soca wird in Italien Isonzo genannt) empfehlen. Der landschaftliche Reiz ist es, der beispielsweise mich recht häufig in dieses langgestreckte Socatal zieht. Für Kanu- und Raftingfahrer ist es dieser türkisfarbene Fluss mit seinen Stromschnellen, der genügend Anreiz zum Befahren bietet.

All das ist direkt von Tarvis aus erreichbar. Die Handelsstadt liegt ja an der Dreiländergrenze Österreich, Slowenien und Italien. Damit auch am Schnittpunkt der Kulturkreise germanisch-slawisch-romanisch. Was sich im Städtchen und im gesamten Kanaltal bevölkerungspolitisch zeigt: Menschen mit italienischer, deutscher und slowenischer Muttersprache leben hier recht friedlich miteinander.

M. Lussari

CLERICO

Tarviser Patschen

Der Ausflug nach Tarvis hat mich als Kind meist in einen Zwiespalt gerissen: Auf der einen Seite überwog der exotische Reiz des Tarviser Marktes, die Chance, eine gute Jause mit Mortadella, Käse, Prosciutto und Sgombri schmausen zu dürfen, auf der anderen Seite war das der weite Weg vom Bahnhof Tarvisio Centrale bis in die Innenstadt, der mir Magenkrämpfe verursachte. Die Winterpatschen (= Hausschuhe), der Angorapullover und die Unterwäsche wurden ganz allgemein am Tarviser Markt »erhandelt«. Meine Mutter war im Feilschen besonders hartnäckig, an das erinnere ich mich noch genau.

Heute ist zwar einiges vom Flair dieses bazarartigen Marktes verloren gegangen, doch Tarvis hat sich umgestellt: Handelsstadt ja, doch die Stadt möchte für Touristen das »Schaufenster« der Region und für die einheimischen Gäste ein gut ausgestattetes Ferienland sein. So wurden die Schilifte und Pisten enorm ausgebaut und modernisiert. Ein Golfplatz (9 Loch) wurde errichtet, das Wandergebiet erweitert.

Mehr noch: Das erste Wochenende im Dezember gilt ganz dem Wein. Da wird das Fest »Ein Prosit in Tarvis« gefeiert. Im Palazzo Veneziano in Malborghetto zeigen die besten Winzer der Region und ausgesuchte Winzer aus ganz Italien ihre vornehmlich autochthonen Weine. Geführte Weinverkostungen, tolle Abendessen in zahlreichen Restaurants und Ausstellungen heimischer Genüsse runden dieses Bild ab. Ein Pflichttermin für Weinfreunde und Gourmets (Auskünfte: apt@tarvisiano.org, consorzio@tarvisiano.org, www.einprosit.org).

Käse im Kanaltal, für Fromme ein Abstecher auf den Luschari-Berg

Wenn die Seilbahn in Betrieb ist, stellt es kein großes Problem dar, Mitteleuropas höchstgelegenen Wallfahrtsort Maria Luschari (1640 Meter Seehöhe) zu erklimmen. Für Fußwallfahrer wird's ein kräftiger Drei-Stunden-Marsch von Saifnitz (Camporosso) aus. Maria Luschari ist ein Dreiländerwallfahrtsort für Gläubige aus Slowenien, Kärnten und Friaul. Am 15. August, dem Tag »Mariä Himmelfahrt«, wollen Tausende Menschen von Valbrunna aus nach oben. Mit längeren Wartezeiten bei der Seilbahnstation muss gerechnet werden. Das gilt dann auch für die kleinen, netten Imbissstuben in der »Andenkenstraße« rechts von der Kirche. Auch im Gasthaus »Al Convento« beteuert das recht freundliche Personal, es werde »bald wieder ein Platz frei«. Dafür genießt der Wanderer oder Seilbahnfahrer am Luschari einen traumhaften Blick hinein in die Kalkstöcke der Julier, genauer gesagt der »Julischen Alpen«. Sie mit den Dolomiten gleichzusetzen wäre ein Sakrileg. Immerhin verdanken die Julier ihren Namen jenem »Julius Cäsar«, dessen Schriften im Lateinunterricht nicht so sehr plagen wie jene eines Ovid beispielsweise. Dass dieser Julius Cäsar römischer Feldherr und dann Kaiser des Römischen Reiches war, sei auch erwähnt. Und auch die Tatsache, dass die Julier ihren Namen deshalb Cäsar verdanken, weil er hier 56 v. Christus nach seinem Feldzug gegen die Gallier die Alpen in Richtung »Heimat« überquerte.

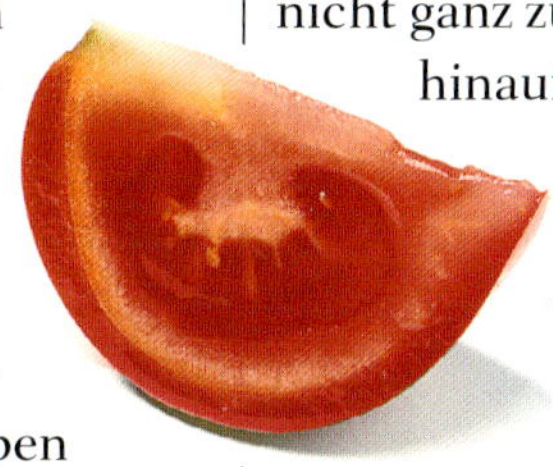

Am Luschari werden gute Spaghetti al dente mit Fleischsoße und natürlich Tarviser-Jausen und Brettljausen angeboten. Der vorzügliche Käse stammt aus der Milch von Kühen, Schafen oder Ziegen, die auch auf der Luscharialm weiden und die in der Käserei der Viehzüchter von Valcanale in Ugowitz (Ugovizza) zu Montasio, Malga oder Ugovizella (eine Art Mozzarella) verarbeitet werden. In Ugowitz, direkt an der Staatsstraße, hat die Cooperativa Agricoltori Valcanale (www.montasiovalcanale.it) ihre moderne Käserei samt Verkaufsladen erbaut. Der Montasio-Käse aus dem Kanaltal gehört zu den besten im Lande.

Die meisten Kühe der Kanaltaler Bauern weiden im Sommer auf Almen der Karnischen Alpen. Von Ugowitz aus führt eine kleine Bergstraße hinauf in Richtung einiger dieser Almen. Dort bieten auch Agriturismi-Betriebe (siehe Erklärung im Anhang des Buches) ihre hauseigenen Köstlichkeiten an.

Das Haus »Malga Priu« zum Beispiel. Mit dem Auto kann man zwar nicht ganz zu dieser Almwirtschaft hinauffahren, doch das gute Essen, die Jause mit frischem Topfen oder die Kuchen mit Waldbeeren entschädigen für die Anstrengungen des Fußmarsches. Das Bauernhaus der Familie Rosic, ebenfalls ein Agriturismi-Betrieb, kann dagegen bequem mit dem Auto erreicht werden.

Pontebba, das Aupa- und das Resia-Tal und Moggio

Wieder ein Umweg! Aber wer nicht will, der fahre über die Autobahn, von Tarvis weg über die Talwasserscheide (= Spartiaque – in Camporosso ist auch ein gutes Meeresfischrestaurant danach benannt), an der Festung Malborghet und an diesem wunderschönen Holzflügelaltar in der Domkirche von Pontebba vorbei, Richtung Udine und Adria. Wer aber Zeit hat, der nehme die Staatsstraße, zockle ruhig durch das Bezirksstädtchen Pontebba durch. In einem der Cafés wird vielleicht ein Kanaltaler über das aktuelle, traurige Schicksal seines Tales erzählen. Schuld ist die Europäische Union, ja, ja, diese habe den Menschen im Tal wirtschaftliche Probleme gebracht. Durch den Wegfall der Grenzkontrollen mit dem Beitritt Österreichs zur EU haben einige hundert Zöllner, Zolldeklaranten und Spediteure praktisch über Nacht ihre Jobs verloren. Und weil auch das andere Nachbarland Slowenien und nicht mehr »Jugoslawien« heiße, hat auch das Militär etliche Kasernen im Tal dichtgemacht. Viele Berufsoffiziere sind mit ihren Familien in andere italienische Regionen versetzt worden.

Raimondo Domenig, Publizist und Heimatforscher, drückt den Bevölkerungsschwund im Tal in Zahlen aus: »Alleine im Kanaltal sind an die 2000 Menschen abgewandert.«

Pontebba ist Ausgangspunkt für die Erschließung der italienischen Seite des kärntnerischen Schizentrums »Nassfeld – Karnische Region«. Eine Straße führt auf den »Passo Pramollo« und noch leichter wird die Reise in das Schigebiet bald mit einer Seilbahn möglich sein.

Über Pontebba also nimmt man die Straße in Richtung Studena Alta hinein in das Tal des Flusses Aupa. Eine wildromantische Gegend. Bei Moggio – einem kleinen Städtchen, in dessen Zentrum sich die Locanda »San Gallo« befindet – wird wieder die Staatsstraße und nach rund 20 Kilometern schließlich die Kreisstadt Tolmezzo erreicht.

In Richtung Tarvis aber folgt nach wenigen Kilometern das landschaftlich nicht minder reizvolle Resia-Tal, in dem Menschen leben, die noch ihren alten, überlieferten Dialekt beherrschen. Er stammt aus dem Slawischen, die genaue Herkunft ist jedoch noch nicht exakt erforscht.

Die Carnia

Der Stadtkern von Tolmezzo ist mittelalterlich und erstens deswegen, zweitens wegen des Heimatmuseums »Museo Carnico« und drittens wegen des Restaurants und der Enoteca im »Albergo Roma« unbedingt zu besuchen. Am Platz vor dem »Albergo Roma«, direkt gegenüber, im Hause des Kreisgerichts, befindet sich eine Konditorei, mit leckeren Köstlichkeiten, feinen Likörs, Portweinen und Sherrys.

Tolmezzo ist Zentrum und Ausgangspunkt für die Fahrt in die Täler der »Carnia«. Benannt nach dem gleichnamigen Volk keltischer Abstammung. Die Karnier beherrschten einst weite Teile Friauls, wurden aber von den Römern im Kampf geschlagen und in die Berge zurückgedrängt. Für die Römer war es wichtig, die Verkehrsroute über den Plöckenpass freizuhalten. Dafür errichteten sie unweit vom heutigen Tolmezzo das Forum Julium Carnicum. Auch fanden sie in der Nähe heilende Quellen, die heute noch von Kurgästen in Arta Terme genützt werden.

Das Bergland der Carnia mag für Ausflügler und Touristen wild, romantisch und schön sein, für die Menschen ist das Leben aber beschwerlich, für die Jugend die Zukunft ungewiss. Viele Menschen sind daher in diesem Jahrhundert bereits aus den Tälern abgewandert, entweder in die Städte Italiens oder nach Übersee – bevorzugtes Auswandererland der Friulaner ganz allgemein war bisher Kanada. Allein in Toronto leben an die 80.000 Friulaner. Toronto wäre somit die zweitgrößte Stadt dieses Landes. Vor allem in der Carnia bemerkt man diese Abwanderungsbewegung. Kleine Bergdörfer, die sich meist

an steile Hänge klammern, sind nur mehr von einigen wenigen betagten Menschen bewohnt.

Dazwischen aber dann wieder Dörfer, in denen Leben herrscht: Arta Terme, wo sich der Kurtourismus hält, die Dörfer um Ravascletto, in denen Sommerfrische und Wintersport Touristen anlocken, und die deutschen Sprachinseln Sauris und Sappada. Letztere Gemeinde befindet sich bereits in der Provinz Belluno, allerdings hart an der Grenze zu Friaul. Der Patriarch von Aquileia hatte einst armen Familien aus Bergtälern Osttirols Grundstücke für die Gründung neuer Existenzen und das Heimatrecht in den Hochtälern Sauris und Sappada angeboten. Zahlreiche Menschen zogen über die Karnischen Alpen dorthin, gründeten nicht nur Dörfer, sondern behielten auch ihre Sprache und Kultur. In Sappada wird dieser alte Osttiroler Dialekt das »Plodnerische« genannt. Nur mehr wenige Menschen sprechen diesen Dialekt, der Fremdenverkehr und die Zeit moderner Kommunikationsmittel haben der alten Sprache den Garaus bereitet.

Die Käse-, Schinken- und Speckmacher und die Holzschnitzer

Handwerk hat sich bis heute in der Carnia erhalten. Auf dem Weg von Tolmezzo in Richtung Ampezzo zeugen Werkstätten davon. Und in manchen Bergdörfern werden in Geschäften Holzschnitzkunst und geflochtene Korbwaren angeboten. Was aber die Carnia bei Gourmets sehr begehrt macht, das sind die köstlichen Käse, der Schinken von Sauris und der Speck, der in so manchen bäuerlichen Betrieben erzeugt wird.

In Tolmezzo, Suttrio, Enemonzo, Ovaro und Pauluzzo haben Käsereien Geschäfte eröffnet, in denen die qualitätsvollen Produkte gekauft werden können. Besonders erwähnenswert sind der Montasio-Käse, der Cuc (ein Kuhmilchkäse), der Malga (Almkäse) und als Ziegenkäse der Caprino della Carnia. Dieser wird duro (hart) oder morbido (weich) angeboten. Seltener wird man den Formadi Frant finden. Dieser Montasio- oder Malgakäse wird mit Obers, Salz und manchmal auch mit Pfeffer gemischt und dann mindestens 30 Tage gereift. 15 Käsesorten kennt die Carnia und mehr als 40 Almen sind im Sommer noch in Betrieb.

In der Carnia wird aber auch oft Honig von ausgewählter Qualität angeboten. Tafeln am Straßenrand mit der Aufschrift »Miele« führen zu kleinen Imkereien.

Ursprung von Tagliamento und Piave

Rein geographisch gesehen ist die Carnia eine Berglandschaft mit einer großen Anzahl an Tälern. Im Westen bei Sappada wird die Carnia durch die östlichen Dolomiten begrenzt. Hier in der Nähe in den Karnischen Alpen entspringt die Piave, der Hauptfluss des Veneto. Am Passo Mauria wiederum entspringt der Tagliamento, der Fluss Friauls, der zwischen Lignano und Bibione in die Adria mündet. Das Obere Tagliamento-Tal, das Tal des But (er entspringt in der Nähe des Plöckenpasses) und das Persarina-Tal (es stellt die Verbindung nach Sappada her) sind die drei Haupttäler der Carnia. Sie alle treffen bei Tolmezzo zusammen.

Wir besuchen:

Ristorante Hotel Italia, Tarvis
Trattoria Tschurwald, Tarvis
Ristorante da Benito, Camporosso
Al buon Arrivo, Tarvis
Da Lucia, Ugovizza
Al Convento, Maria Luschari
Renzo, Valbruna
Agriturismo Rosic, Ugovizza
Ant. Tratt. da Giusi, Malborghetto
Locanda San Gallo, Moggio Udinese
Hotel Ristorante Carnia, Carnia
Ristorante Albergo Roma, Tolmezzo
Albergo Ristorante Salon, Piano
Trattoria Alla Pace, Sauris
Ristorante Laite, Sappada

PRIMI PIATTI
Gnocchi alla Carnica 10.000
Gnocchi di ricotta e menta 10.000
Pasticcio di lasagne 9.000
Zuppa di funghi 10.000
Orzo e fagioli 6.000
Orzotto con sasiccia 10.000
Tagiatelle al ragù 7.000
Dolci della Casa
4.000
SECONDI PIATTI
Carrè con Kren e Krauti 12.000
Milanese 12.000
Braciola ai ferri 12.000
Frico con polenta 12.000
Formaggio ai ferri 10.000
Capriolo in salmi 15.000
Contorni
4.000

Ristorante Bar »Italia«

33018 Tarvisio, Via Roma 103
TELEFON: *0428/20 41*
WIRTE: *Lauro Segat und Magda Meschnig*
GEÖFFNET: *ganzjährig; Sonntagabend und Montag Ruhetage*
Alle Kreditkarten

Das »Italia« in der Hauptstraße der Stadt Tarvis war schon immer ein Treffpunkt für Genießer. Hotelier Paolo hat sich zurückgezogen und das Restaurant einem ganz Großen der Kanaltaler Kochszene übergeben: Lauro Segat. Er hatte das »Da Benito« in Saifnitz/Camporosso zu erstaunlichen Höhen geführt und ist jetzt mit seiner Lebensgefährtin Magda Wirt im »Italia«.

Schwerpunkt der Kochkunst von Lauro ist ohne Zweifel die Meeresfisch-Küche. »Frische Ware, hohe Qualität, das ist wichtig in meinem Restaurant«, meint Lauro und seine Stammgäste nicken bei dieser Ansage mit dem Kopf. Ja, ja, so ist das. Ein Großteil seiner Gäste kommt aus Österreich. Sie schätzen Qualität der Küche, Ambiente und die gute Weinauswahl. Wer mit Lauro oder besser Magda – sie spricht sehr gut deutsch – einige Tage zuvor telefonisch das Menü bespricht, darf sich auch auf besondere Angebote freuen. Lauro: »Wir bieten Degustationsmenüs an.«

Angebot: Schöner Speisesaal, kleine Enoteca, gemütlich modern.

WC: sehr gepflegt, elegant, getrennt, englisch

Muschelsuppe

1 Kilo Vongole, 4 Tomaten, 2 Knoblauchzehen, Peperoncino, Olivenöl, Weißwein, Oregano, Basilikum, Brösel, Salz, Pfeffer

In heißem Öl den Knoblauch und fein gehackte Peperoncino anschwitzen, die Muscheln und kleinwürfelig geschnittene Tomaten dazugeben, kurz mitrösten und mit Weißwein ablöschen. Die Kräuter und Gewürze dazugeben und alles leicht köcheln lassen bis alle Muscheln aufgehen. Die Soße mit etwas Bröseln binden.

Trattoria Tschurwald

33018 Tarvisio, Via Roma
TELEFON: *0428/2119*
WIRT: *Emanuela und Fabio Tschurwald*
GEÖFFNET: *Warme Küche von 12–15 und von 19–21 Uhr; Mittwochabend und Donnerstag Ruhetag*

Das Gasthaus wird von den Geschwistern Emanuela und Fabio bereits in der dritten Generation geführt. Mutter Gabriela arbeitet mit dem Sohn in der Küche, die Tochter ist für das Service verantwortlich. Das Gasthaus Tschurwald ist seit Generationen als die Jausenstation in der Grenzstadt Tarvis bekannt. Aber jetzt hat der Sohn die regionale Küche eingeführt: Ein Teil des Lokals ist ein Treffpunkt vieler Tarviser und Gäste aus dem Ausland geblieben. Ein Kommunikationszentrum, wo auch die Tarviser Jause (Prosciutto, Mortadella, Salami, Käse, Zwiebel, Pfefferoni) aufgetragen und wo Kaffee oder Vino getrunken wird. Im hinteren Teil ist Platz für die Restaurantgäste.

Orata auf Rucola
(Filetto di Orata alla rucola)

4 Orate, 10 dag Rucola,
1 TL Butter, Salz, Pfeffer,
1 TL Maizena, Fischfond

Frische Orate filetieren, salzen, pfeffern und im Ofen mit etwas Olivenöl bei 170 Grad etwa 15 Minuten braten. In der Zwischenzeit in einer Pfanne Butter heiß werden lassen, den feingeschnittenen Rucola dazugeben, salzen, pfeffern und mit etwas Fischfond (aus den Karkassen) oder Fischsuppe aufgießen. Mit etwas Maizena binden. Diese Soße auf Teller gießen, die gebratenen Fische darüberlegen und mit Salzerdäpfeln servieren.

Trattoria »Al buon Arrivo«

33018 Tarvisio, Via Stazione 8
TELEFON: *0428/22 19,* FAX: *64 58 51*
WIRTE: *Geschwister Anna und Bruno Ferrauti*
GEÖFFNET: *ganzjährig; Ruhetage: Sonntag und Montag vom Oktober bis Mai; Juni, Juli, September Sonntag; August kein Ruhetag*
Alle gängigen Kreditkarten

»Im Moment tun wir uns noch etwas schwer, die Küchenphilosophie den Gästen nahezubringen, aber abends läuft es schon ganz gut«, gesteht Anna, die Wirtin und Köchin eines besonderen Tarviser Wirtshauses, das sie gemeinsam mit Bruder Bruno führt. Es gibt Pizza und mittags kleine, typisch italienische Speisen. Aber am Abend, da zeigt die Anna was sie in der Küche »drauf« hat. Fischgerichte nach alten süditalienischen Rezepten, modern zubereitet. Anna ist nicht nur kreativ, sie versteht es auch, Fisch und Meeresfrüchte auf den Punkt genau zu garen und deren Eigengeschmack nicht zu verändern. Ihren Urlaub verbringt sie meist bei ganz großen Köchen Italiens – in der Küche, »lernen, sehen, lernen«, sagt Anna.

Bruno, der Wirt, sammelt für seine Gäste die besten Tropfen Italiens. »Das Preis- Leistungsverhältnis muss stimmen«, ist sein Credo. Bruno hat den richtigen Riecher für neue Winzer und große Weine.

Das »Al buon Arrivo« (Zur guten Ankunft) befindet sich an der Kreuzung jener Straße, die von der Tarviser Kirche zum Markt führt. Nach der alten Bahnunterführung und genau gegenüber dem Kaufhaus Vidussi.

Ausstattung: Gaststube, Speisesaal offen, schöne Terrasse

WC: getrennt, sauber, englisch

Tagliolini mit Garnelen

400 g Tagliolini (Eiernudeln), 20/30 ausgelöste Scampi, Scampi mit der Schale, 15 Kirschtomaten, Peperoncini, Olivenöl, 1 Knoblauchzehe, Petersilie grün, Salz, trockener Weißwein

In der Kasserolle 2 EL Öl heiß werden lassen, den zerhackten Knoblauch und feingeschnittene Peperoncino anschwitzen. Dann bei starker Hitze die Garnelen kurz anrösten, mit Weißwein ablöschen. Kurz ziehen lassen und dann die geviertelten Kirschtomaten beimengen. Salzen und köcheln lassen. In der Zwischenzeit die Nudeln in Salzwasser bissfest kochen. In das Garnelensugo ein wenig Petersilie geben und ziehen lassen. Dann die gekochten und mit kaltem Wasser abgeschreckten Nudeln mit dem Sugo vermischen.

Auf Teller geben und die ganzen Garnelen als Dekoration obenauf verwenden.

Trattoria Da Lucia

33010 Ugovizza, Via Pontebbana 23
TELEFON: *0428/66 05 39*
WIRTIN: *Lucia Mischkot*
GEÖFFNET: *ganzjährig; Ferien ab 15. Juni zwei Wochen; Mittwoch Ruhetag*

Lucia ist eine sympathische »Ulknudel«. Sie hat für die Käserei der Kanaltaler Bauern gearbeitet und war als Botschafterin guten Käses viel in Österreich unterwegs. Außerdem leitete sie die Verkaufsfiliale der Käserei in Ugovizza. Und als die Käserei ein neues Daheim erhielt, wurde die Filiale an der Hauptstraße frei und Lucia errichtete dort ein Wirtshaus mit typischer Kost aus der Region. Es ist ein einfaches Lokal, aber mit Atmosphäre. Österreichisch gesprochen: Dort rennt der Schmäh, denn Lucia versteht es, ihre Gäste zu unterhalten. Die Küche bietet eine gute Mischung italienischer, slowenischer und kärntnerischer Kost. Gulasch mit Polenta, aber auch Calamari fritti.

WC: klein, sauber, nicht getrennt, englisch

Almwirtshaus Rifugio Locanda al Convento

33018 Tarvisio, Monte Lussari
TELEFON: *0428/63 1 84*
WIRT: *Lauro Segat*
GEÖFFNET: *Sommermonate und Wintersaison, kein Ruhetag*

Dass der Luschariberg im Dreiländereck Italien–Österreich–Slowenien etwas Besonderes darstellt, habe ich bereits in meiner Einleitung zur Reise durch das Kanaltal beschrieben.

Er ist Mitteleuropas höchstgelegener Wallfahrtsort und Aussichtsberg mit dem traumhaften Panorama der Julischen Alpen.

Hier am Berg hat die Pfarre von Saifnitz einige Häuser. Eines davon ist das Almwirtshaus »Al Convento«, in dem ein junges Team an der Arbeit ist, das auch mit Menschen in den drei Sprachen Italienisch, Deutsch und Slowenisch sprechen kann. Dieses Rifugio ist zwar recht einfach, aber gemütlich ausgestattet. Auch Zimmer werden angeboten. Sowohl im Sommer als auch im Winter. Denn auf den Luschariberg führt eine Umlaufseilbahn mit Sechser-Kabinen und ins Tal gibt's im Winter eine schöne Schiabfahrt.

Geöffnet: 1. Juni bis Anfang Oktober, 23. Dezember bis Ostern.

Steinpilztorte
(Torta salata ai porcini)

Blätterteig in einer Tortenform auslegen (über den Rand). 1 kg Steinpilze, ½ kg Champignons blättrig schneiden und mit würfelig geschnittenem Schinken und Mozzarella, 4 Eiern und Grana gut mischen, mit Salz, Pfeffer, Petersilie würzen. Damit den Blätterteig dick belegen. In den Herd schieben und bei 200 Grad etwa 30 Minuten backen.

Topfenknödel mit Minze
(Gnocchi di ricotta e menta)

Topfenteig (für einen Kilo Topfen 1 Ei, ca. 10 EL Mehl) bereiten, mit Muskatnuss, Salz, Pfeffer sowie Minze würzen. Mit einem Esslöffel Nockerln ausstechen und diese vorsichtig in Salzwasser köcheln lassen. Auf Teller legen, mit Granakäse bestreuen und mit heißer Butter servieren.

Ristorante Renzo

33010 Valbruna, Via Saisera 11/13
TELEFON: *0428/60 123*, FAX: *66 0884*
www.hotelrenzo.com
E-MAIL: *info@hotelrenzo.com*
WIRTE: *Renzo und Gianni Stefani*
GEÖFFNET: *ganzjährig; Ruhetag Montag, außer Juli und August*
Alle gängigen Kreditkarten

Renzo ist ein Urgestein der Kanaltaler Top-Kulinarik. Er war Wirt und Koch im legendären »Keil« mitten im Dorf Valbruna am Beginn des Saisera-Tales, das mit dem mächtigen Montasch/Montasio und seinen steilen Felsflanken abschließt. Renzo ist 1990 aus dem Dorf in Richtung Uggowitz/Uggovizza gezogen, um am freien Feld ein sehr schönes Haus mit acht Fremdenzimmer, einer eleganten Gaststube und einem schönen Speisesaal zu beziehen.

Das Haus im Grünen entspricht auch der Philosophie von Renzo: Nudeln werden selbst gefertigt, Fisch nur frisch angeboten und beim Fleisch wird auf bäuerliche Qualität Wert gelegt. Sohn Gianni, der das Ruder seit einiger Zeit in die Hand genommen hat, führt die Qualitätsnormen des Vaters im Service und bei der Weinauswahl fort. Ein gutes Gespann also. Fisch, Fleisch und Wild – das sind die drei Themenschwerpunkte des Restaurants.

Erreichbar: Von Tarvis in Richtung Uggovizza. Nach der Autobahnunterführung rechts in Richtung »Valbruna« abzweigen. Nach rund einem Kilometer wieder nach rechts abzweigen und schon ist »Renzo« erreicht.

Wer vom Süden über die Autobahn kommt, verlässt nach der Mautstelle die Autobahn und fährt in Richtung »Valbruna«. Nach einer Minute wird »Renzo«erreicht. So einfach ist das.

WC: getrennt, dem Haus entsprechend, englisch

Blätterteigtaschen mit Meeresfrüchten und Scampi

200 g Blätterteig, 200 g Miesmuscheln, 200 g Veraci-Muscheln, 8 kleine Scampi, 1 Calamare, 8 Kirschtomaten, 1 Knoblauchzehe, Pfeffer, grüne Petersilie, Olivenöl, Weißwein

Den Blätterteig zwei Millimeter dick ausrollen. Vier gleich große Quadrate ausradeln. Jedes Teigblatt über ein feuerfestes Glas oder eine Tasse stülpen, damit es die Form eines Bechers erhält. Im vorgeheizten Rohr auf bebuttertem Blech 15 Minuten bei 180 Grad backen.

In der Zwischenzeit in einem großen Topf in heißem Olivenöl den Knoblauch anschwitzen, von den Scampi vier ausgelöste und vier ganze mitrösten lassen, dann die Miesmuscheln und anderen Muscheln sowie die halbierten Tomaten dazugeben. Mit trockenem Weißwein ablöschen. Pfeffer aus der Mühle und gehackte Petersilie beimischen und so lange auf starker Flamme kochen lassen, bis die Muscheln aufgehen.

Auf die Blätterteigtaschen die heiße Soße schütten und die Muscheln am Teller rundum drapieren. Mit etwas Petersilie garnieren und auf den Blätterteig die Scampi legen.

Agriturismo Rosic

33018 Malborghetto/Valbruna (Ud), Loc. Val. Uque, Ugovizza
TELEFON: *0428/41 923*
WIRTIN: *Anna Rosic Errath*
GEÖFFNET: *im Sommer, kein Ruhetag, für Gruppen Anmeldung erforderlich*

Ein kleiner Bergbauernhof ist dieses Haus in der Einschicht in 1200 Meter Höhe. Man biegt von der Staatsstraße in das Ortszentrum

ab, entlang dem Fluss und kommt dann auf eine enge, aber asphaltierte Bergstraße. Nach etwa sechs Kilometern (die kleine Kapelle lässt man links liegen) liegt rechts der Straße ein Schuppen und am Hang eine Locanda.
Hier geht im spitzen Winkel die Straße in Richtung Rosic ab. Die letzten paar hundert Meter folgt man einer Schotterstraße (bei starkem Regen nicht benützen).

Das alte Bauernhaus hat eine Gaststube – sie ist gemütlich, verfügt über eine Holzdecke. Ein Sitzgarten und ein Holzpavillon für Regenstunden stehen den Gästen zur Verfügung.

Die Wirtin ist eine exzellente Köchin, die im Tal einen Gemüsegarten pflegt, von wo sie frische Salate auf den Berg bringt. Das Haus liegt ja in den Karnischen Alpen nicht weit von der Grenze zu Kärnten entfernt und bietet daher auch Köstlichkeiten, die in Kärnten, aber auch im benachbarten Slowenien in ähnlicher Form angeboten werden. Es empfiehlt sich, das Kommen anzumelden, da kann die Bäurin dann auch etwas Leckeres vorbereiten.

WC: Rund ums Haus, ein Zubau, sauber, englisch, Seife, Papierhandtücher

Frico mit Erdäpfeln
(Frico con patate)

In eine Pfanne Schmalz und Sasaka hinein, Zwiebel darin glasig werden lassen, 40 dag geriebene rohe Erdäpfel dazu. Sind die Erdäpfel weich, 60 dag verschiedenen, reifen Bergkäse (Latteria, Montasio etc.) zufügen. Umrühren und ziehen lassen, damit das ganze Fett herauskommt. Weiter brutzeln lassen, umdrehen und ebenfalls goldbraun backen lassen.

Frico mit geriebenem Käse
(Frico friabile)

Verschiedene geriebene Käsesorten – reifer Reibkäse – in heißes Öl geben (mit beiden Händen den Käse wie für eine Omelette in die Kasserolle schütten). Hellgelb backen, herausnehmen, über die Unterseite einer Schale stülpen und erkalten lassen. Somit entsteht eine gebogene Käsekruste, die zu einem Tocai friulano gegessen werden kann.

Tipp: Wird der Käse beim Backen braun, dann schmeckt er bitter. Noch besser wird der Frico, wenn diese »Omelette« hauchdünn ist.

Gnocchi mit geräuchertem Schafstopfen
(Gnocchi mit Ricotta)

Erst einen Erdäpfelteig zubereiten. Dann dünne Rollen auswalgen und diese in zwei bis drei Zentimeter lange Stücke schneiden. In Salzwasser kurz aufkochen lassen, auf Teller legen, mit heißer Butter übergießen und dann grob geriebenen Ricotta darübergeben.

Antica Trattoria da Giusi

33018 Malborghetto, Via Bambergo 19
TELEFON: *0428/60 0 14*
WIRTIN: *Giuseppina Alsido*
GEÖFFNET: *ganzjährig; Ruhetage Montag, Dienstag (außer August)*

Giuseppina, von der ich behaupte, sie kocht die besten Gnocchi im Tal, ist umgezogen: Die Trattoria Schönberg mitten in Malborghetto ist ihr zu klein geworden. Jetzt ist sie ein paar hundert Meter weiter Richtung Udine, aber noch im

Zentrum von Malborghetto, zu finden. Dort hat es immer schon ein altes Wirtshaus gegeben, das aber nun neuen Schwung erhalten hat. Die Wirtin steht selbst in der Küche und verarbeitet gekonnt die Produkte aus den Bauernhöfen des Tales.

Die Antica Trattoria erinnert auch an die Zeit der Franzosenkriege, wo auf der Festung von Malborghetto Hauptmann Hensel mit wenigen Kanonieren und Pionieren heldenhaft den Vorstoß von Napoleons Truppen deutlich verzögern konnte. An Hensel, aber auch an die Soldaten aus dem Ersten Weltkrieg, erinnern die Stuben und auch einige Gerichte.

WC: sauber

Gnocchi mit Erdäpfeln und Zucchini
(Gnocci di patate con zucchini)

Für den Teig: 1 kg Erdäpfel, 30 dag Mehl, 1 Ei, Salz

Für die Zucchini-Soße: Öl, 6 kleine Zucchini, Zwiebeln

Erst die Soße bereiten: In Öl feingehackte Zwiebeln anschwitzen, dann die in feinste Scheiben geschnittene Zucchini dazugeben und mitrösten lassen. Ganz langsam, sodass die Zucchini nicht Farbe nehmen. Schließlich mit etwas Rindsuppe aufgießen.

Für die Gnocchi die Erdäpfel kochen, schälen und pressen. Das Mehl, das Ei und zwei Esslöffel von der Zucchinisoße dazugeben. Alles gut durchkneten. Aus dem Teig Rollen formen (circa 2–3 cm dick) und davon kleine Stücke herunterschneiden.

In Salzwasser aufkochen und ziehen lassen, wenn die Gnocchi an der Wasseroberfläche schwimmen, herausnehmen, auf Teller legen, mit der Zucchinisoße übergießen und dann Montasio-Käse fest darüberreiben.

Szegedinergulasch
(Segedingulasch)

1 kg Schweinefleisch, 1 kg Sauerkraut, 20 dag Zwiebeln, Öl, 1 EL Mehl, Kümmel, Paprika, Salz

Die geschnittenen Zwiebeln in Öl anschwitzen, dann das würfelig geschnittene Fleisch dazugeben, mit Paprika und Kümmel würzen. Schließlich das Kraut beimengen und noch einmal gut durchrösten lassen.

Jetzt das Mehl beimengen und dann mit kaltem Wasser aufgießen. Und zwar so viel, dass Kraut und Fleisch bedeckt sind. Langsam köcheln lassen, so lange, bis das Wasser verdampft ist.

Ristorante Locanda San Gallo

33015 Moggio Udinese, Piazza Pertino 1
TELEFON UND FAX: *0433/55 03 18*
www.locandasangallo.it
E-MAIL: *locandasangallo@libero.it*
WIRTIN: *Ada Mikic Menas*
RUHETAG: *Montag*

Wer länger nicht in diesem außerordentlich liebenswürdigen Wirtshaus im Zentrum von Moggio Udinese geweilt hat, wird feststellen, dass sich da etwas verändert hat.

Jawohl, seit geraumer Zeit ist die Locanda San Gallo in neuer weiblicher Hand: Ada, eine gebürtige Kroatin, die allerdings schon Jahre hier lebt, ist neue Besitzerin der Locanda und hat dem Wirtshaus gleich auch ihre persönliche Linie verpasst. Ada ist künstlerisch begabt, kreativ und initiativ. Das gemütliche und doch elegante Stüberl strahlt noch mehr Atmosphäre aus.

Die Locanda San Gallo war immer für die regionale Küche bekannt. Ada hat das noch stärker in ihr Küchenprogramm aufgenommen. Sie kocht selbst und zeigt dabei ebenfalls Kreativität. Ihr Programm ist saisonal abgestimmt und versucht die Eigenheiten der Carnia einzubinden.

Das Wirtshaus ist typisch: Erst die Gaststube mit der Theke – eine Art dörfliches Kommunikationszentrum –, dann ein kleines Stüberl zum Zusammensitzen. Hier kann eine gute Jause bestellt werden.

Und dann schließlich der kleine, aber feine Speiseraum mit einem Extratisch für rund 12 Personen. Er löst den Fogolar (offenen Kamin) ab, der zu viel Rauch in das Lokal brachte.

WC: im Keller, getrennt, sehr sauber

Toç cûn Pestûm di Coculis

(Das ist eine typische Vorspeise aus der Carnia, für die es keine geeignete Übersetzung gibt.)

20 dag Maismehl, 10 dag gemischter frischer Käse, eine Handvoll grob geriebene Walnüsse und Haselnüsse, etwas Rosmarin, Brösel, Parmesan und Butter

Das Maismehl in etwas Milch und Wasser aufkochen und dann ziehen lassen. In einem anderen Topf den Käse schmelzen. In einer Pfanne

Butter heiß werden lassen, die Nüsse und die Brösel (nicht zu viel Brösel) etwas anrösten, Rosmarin und zuletzt den Parmesan dazugeben. Es entsteht so eine Art Soße. Zum Servieren: Aus dem gekochten Maismehl mit einem Löffel Nockerln stechen, auf Teller setzen, erst mit dem geschmolzenen Käse und dann mit den Nüssen übergießen.

Cjarsons (Ravioli)

Teig: 20 dag weißes Mehl, Wasser, Salz

Fülle: 1 Eidotter, 1 gekochte Kartoffel, gemischte Kräuter, Zimt, Ricotta frisch, Ricotta affumicata, Rosinen, Zucker

Aus Mehl, Wasser und Salz einen Teig kneten, rasten lassen, dünn auswalgen.

Aus Mehl, Wasser und Salz einen Nudelteig kneten. Rasten lassen und auf einem bemehlten Brett dünn ausrollen.

Für die Fülle die Zutaten gut mischen. Aus der Fülle kleine Knödel formen und diese auf einer Hälfte des Teiges aufsetzen. Die andere Hälfte darüber legen. Gut andrücken und mit einem Teigrad ausrollen – so entstehen große Ravioli. Diese Nudeln in kochendes Salzwasser legen, Feuer zurücknehmen und so lange köcheln lassen, bis die Nudeln an der Wasseroberfläche schwimmen.

Auf Teller legen mit heißer Butter übergießen und 12 Monate gereiften Montasio-Käse darüberreiben.

Hotel Restaurant Carnia

33010 Venzone, Stazione Carnia
TELEFON: *0432/978 106*, FAX: *978 187*
MITGLIED: *»Friuli – Via dei Sapori«*
WIRT: *Livio Treppo*
GEÖFFNET: *Oktober bis April; Montag Ruhetag*

Das Hotel Carnia, mit dem angeschlossenen Einkaufszentrum, liegt verkehrsgünstig: Unweit der Autobahnabfahrt »Carnia–Tolmezzo« am Kreuzungspunkt der Straßen in das Kanaltal und in die Carnia sowie in den Raum Venzone–Gemona. Bis nach Udine sind es 40 Kilometer, nach Tarvis 55 und zum Flughafen Ronchi dei Legionari nur 70 Kilometer. Die Zimmer sind komfortabel, das Auto kann in der Garage unterkommen. Im Hotel Carnia hat man sich auch auf Kongresse, Konferenzen, Arbeitsessen usw. spezialisiert. Die Küche ist bodenständig, regional und sehr kreativ. Schon der Zugang zum Restaurant strömt eine besondere Atmosphäre aus. An den Wänden zahllose Bilder, Fotografien und Erinnerungen. Das Haus ist modern, wirkt von außen eher kahl, setzt aber diesen Eindruck im Inneren glücklicherweise nicht fort. Auch im Restaurant – Gemütlichkeit herrscht vor.

WC: im Keller, sehr sauber, englisch, Waschmöglichkeiten

Risotto mit Huhn und Schwarzbeeren (Heidelbeeren) (Risotto ai galletti e mirtilli)

1 Hähnchen, 100 g Schwarzbeeren, 2 Knoblauchzehen, 50 g Zwiebel, Petersilie, Olivenöl, 300 g Reis, Weißwein, 50 g Parmesan gerieben, Bier, Salz, Pfeffer, Hühnersuppe

In einer hochwandigen Kasserolle Öl erhitzen, darin feingeschnittene Zwiebel und Knoblauch anrösten. Dann das geputzte und würfelig geschnittene Hähnchenfleisch zugeben, kurz mitrösten und dann den Reis hineinschütten. Ebenfalls etwas mitrösten (immer gut umrühren). Mit einem Glas trockenem Weißwein ablöschen, und auf kleinerer Flamme die Flüssigkeit vom Reis aufnehmen lassen. Immer wieder etwas Suppe eingießen, damit der Reis richtig quellen

kann. Salzen, pfeffern und nach der halben Kochzeit die Schwarzbeeren zugeben. Ist der Reis »al dente«, ein gutes Stück Butter und Parmesan einrühren, vom Herd nehmen, mit grüner Petersilie garnieren und servieren.

Karree vom Rehbock mit Carnia-Kräutern und Polenta
(Carré di capriolo alle erbe della Carnia con polenta)

600 g ausgelöstes Rehkarree, 4 mittelgroße, gekochte Birnen, Preiselbeeren, Olivenöl, Lorbeerblatt, 10 Wacholderbeeren, Rosmarin, Thymian, Salbei, 500 g Polentamehl, 1 l Wasser, Salz

Erst die Polenta in ein Liter kochendes Wasser einrieseln lassen und gut umrühren. Eine Stunde auf kleiner Flamme kochen (immer wieder umrühren), auskühlen lassen und dann in Scheiben schneiden. In einem Topf Öl erhitzen und die Gewürze darin anrösten. Auskühlen lassen, so entsteht aromatisiertes Öl. Das Karree in Medaillons teilen, ins aromatisierte Öl legen und dann salzen. Jetzt die Medaillons entweder am Grill oder in der Pfanne so braten, dass sie innen noch rosa bleiben. Die Polentascheiben kurz grillen und mit den Medaillons servieren. Als Beilage halbierte, gekochte Birnen mit Preiselbeeren füllen.

Albergo Ristorante Roma

33028 Tolmezzo (DU), Piazza XX Settembre 14
TELEFON: *0433/468031*

Es ist wieder offen: Das legendäre Restaurant im Albergo Roma in dem mittelalterlichen Städtchen Tolmezzo. Gianni Cosetti hatte einst hier einen der besten Schlemmertempel im nordöstlichen Italien geschaffen. Er war der Neubegründer der regionalen Küche der Carnia und hat die alten, überlieferten und von ihm neu gestalteten Rezepte in einem Buch zusammengefasst. Gianni ist viel zu früh verstorben, einige Jahre stand das Roma leer.

Jetzt hat eine Gesellschaft das Haus übernommen und zu einer vielversprechenden Renaissance geführt. Ein wunderschönes Hotel, ein ausgezeichnetes Restaurant.

Ein großer, elegant gestalteter Speisesaal konzentriert die Aufmerksamkeit des Gastes nicht auf das Ambiente, sondern auf die Speisen und Weine. Die Küche hat Schwung, was ja bei der Einfachheit der Carnischen Küche nicht leicht ist. Die Weine sind ein Querschnitt der besten Güter der Region.

WC: Getrennt, elegant, modern, sauber

Steinpilz-Creme
(Spuma di Porcini)

Die Pilze gut waschen und in feine Scheiben schneiden. Erst Butter heiß werden lassen und darin eine Knoblauchzehe etwas anschwitzen. Die Pilze dazugeben und anrösten lassen. Die Pilze passieren, salzen, pfeffern und bei kräftiger Flamme zehn Minuten kochen lassen. Gegen Ende der Kochzeit kalte Butter und süßen Rahm mit einem Schneebesen einrühren und aufschlagen. Gehackte Petersilie darüberstreuen und mit heißer Rinde vom Weißbrot servieren.

Karotten-Risotto
(Risòt e Caròtes di Ravièj, Risotto e carote di Raveo)

360 g Reis, Rindsuppe, 1 Porree, 4 Karotten, 1/8 l Weißwein, Olivenöl, Latteria-Käse, Salz, Pfeffer, Petersilie

In einer Kasserolle feingeschnittenen Porree anschwitzen, vier mittelgroße, in dünne Scheiben geschnittene Karotten beimischen und gut anrösten, bis sie bräunlich werden. Mit einem halben Glas Weißwein ablöschen, bis die Flüssigkeit ver-

dunstet ist. Dann den Reis dazuschütten, ebenfalls ein wenig anrösten und mit Rindsuppe aufgießen. Dann Suppe nachgießen, wenn der Reis die Flüssigkeit ganz aufgesogen hat. Immer wieder gut umrühren. Ist schließlich die gesamte Suppe eingegossen und der Reis schön bissfest, dann werden Butter und geriebener Latteria-Käse eingerührt. Das Risotto soll eine eher cremige Konsistenz besitzen. Zum Schluss Pfefferkörner in einem Mörser grob stampfen und mit feingehackter Petersilie dem Reis beimischen. Umrühren, etwas ziehen lassen und servieren.

Albergo Ristorante Salon

33022 Piano d'Arta Terme
TELEFON: *0433/92003*
WIRTSLEUTE: *Giuseppe »Bepi« Salon*
GEÖFFNET: *Juli, August, September kein Ruhetag, sonst Dienstag*

Von Tolmezzo sind es nur etwa 9 Kilometer bis nach Arta Terme, einem Kurort an der Straße in Richtung Plöckenpass. Mitten in Piano d'Arta liegt das traditionsreiche Hotel und Restaurant der Familie Salon. Schilder entlang der Straße weisen den genauen Weg dorthin. Im Hotel ist auch eine kleine Osteria zum Verkosten guter Weine. Im Restaurant wiederum wird hervorragende Küche geboten. Die Wirtin bringt hier typisch carnische Gerichte auf den Speiseplan. Die Grundprodukte stammen zum überwiegenden Teil aus der Gegend. Die Zimmer sind modern und komfortabel ausgestattet. In der Rezeption und im Restaurant ist der Chef »Bepi« in seinem Element: Wie ein Wirbelwind fegt er durch den Speisesaal, hat für jeden Gast ein freundliches Wort oder einen Witz parat.

Arta Terme selbst ist ein Heilkurort mit stark mineralhaltigem Wasser, das sich als Schwefel-Heilbad gegen Hautkrankheiten, Arthritis, Rheuma etc. eignet.

Arta Terme und das Tal hinauf auf den Plöckenpass gehört zu einem neuen touristischen Vermarktungskonzept: Die Region der Julia Augusta. Dazu zählen bis nach Kötschach-Mauthen in Kärnten (Österreich) jene Gemeinden und Ortschaften, die an der ehemaligen Römerstraße liegen.

WC: getrennt, sauber, italienisch, englisch, Seife, Handtücher, alles da

Erdäpfelknödel mit feinen Kräutern
(Gnocchi alle erbe fini)

1 kg Erdäpfel, Mehl, 2 Eier, 2 EL Petersilie, 10 Blätter Basilikum, 3 Blätter Melisse, 10 Blätter Majoran, 4–5 Blätter Minze, Salz, Olivenöl, Obers, Parmesan

Die Erdäpfel kochen, schälen, pressen und mit zwei Eiern und Mehl nach Bedarf zu einem guten Teig kneten. Aus dem Teig eine circa drei Zentimeter dicke Rolle walgen und davon kleine Stücke abschneiden, die dann ins kochende Salzwasser gegeben werden. Sofort die Flamme zurücknehmen und die Knödel so lange ziehen lassen, bis sie an der Wasseroberfläche schwimmen. Immer vorsichtig umrühren, damit die Knödel nicht am Topfboden ankleben.

In der Zwischenzeit die Kräuter in einem Mixer feinhacken. Salzen und mit etwas Olivenöl mischen, sodass eine feine Soße entsteht. Darin die gekochten Gnocchi geben, gut mischen, mit etwas Obers und Parmesan vermischen und servieren.

Geschmortes Schweinefleisch à la Carnia
(Umido di maiale alla Carnica)

30 dag Schweinskopf, 30 dag Schweinsleber, Mehl, Brösel, Weißwein, Schweineschmalz, Rindsuppe, Salbei, Lorbeerblatt, Rosmarin, Zimt, Gewürznelke, Muskatnuss

Das ist ein typischer Schlachtschmaus der Carnia. In Stücke geschnittener Schweinskopf ohne die Gewürze in etwas Fett anrösten, mit dem Weißwein aufgießen (ein halbes Glas), mit etwas Mehl stauben und einen Teil der Gewürze beimengen.

In einem anderen Topf die Schweinsleber in Schmalz anbraten, dann die angebratenen Schweinskopfstücke und die restlichen Gewürze beimengen, mit Rindsuppe bedecken, weich kochen. Die Fleischstücke herausnehmen, die Soße pürieren. Fleisch mit der Soße und heißer Polenta servieren.

Bar Ristorante »Alla Pace«

33020 Sauris di Sotto
TELEFON: *0433/86 010*
MITGLIED: *»Friuli – Via dei Sapori«*
WIRTIN: *Franca Colle und Venicio Schneider*
GEÖFFNET: *November und Mai Betriebsferien; Mittwoch Ruhetag*

Wann die ersten Bewohner über abenteuerliche Wege dieses Hochtal besiedelt haben, lässt sich heute nicht mehr so genau eruieren. Aber vor 700 Jahren dürfte es geschehen sein. Der Sage nach waren es zwei Jäger aus Österreich oder Soldaten des heiligen Oswald, König von Northumberland. In Sauris wird zumindest ein Dialekt gesprochen, der an altösterreichische Dialekte im Kärntner Lesachtal oder in Osttirol erinnert.

Die Fahrt nach Sauris ist reizvoll: Von Tolmezzo über Villa Santina geht es bis nach Ampezzo, dort beginnt eine 17 Kilometer lange Bergstraße, die durch ein wildes Tal, vorbei an einem großen Stausee führt.

Sauris selbst ist ein liebenswerter Ort, mit uralten Bauernhäusern, teils aus Stein, teils aus Holz. Das Haus, in dem das Restaurant »Alla Pace« untergebracht ist, ist ein altes Steinhaus.

Das Restaurant besteht jetzt in der dritten Generation. Früher hieß es »Locanda Alla Pace«, weil hier auch Zimmer vermietet wurden. Heute ist das nicht mehr der Fall. Eine kleine Sitzterrasse draußen, gemütliche Stuben mit viel Holz im Inneren. Die Wirtsleute sprechen ihren deutschen Dialekt, der Sohn spricht ausreichend Deutsch.

Die Wirtsleute sind freundlich und sehr hilfsbereit in der Beratung der Gäste.

Die uralten Rezepte werden von Generation zu Generation weitergegeben. Es sind Gerichte aus der Carnia. Mutter Franca: »Wir haben unsere Art der Küche dem Sohn weitergegeben.« Es ist eher eine arme Küche: Muas (cremige Polenta mit Speck oder Schottenkäse drauf, Butterschmalz usw.). Viel wird mit Erdäpfeln zubereitet, auch Ripperln mit Würsteln werden gekocht, das heißt »Dunkertle«. Sauerkraut mit Wurst gehört hier ebenso dazu.

WC: Damen und Herren gemeinsam, italienisch, sauber, Seife und Papierhandtücher

Reh mit Polenta
(Capriolo con polenta)

800 g–1 kg Rehschulter, 1 gr. Zwiebel, Olivenöl, Kräuter, Rotwein, Salz, Pfeffer

Rehschulter oder Rücken grobwürfelig schneiden. In einer Pfanne in heißem Öl Zwiebel anschwitzen lassen, dann Reh hinein und rösten lassen, bis das Wasser verdampft (Rehfleisch lässt nämlich viel Wasser).

In einem anderen Topf Öl, Kräuter (Petersilie, Rosmarin, Karotte, Zwiebel, Sellerie, Lorbeerblatt, Gewürznelken) ein wenig köcheln lassen und mit dem Mixer zerkleinern. Ist das Reh trocken, das Gemüse beigeben und mit dem Sud aufgießen. Rotwein beimengen. Salz, Pfeffer. Vier Stunden langsam köcheln lassen. Bei einem älteren Reh dauert es länger. Dazu wird eine Polenta serviert (Grana saraceno).

Brennnessel-Gnocchi

50 dag Mehl, Salz, Muskat, 2 Eier, 50 dag Brennnesselblätter, 50 dag wilder Spinat, Butter, Ricotta

Brennnesselblätter und die Blätter des wilden Spinats in kochendes Wasser kurz hineingeben, herausnehmen und davon eine Soße mixen. Weißmehl, Salz, Muskat,2 Eier gut umrühren, bis eine teigige, fast pastetenartige Masse entsteht. Wasser aufkochen, salzen, mit einem kleinen Löffel Nockerln ausstechen und ins siedende Wasser geben (fallen sie auseinander, dem Teig etwas Mehl beimischen). Schwimmen die Nockerln auf der Wasseroberfläche, herausnehmen, mit Schmalz oder heißer Butter servieren. Geräucherten Topfen darüberraspeln.

Der Schinken von Sauris

Vor etwa 700 Jahren – so sagt die Legende – ist das Hochtal von Sauris (Zahre) erstmals von Menschen besiedelt worden. Es könnten Jäger oder versprengte Soldaten gewesen sein. Vielleicht aber auch Auswanderer aus Osttiroler oder Oberkärntner Gebirgstälern. Eine Geschichte erzählt von Soldaten des hl. Oswald, die beim Durchmarsch eine Reliquie dieses Heiligen hinterließen. In der Kirche von Sauris jedenfalls wird eine derartige Reliquie aufbewahrt.

Von Ampezzo führt eine enge, kurvenreiche Bergstraße in dieses 1200 Meter hoch gelegene Kleinod, in dem sich durch Jahrhunderte ein altösterreichischer Dialekt erhalten hat. Auch der Baustil der Häuser deutet auf eine »Verwandtschaft« zu Osttirol hin.

Da Sauris erst vor 70 Jahren mit einer Straße erschlossen wurde, hat sich das Althergebrachte noch relativ gut erhalten können.

Heute sind die Menschen von Sauris darauf aus, ihre alte Kultur in Brauchtum und Architektur zu bewahren. Auch was die alte Kochkunst betrifft.

Die Bauern von Sauris haben immer schon einen köstlichen Speck, Hauswürste und Schinken produziert. Teilweise geräuchert, teilweise luftgetrocknet (gibt es irgendwo eine klarere, bessere Luft?). Schinken, Würste und Speck trugen die Bauern hinunter ins Tal, um diese Waren gegen Mehl, Zucker, Salz und andere lebenswichtige Güter einzutauschen. So verbreitete sich die Kunde über den »herrlichen Schinken aus Sauris« relativ rasch, und die Waren der Bauern aus Zahre (altdeutscher Name für Sauris) waren im Land weitum begehrt.

Nach den Herstellungsrezepten der alten Bauern hat 1862 ein gewisser Pietro Schneider mit der ersten professionellen Produktion der typischen Sauriser Produkte begonnen. Heute befindet sich diese Produktionsstätte noch immer im Familienbesitz, wenngleich die Eigentümer jetzt den Namen »Wolf« tragen. Das hat halt irgendwann einmal die Heirat einer Schneider-Tochter mit dem Herrn Wolf so gebracht.

Wolf und sein Sauriser Schinken haben in der Zwischenzeit internationalen Ruf erlangt. Das besondere Klima, die gute Luft, alte Rezepte, aber auch ein ausgewählter »Rohstoff« erzielen heute höchste Qualitäten. Dafür garantiert die Familie Wolf. Der Sauriser Schinken ist ein Rohschinken mit oder ohne Knochen, meist luftgetrocknet. Die Reifezeit beträgt zwischen 360 und 400 Tagen. Der Speck wiederum wird geräuchert. Seine Reifezeit beträgt etwa vier Monate. Weitere berühmte Wolf-Produkte sind der »Culatello« (Schweinsnuss geräuchert oder luftgetrocknet), der »Ossocollo di Sauris« und die verschiedenen Salami-Würste.

Ristorante Laite

32047 Sappada-Plodn,
Via Borgata Hoffe 10
TELEFON: *0435/46 90 70*
www.ristorantelaite.com
E-MAIL: *ristorantelaite@libero.it*
WIRTE: *Fabrizia Meroi und Roberto Brovedani*
Mitglieder der Jeunes Restaurateurs D'Europe
GEÖFFNET: *ganzjährig; Betriebsferien je 15 Tage im Juni und Oktober; Ruhetage Mittwoch und Donnerstag Mittag*
Alle gängigen Kreditkarten

Sappada, der Tourismusort in der Provinz Belluno, fand in meinem Buch Aufnahme, weil sich hier so viele Friauler angesiedelt haben und weil hier Fabrizia aus Cividale für eine formidable Küche sorgt: im Restaurant »Laite«, das früher »Keisn« hieß, über einen Stern im Guide Michelin verfügt und auch eine weite Anreise wert ist.

Sappada ist eine der drei deutschen Sprachinseln in der Carnia. Das Dorf wird auch »Plodn« genannt, also spricht man hier das »Plodnerische«, ein alter Dialekt, der seinen Ursprung in Osttirol besitzt. Leider sind es immer weniger Menschen, die diesen Dialekt auch als Umgangsprache hochhalten.

Das Wirtshaus »Laite« – die Besitzer Fabrizia und Roberto haben ein uraltes Bauernhaus erworben und es mit viel Liebe zu einem tollen Restaurant umgebaut – ist klein, fein, gemütlich. Die Küche von Fabrizia ist kreativ, extravagant und doch sehr bodenständig. Sie versteht es, heimische Produkte von bester Qualität mit regionalen Gustostücken zu verbinden. Jeder Teller ein Kunstwerk: Für das Auge und für den Gaumen.

Roberto ist der Patron des Hauses mit einer Vorliebe für tolle Weine. Er versteht es, aus ganz Italien nicht nur die bekannten Tropfen, sondern die Weine der Zukunft aufzuspüren und anzubieten.

Die Tischkultur hält mit der hohen Qualität der Speisen mit. Feines Porzellan in der Bauernstuben. Riedel Gläser am derben Tisch. Alles in über 1200 Meter Seehöhe. Ob das passt – und ob. Hinfahren!

Erreichbar: Über Innichen-Cortina-Sappada. Oder über Autobahn Villach-Udine. Abfahrt Carnia. Straße Richtung Forni Avoltri nach Cima Sappada und weiter nach Sappada selbst.

WC: klein, sauber, getrennt, englisch, Stoffhandtücher

Gefüllte Zucchiniblüten mit Basilikum und Melanzane
(Fiori di zucchini con basilico e melanzane)

12 Zucchiniblüten – frisch gepflückt, 300 g frischer Topfen, eine Handvoll frisches Basilikum, 1 EL gut gereifter Pecorino (Schafskäse), Olio extravergine, 2 kleine Melanzane

Die Zucchiniblüten so frisch wie möglich aus dem Garten holen und sie mit folgender Creme füllen: Topfen mit Basilikum, einem Esslöffel Öl, dem geriebenen Pecorino-Käse, Salz und Pfeffer gut abmischen. Die so gefüllten Blüten mit Butter bepinseln und in eine Bratpfanne geben. Die kleinen Melanzane schälen, auf ein Küchenkrepp legen, damit Wasser austreten kann. Das dauert etwa eine halbe Stunde, dann mit einer Knoblauchzehe und 2 EL Olivenöl kurz ankochen. Danach mit einem Schöpfer Suppe aufgießen und noch einmal zehn Minuten kochen lassen. Die Melanzane werden jetzt passiert, sodass die Masse cremig wird. Die Zucchiniblüten drei Minuten in das 180 Grad heiße Rohr schieben. Die gefüllten Blüten auf Teller setzen, jeweils einen Löffel der Melanzanecreme dazugeben und mit Basilikumblättern und mit gerösteten Pinienkernen garnieren. Sofort servieren.

Perlhuhn in Kohlblättern mit Steinpilzen
(Faraona ai porcini avvolta in foglia di verza)

4 halbe Perlhuhnfilets, 1 EL getrocknete Steinpilze, 200 g frische Steinpilze, 2 Eiweiß, 4 EL süßer Rahm, vier große Kohlblätter

Die Filets klopfen und Fettränder etc. abschneiden. Diese Parüren mit den in Wasser zuvor eingelegten getrockneten Pilzen und dem süßen Rahm im Mixer zu einer Mousse mischen. Salzen und pfeffern. Diese Mousse auf die Filets auflegen, zusammenrollen und in die Kohlblätter einwickeln. Mit Zahnstochern gut verschließen und über Wasserdampf zehn Minuten pochieren.

Die frischen, geputzten Steinpilze in dünne Scheiben schneiden und diese in etwas Olivenöl, mit einer Knoblauchzehe und grüner Petersilie gewürzt kurz anrösten.

Die Perlhuhnröllchen aufschneiden, das Fleisch in die Mitte der Teller legen und rundum mit den Steinpilzen garnieren. Dazu Braterdäpfel servieren.

Gefüllte Zucchiniblüten mit Basilikum und Melanzane (»Laite«)

Die zweite Reise.

In die Colli Orientali. *Venzone – Gemona – Tarcento – Ramandolo – Faedis – Tal des Grivo – Cividale – Die Natisone-Täler – Das Cialla-Tal – Prepotto und Spessa – Die Weinhügel von Buttrio bis Corno di Rosazzo – Die Abbazia di Rosazzo*

Unter all jenen sieben Reiserouten, die ich meiner Leserfamilie zum Nachspüren vorschlage, zählt diese zu jenen Strecken, die die größte Vielfalt an Kultur, Landschaft und leiblichen Genüssen anbietet. Der Einstieg findet in Venzone statt und dann geht es durch ein Erlebnisland für Nostalgiker nach Corno di Rosazzo, wo der Fluss Judrio einst die Grenze zwischen der Österreichisch-Ungarischen Monarchie und Italien bildetete. Das war bis nach dem Ersten Weltkrieg so – drüben (auf österreichischer Seite) der Collio und hüben die Colli Orientali.

Es ist so viel zu sehen, erfahren, verkosten, erleben und genießen, dass ich nur einige Anhaltspunkte, aber dafür Initialzündungen für eigene Entdeckungsreisen geben kann.

Erdbeben und Schmetterlinge

Was haben die Schmetterlinge mit dem verheerenden Erdbeben, das 1976 eintausend Todesopfer, tausende Verwundete und zigtausend Obdachlose forderte, zu tun? Nun, vielleicht soll die Fröhlichkeit und Unbeschwertheit der Falter jenen »Teufel«, der in den Tiefen des Monte San Simeone schlummert, daran hindern, wieder »auszufahren«, um Tod, Not und Elend zu bringen. Jedenfalls »zählen« in der Ortschaft Bordano, direkt am Fuße jenes San Simeone, von dem 1976 die Erdstöße ausgingen, die Menschen auf die Buntheit der Falter: In Bordano soll nicht nur eine Artenvielfalt von Schmetterlingen zu bewundern sein, nein, die Bewohner haben auf die Fassaden ihrer nach dem Erdbeben neu errichteten Häuser in naiver Malerei Blumenwiesen mit Schmetterlingen gemalt. Das gibt dem Dorf einen besonderen Reiz. Bordano entwickelte sich zum Wallfahrtsort für Freunde naiver Malerei. In Bordano werden Sym-

CAFFE'

posien für Künstler abgehalten und einmal im Jahr eine Art »Schmetterlings-Kirchtag« gefeiert.

Bordano wird entweder von Venzone (Autobus nicht möglich) oder von Gemona (Autobus möglich) aus erreicht. Direkt von der Hauptstraße SS 13 zweigen Straßen über den Tagliamento in diese Schmetterlings-Ortschaft ab.

Ein lohnender Abstecher, genießt man doch zudem einen schönen Blick über das breite Flussbett des Tagliamento hin nach Venzone. Da begreift man dann auch, warum Venzone im Laufe seiner Geschichte als Festungsstadt zu großem Reichtum gekommen war: Auf dem Weg von Nord nach Süd musste jeder Händler hier durch die Talenge und damit natürlich nicht nur Maut erlegen, sondern auch Waren zum Verkauf ausstellen, Geld wechseln oder – wie es so manchem Künstler aus dem Norden erging – hier einen Auftrag suchen, um die Reisekasse auffüllen zu können.

Den Reichtum der damaligen Patrizier kann der Besucher von Venzone heute an den herrlichen Palazzi des Ortes erkennen. Am Beispiel von Venzone und dem benachbarten Gemona kann der interessierte Tourist aber auch die Unterschiede des Wiederaufbaus nach dem Erdbeben 1976 erkennen: Gemona entschloss sich, die zerstörte mittelalterliche Innenstadt neu aufzubauen und die mittelalterlichen Stilelemente einzubeziehen. Venzone wiederum, das in den Jahren vor dem Beben zum »Nationalen Denkmal« erhoben wurde und damit über eine ausreichende Dokumentation aller Bauwerke verfügte, wurde Stein für Stein so hergestellt, wie es einmal war. Ein teurer und langwieriger Prozess, der 1996 zum großen Teil abgeschlossen wurde.

Auf dem Weg nach Gemona empfehle ich den Abstecher nach Ospedaletto, wo sich die »Osteria e Cucina« befindet. Dort hat der Wirt viele ältere Weinjahrgänge liegen. Stöbern zahlt sich aus.

In Richtung Tarcento nehme ich meist jene Straße, die durch die Stadt Gemona und über Artegna und Magnano di Riviera zurück zur Pontebbana führt. Einerseits weil sich in der Altstadt von Gemona etliche Altwarengeschäfte befinden und sich dort immer wieder ein mehr oder weniger kostbares Schnäppchen machen lässt, andererseits, weil der gotische Dom von Gemona einen Besuch ganz einfach einfordert.

Eine Grotte und Ramandolo, der Einstieg in die Weinwelt

Die Grotta Nuova di Villanova kennen die meisten Touristen maximal von den Hinweisschildern bei Tarcento. Ein Besuch würde sich allerdings lohnen. Die Grotte mit den wunderschönen Tropfsteingebilden ist vom April bis Oktober täglich geöffnet (Auskünfte unter Telefon 0 432/78 70 20).

Und wer schon dort ist, dem empfehle ich die Fahrt über Torlano di Sopra in das Weinbaugebiet des Ramandolo. Erstens gewährt die Fahrt (nur mit Pkw oder Kleinbus möglich) über die kleinen Berge Einblick in eine traumhafte Landschaft, in verträumte Dörfer (was allerdings nur für den Touristen romantisch ist) und in dichte Weinhänge.

Nimis ist der Hauptort des Ramandolo-Gebietes. Das einzige DOCG-Gebiet der Region Friaul-Julisch Venetien. Salopp formuliert, die einzige Premiere Cru Lage des Landes.

Der »Ramandolo« ist ein Wein aus der Verduzzo-giallo-Traube. Sie ist weiß und wie viele andere des Weinbaugebietes »Colli orientali del Friuli« »autochthon«. Das heißt, Verduzzo gibt es nur in dieser Region (wobei die Natur keine Staatsgrenzen kennt und der Verduzzo als »Verduc« auch im benachbarten Slowenien daheim ist). Der Verduzzo ist ein süßer Wein in allen Spielarten: klassisch ausgebaut bis hin zur Trockenbeerenauslese. Die bekanntesten »Ramandolo«-Winzer sind Dario Coos und Giovanni Dri.

In den Colli Orientali ist die Sortenvielfalt der Weine enorm, doch darüber später etwas mehr.

In Ramandolo befindet sich eine kleine Bergkirche, die dem heiligen Johannes dem Täufer geweiht ist. Vom Sitzgarten des benachbarten Wirtshauses aus genießt der Gast einen herrlichen Blick über die Weinberge des »Ramandolo«.

Doch zurück nach Nimis, wo in einer Enoteca ein großartiges Sortiment an Weinen aus den Colli Orientali und anderen Weinbaugebieten Friauls angeboten wird. Auch hier bereiten die Wirtsleute eine gute Jause, zu der nur ein Getränk passt: der Wein.

Von Nimis führt die Straße weiter in Richtung Cividale. Nach Attimis und ein paar weiteren Kilometern liegt an der Strecke der Weinbauort Faedis.

Wer Zeit hat – und die sollte man sich nehmen –, biegt hier in den sogenannten Canal di Grivò ein.

Schöne, alte Bauernhäuser und dann eine Bergstraße, die hinauf in das Dorf »Valle« führt (gut beschildert). Es gibt in Friaul – Julisch-Venetien kaum einen anderen leicht erreichbaren Platz, von wo aus das gesamte Land überschaut werden kann. Die weite Auffahrt lohnte sich auch wegen der Trattoria »Da Giulietta«. Jetzt ist die Familie ins Tal gezogen und führt dort die Osteria »Chiosco al Ponte«. Der Aussichtsplatz ist aber nach wie vor wegen seines atemberaubenden Blicks über Friaul hin zur Adria beliebt. Die Auffahrt mit dem Auto dauert ja nur wenige Minuten.

Von Valle führt ein weiterer Weg hinunter ins Tal. Man gelangt nach Faedis wieder auf die Hauptstraße und schließlich nach Cividale. Ich nehme manchmal den Umweg über Povoletto und kehre in der Destillerie »Bepi Tosolini« ein, um einen Grappe »Most delle Uve« zu kaufen.

Der Grappe hat gerade in der Gegend von Nimis bis Cividale eine Heimat gefunden. So haben sich neben Bepi Tosolini auch die Produzenten Ceschia in Nimis und Domenis bei Cividale international einen Namen als Grappe-Produzenten gemacht.

Gubana und die Langobarden

Sie ist süß, wohlgeformt, weich und mit köstlichen inneren »Werten« ausgestattet: die Gubana. Ihre Heimat ist Cividale, wo einst die Männer mit den langen Bärten, auch Langobarden genannt, sich liebend gerne um sie bemüht hätten, wäre die Gubana damals bekannt und erhältlich gewesen. Ich liebe »Gubana« und gestehe dies auch öffentlich. Denn die Gubana ist die bekannteste Süßspeise Friauls, die mit dem »Reindling« in Kärnten und der »Potizza« in Slowenien Verwandte besitzt – ein Beispiel der ländergreifenden »regionalen Küche«. Die »Landler« in Siebenbürgen (Rumänien), die zuzeiten Maria Theresias wegen ihres protestantischen Glaubens aus Teilen Kärntens nach Siebenbürgen ausgebürgert wurden, kennen ebenfalls eine Machart der Gubana, dort wird sie »Guglhupf« genannt.

Die Gubana wird aus Germteig (Hefeteig) geformt und mit Zimt, Zucker, Rosinen und Pinienkernen gefüllt.

Die Friulaner überschütten ihr Stück Gubana am Ende eines opulenten Mahles gerne mit Grappa, dem Trebern-Schnaps. Was allerdings unkundigen Touristen, sollte es ihnen ungewollt im Gasthaus vorgesetzt werden, schon mal die Röte ins Gesicht steigen lässt. Auch beim Café tut Vorsicht gut: Denn »Cafè coretto« – sollte der Ober das Getränk anbieten – oder »Cafè con?« beinhalten hundertprozentig Hochprozentiges. Das ergibt nach Wein, Gubana, Kaffee und dem »normalen« Grappa, der üblicherweise nach jedem opulenten Mahl getrunken wird, eine Mischung, die erst überlebt sein will.

Cividale ist einen Tagesausflug wert. Noch besser wäre es, sich hier ein Wochenende einzuquartieren (ich empfehle das Hotel Roma, mitten im Zentrum, Tel. 0432/701033) und von hier aus Ausflüge zu unternehmen: In die Natisonetäler, auf Castelmonte, den Dreiländerwallfahrtsort oder in die Weinorte Spessa und Prepotto.

Die Stadt Cividale verfügt über eine spannende Geschichte, die erst von den Römern, dann aber wesentlich stärker von den Langobarden geprägt worden ist. Cäsar gründete hier 50 v. Chr. das Forum Julii, das sich zu einem bedeutenden Verwaltungszentrum entwickelte. Nach 568 gründeten die Langobarden hier ein Herzogtum. Es heißt in vielen Geschichtsbüchern, die Langobarden wären »in Italien eingefallen«. Mir scheint es, als hätte dieser »Einfall« viele gute

Seiten gehabt: Die Langobarden blieben etliche Jahrhunderte und förderten ihrerseits Architektur und Kunst. Was nachfolgende »Eroberer« wie die Venetianer (1420) oder die Habsburger (1797, durch den Frieden von Campoformido) sowie das Köngreich Italien (1866) ebenfalls veranlasste, der Stadt architektonisch ihre Noten zu verleihen.

Daher ist der Spaziergang durch die Stadt auch ein Spaziergang durch die Jahrhunderte verschiedener Herrscher und Kulturen.

Was Sie nicht versäumen dürfen: Den Altar des Ratchis (ein Langobardenherzog aus Cividale, der sogar zum König aufstieg) und das Taufbecken des Patriarchen Callisto (beides direkt in Seitenkapellen des Domes gelegen), zwei langobardische Sakralkunstwerke, weiters sollten Sie den Langobarden-Tempel, die Teufelsbrücke und das archäologische Nationalmuseum besichtigen.

Dabei durchstreift der Tourist die engen Gassen, die einladenden, großen oder verträumt liegenden Plätze, man sitzt im Cafè San-Marco vor dem Dom oder im Cafè Langobardo auf der Piazza Diacono und denkt dabei, wie es war, als Cividale Verwaltungssitz Friauls und Sitz des Patriarchen von Aquileia war (das ja die Hunnen gänzlich zerstört hatten).

Der Natisone fließt durch die Stadt und hat im Laufe der Jahrtausende im Sandgestein tiefe Kluften hinterlassen. Was besonders beim Spaziergang über die Teufelsbrücke (Ponte diabolo) des Meister Erhart von Villach entdeckt werden kann.

Eine dieser Schluchten ist auf dem Weg von Cividale in Richtung Remanzacco zu bewundern. Von einer Straßenbrücke aus sieht man den Natisone tief unten, eingeschweißt in die Felswände, ein glasklares bis türkisfarbenes Wasser.

Die Täler des Natisone

Unsere Reise führt von Cividale in das Naturparadies des Natisone. Touristisch gesehen beginnt dieses Gebiet an der Brücke von San Quirino, einem Ort an der Straße zwischen Cividale und der Grenze mit Slowenien. Hier münden der Natisone und seine Seitenflüsse Alberone, Erbezzo und Cosizza zusammen. Es sind drei Täler, die sich von San Quirino fächerartig ausbreiten. Ein reiches Straßennetz durchzieht dieses Gebiet mit den Gemeinden San Pietro al Natisone, San Leonardo, Stregna, Drenchia, Grimacco, Savogna, Pulfero, Prepotto und Torreano. Ein Gebiet voll von Naturschönheiten, hinter jeder Kurve eine neue Überraschung, die auf den Reisenden wartet.

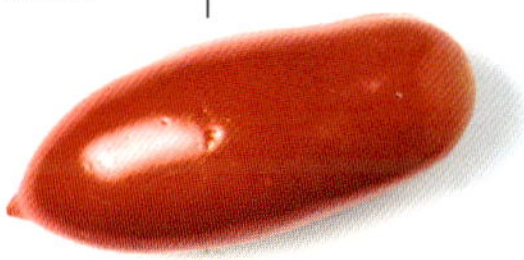

Die Bevölkerung in diesen Tälern hat bis heute ihr bodenständiges Brauchtum erhalten können. Die Umgangssprache ist recht häufig Slowenisch, was sich in Ortsnamen, in den Volksliedern und in den Legenden zeigt. Es gibt noch lebendiges Brauchtum wie »kries«, das Johannisfeuer zur Sonnwende, oder »pust«, den Karneval.

Auch die Gastronomie hat hier ihre Eigenarten: »bizna s krompirji« ist eine Suppe aus in Weinmaische eingelegten und geriebenen Rüben und Erdäpfeln. »Broskvi s klobaso« ist Bratwurst mit Kohl.

In den Natisone-Tälern bieten sich schöne Tropfsteinhöhlen und Grotten zur Besichtigung an. Ich erwähne hier die Grotte in San Giovanni d'Antro in der Gemeinde Pulfero, die auch kulturgeschichtlich von Bedeutung ist, ebenso die Grotten von Biarzo, in denen Urzeitmenschen Unterschlupf gefunden hatten.

Wer in den Tälern des Natisone in Richtung Stregna unterwegs ist, der sollte sich auch auf den Weg nach Castelmonte begeben. Nicht nur wegen der prachtvollen Aussicht in die Colli Orientali und hin zu den Alpen, sondern auch wegen des antiken Klosters und der Wallfahrtskirche. Von hier führen Straßen nach Cividale oder direkt hinunter in das Cialla-Tal sowie in den Weinort Prepotto. Ein Stück weiter gelangen wir bei Spessa auf die Hauptstraße Cividale – Cormons.

Über Pignolo, Picolit, Schioppettino und Tazzelenghe

Wie schon anfangs erwähnt, ist das Weinbaugebiet der »Colli orientali del Friuli« reich an besonderen Lagen und Rebstöcken. So nimmt die Hügellandschaft zwischen Buttrio-Manzano und Corno di Rosazzo eine einzigartige Stellung ein. Bei Manzano ragt die »Abbazia di Rosazzo«, die Abtei von Rosazzo, wie eine mächtige Burg in das Land hinein. Die Mönche dieser Abtei haben den Weinbau in Friaul kultiviert. Autochthone Rebsorten wie der Ribolla gialla, der Pignolo oder der Picolit gehen in ihrem Ursprung auf die Anbaukunst der Mönche zurück.

Die Hügellandschaft bietet aber mit dem roten »Tazzelenghe« eine weitere Kostbarkeit aus der autochthonen Weinlandschaft Friauls. Bekannte Tazzelenghe-Winzer sind ohne Zweifel Girolamo Dorigo oder Paolo Meroi.

Der geheimnisvollste Wein ist ohne Zweifel der »Pignolo«. Ebenfalls eine autochthone Rebe, die es schon vor 1600 in den Gebieten von Corno di Rosazzo, Prepotto und Premariacco gab. Nur wenige Winzer sind imstande Pignolo zu keltern. Berühmt ist jener von der Abtei Rosazzo, dem Weingut »Vinai dell'Abbate«, wo vor Jahren Dr. Walter Filiputti erfolgreich eine Renaissance dieses feinen, fruchtigen und tanninreichen Weines eingeleitet hatte. Bekannt sind auch die »Pignoli« von Moschioni, »Il Roncal« in Cividale und »Specogna« (ein außerordentlich leichter, fruchtiger Pignolo) aus Spessa di Cividale.

Die Hügel zwischen Buttrio und Rosazzo sind ideale Lebenslandschaft für zwei autochthone Weißweinsorten: Der Ribolla gialla und der Picolit. Der gelbe Ribolla ist auch in Slowenien bekannt, dort wird er »Rebula« genannt. Sein Anbau reicht zumindest auf das Jahr 1300 zurück. Ein blass strohgelber Wein, der in seinem Bouquet an die Blüten von Akazien und Kastanien erinnert. Der kostbarste Weißwein ist der »Picolit«. Angeblich wurde Picolit schon in der Römerzeit angebaut. Jahrhundertelang war der Picolit verschwunden und die Rebe tauchte erst im 18. Jahrhundert wieder auf. Wiederum waren es die Mönche der Abbazia di Rosazzo, die sich Meriten um die Neupflanzung dieser Rebe erworben hatten. Der Picolit ist ein Prädikatswein, der meist als Trockenbeerenauslese gekeltert wird. Berühmte Picolit-Produzenten: Das Weingut Rocca di Bernarda, Vinai dell'Abbate, Paolo Meroi, Livio Felluga, Conte d'Attimis-Maniago, Grillo, Vigna Petrussa, Ronchi di Cialla oder Rodaro – um hier einige zu nennen.

Neben den Hügeln von Buttrio und Manzano ist es die Landschaft rund um Prepotto, die für den »Schioppettino«, einst Ribolla nera genannt, bekannt ist. Etwa 20 Winzer zeigen mit ihren Produkten, wie vielfältig diese Traube zu keltern ist: Von jugendlich frisch mit Nuancen von Beeren und Kirschen bis hin zu leicht pfeffrigen Kreszenzen, die an große internationale Rotweine erinnern, reicht die Vielfalt des Schioppettinos. Bekannt sind hier die Weine der Weingüter Brüder Petrussa, von La Viarte, Ronchi di Cialla, Grillo, Vigna Petrussa und Colli di Poianis.

Um den Schioppettino hat sich die Familie Rapuzzi von Ronchi di Cialla sehr verdient gemacht. Im Jahr 2005 haben die Winzer aus Prepotto – allen voran Paolo und Gianni Petrusso sowie Giulio Ceschin (La Viarte) – den Antrag gestellt, die Zone Prepotto im italienischen Weingesetz als DOCG für den Schioppettino auszuweisen. Das Vorhaben gelang.

Wir besuchen:

Erbe di Carnia, Venzone
Trattoria Da Gaspar, Tarcento
Ristorante Al Mulin Vieri, Tarcento
Azienda Agricola Giovanni Dri Il Roncat, Ramandolo
Antica Osteria Ramandolo, Nimis
Distilleria di Bepi Tosolini, Povoletto
Weingut Tereza Raiz, Povoletto
Casa del Grivo, Faedis
Chiosco al Ponte, Torreano
Enoteca L'Elefante, Cividale
Delikatessen Scubla, Cividale
Osteria Ai Tre Re, Cividale
Weingut Dal Fari, Cividale
Trattoria Sale e Pepe, Stregna
Weingut Ronchi di Cialla, Cialla di Prepotto
Weingut Le Due Terre, Prepotto
Azienda Agricola Petrussa, Prepotto
Azienda Agricola Iole Grillo, Prepotto
Trattoria Da Mario,
Enoteca dello Schioppettino, Prepotto
Azienda Agricola »Marinig Valerio«, Prepotto
Tinello di San Urbano, Prepotto
Agriturismo Colli di Poianis, Prepotto
Weingut La Viarte, Prepotto
Azienda Agricola Vignai dell Abate, Manzano
Azienda Agricola Marina Danieli, Buttrio
Scacciapensieri Agriturismo, Buttrio
Girolamo Dorigo, Buttrio
Trattoria Al Parco, Buttrio
Weingut Davino Meroi, Buttrio
Weingut Tami, Buttrio
Weingut Gigi Valle, Buttrio

Confezionato da
MALVASIA
lt
% vol.

Erbe di Carnia

33010 Venzone, Palazzo delle Erbe, Centro Storico
TELEFON: *0432/98 58 20*
INHABERIN: *Paola Toso*

Im historischen Teil der Stadt Venzone, vom Rathaus in entgegengesetzter Richtung zum Dom, hat Paola Toso ein Kleinod der tausend Gerüche errichtet: Erbe di Carnia, Kräuter aus Karnien.
Hier kann man wühlen, riechen und kaufen. Von Kräuterseifen bis hin zu Badezusätzen, Körperpuder, Körperölen oder Cremen. Alles im eigenen Haus produziert und ohne tierische Zusätze. Das Schöne: In diesem Geschäft wird gezeigt, dass sogenannte »Naturprodukte« für das Auge mindestens ebenso viel hergeben wie Kosmetik der noblen Art. Das Geschäft ist also auch eine Augenweide und ein Riechgenuss. Paola hat eine ganze Abteilung ihres Geschäftes dem Lavendel gewidmet. »Lavendel«, so sagt sie, »soll einmal auf vielen Wiesen der Umgebung von Venzone blühen.« Veredelungs- und Absatzmöglichkeiten sind ja genug vorhanden.

Trattoria Da Gaspar

Via Gaspar, Zomeais
33017 Tarcento
TELEFON: *0432/85 950*
WIRTE: *Tilde und Gabriella*
GEÖFFNET: *mittags und abends; Montag, Dienstag Ruhetag*

In einem kleinen Wäldchen direkt am Flusse Torre gelegen entstand in einer alten Mühle dieses heimelige, geradezu sensationelle Wirtshaus. Romantik pur. Auch was die Ausstattung des Lokales anlangt. Bohnencremesuppe mit knusprig gebratenen Bauchspeck, Kutteln, Stelzen, Wild, Pilze, Kürbisgerichte – was die Saisonen an köstlichen Produkten zu bieten haben, wird hier sehr geschmackvoll und kreativ zubereitet. Manchmal ist die Küche ein wenig deftig, doch es sind die Lebensmittel der Region, die sie dazu machen. Man sitzt gemütlich und fühlt sich sofort gefangen von der Atmosphäre, von der Sympathie der Wirtsleute und von der Einrichtung des Lokales. Rund 50 Gäste haben in der Stube Platz, wer einen Platz im Sommer auf der kleinen Terrasse ergattert, darf sich freuen. Diese hängt nämlich fast wie ein Balkon über dem Fluss Torre.

Zufahrt: Von Gemona kommend im Zentrum beim Kreisverkehr nach links abbiegen, nach 200 Meter nach rechts hinunter zum Fluss Torre und immer den Hinweisschildern folgen.
WC: Sauber, getrennt

Käsetörtchen mit Kräutern
(Tortino di formaggio alle erbe)

300 g frischer Montasiokäse, 1/2 l Milch, 2 Eier, Minzeblätter, Zitronenmelisse, Petersilie, Majoran, Thymian und wilder Fenchel

Den Käse mit allen oben erwähnten Zutaten mixen. Diese Creme in eine Form gießen und bei 180 Grad 30 Minuten im Rohr garen lassen. Kalt und würfelig geschnitten servieren.

Ristorante »Al Mulin Vieri«

33017 Tarcento, Via di Molini 10
TELEFON: *0432/ 78 50 76*
WIRT: *Piero Andreani und Tochter Michaela, Küchenchef Fabrizio Munini*
RUHETAG: *Montagabend und Dienstag (nur in den Wintermonaten)*

Eine Stadt an einem Fluss strahlt ein besonderes Flair aus. Tarcento liegt am Fluss Torre, dessen tief eingegrabenes Flussbett der ganzen Umgebung Romantik verleiht. Am Flussufer das Restaurant zur Alten Mühle »Al Mulin Vieri«. Das Erdbeben hatte 1976 die alte Mühle und das Restaurant leider zerstört. Einige Zeit überbrückten die Wirtsleute die Katastrophe mit einem Holzfertighaus. Jetzt aber ist das Restaurant ein neues architektonisches Kleinod. Ein gemütlicher Gastraum für die Tagesgäste des Ortes, die auf Wein, Kaffee und Klatsch kommen. Dann das Winterrestaurant mit großen Fenstern, die den Blick auf den Fluss zulassen.

Der Patron hat für den Sommer nicht nur eine große Terrasse anzubieten, sondern auch eine überdachte Sonnenterrasse – als Sommerrestaurant sozusagen. Alles sehr elegant, aber doch gemütlich.

Der neueste Hit des »Mulin Vieri«: ein Pavillon für private Feste. Zwei große Räume mit eigener Bar und eigener Küche stehen hier Hochzeits- oder Bankettgästen zur Verfügung.

Die Küche ist raffiniert, jeder Teller ein kleines Kunstwerk fürs Auge. Gekocht wird äußerst schmackhaft und mit qualitativ hochwertigen Grundprodukten der Region. »Frische ist für mich wichtig«, erklärt der Patron, daher wird die Küche auf die jeweiligen Produkte der Saison abgestimmt.

WC: getrennt, italienisch, sauber, Waschtische, Handtuchrolle

Cjalzons aus Timau
(I Cjalzons di Timau)

300 g gekochte Erdäpfel, 1 Ei, 10 g Mehl, Muskatnuss, Grana, Salz, Zimt, Pinienkerne, Rosinen, Spinat, Butter, geräucherter Ricotta-Käse

Die gekochten und geschälten Erdäpfel pressen und mit dem Mehl, dem Ei, Muskatnuss und etwas geriebenem Grana-Käse zu einem Teig kneten. Den Teig rollen und davon kleine Stücke abtrennen, die dann zu runden Teigblättern ausgewalgt werden. In die Mitte jedes Teigblattes wird der blanchierte, entwässerte und geschnittene Spinat, der zuvor mit etwas Butter und den geriebenen Pinienkernen, etwas Zimt und Rosinen vermischt wurde, gesetzt. Die Teigblätter über die Füllung schlagen, gut zudrücken und ins kochende Salzwasser legen. Hitze sofort zurücknehmen und köcheln lassen, bis die gefüllten Teigblätter an der Wasseroberfläche schwimmen. Herausnehmen und mit heißer Butter, geriebenen Nüssen und geriebenem Ricotta-Käse servieren.

Birnenauflauf

1 kg reife Birnen, 250 g Mehl, 3 Eier, 120 g Zucker, 1 Pkg. Germ/ Hefe, geriebene Zitronenschale, Milch

Eier mit Zucker und dann mit dem Mehl, der Germ und der geriebenen Zitronenschale mischen. Dann die geschälten, entkernten, feingeschnittenen Birnen sowie Milch nach Bedarf dazugeben (damit die Masse nicht zu trocken, aber auch nicht zu flüssig ist). Die Masse in eine ausgebutterte und mit Mehl bestreute Form schütten und im Herd bei 180 Grad backen.

Azienda Agricola Giovanni Dri Il Roncat

33045 Ramandolo, Via Pescia 7
TELEFON UND FAX: *0432/790 260*
www.driRoncat.com
E-MAIL: *info@driRoncat.com*
GEÖFFNET: *kein Ruhetag, Betriebsferien 10. Dezember bis 3. Jänner*

Giovanni Dri: Welch ein Name in Italiens Weinwelt! Der Weinbauer Giovanni Dri wird auch »Mister Ramandolo« genannt. Acht Hektar umfasst seine Weinbaufläche in der Gemeinde Nimis, 18 Kilometer von Udine entfernt. Und was dies in der lediglich 50 Hektar umfassenden »Ramandolo«-Lage bedeutet, muss nicht extra betont werden.

Giovanni Dri gehört zu jenen Winzerpersönlichkeiten, die als Pioniere des Qualitätsweinbaues im Lande gelten. Giovanni hat eine besondere Liebe zum Wein entwickelt, und das spürt der Genießer bei jedem Schluck. Sein Weingut »Il Roncat« ist natürlich in erster Linie für den »Ramandolo« berühmt, doch auch Weine wie

Refosco dal peduncolo rosso, Cabernet, der Sauvignon, der »Il Roncat Rosso« (Refosco, Schioppettino, Cabernet Sauvignon, Cabernet franc und Franconia) haben das Weingut bekannt gemacht.

Giovanni wäre nicht der umtriebige Winzer und Marketingmanager, suchte er nicht immer nach einer neuen Herausforderung. So produziert er Destillate aus den Trauben Ramandolo, Schioppettino und Picolit sowie Fragolino. Begehrte Edelbrände.

Seit wenigen Jahren ist Giovanni auch unter die Olivenölproduzenten gegangen. Seine Familie erwarb bei Tricesimo einen Olivenhain und stellt unter dem Namen »uèli« (Furlan) ein großartiges Olivenöl her. Leider sind die Mengen sehr gering, doch selbst Veronelli schwärmt vom Öl aus dem Hause Dri. Zwei Linien werden angeboten: Uèli Bianchera (benannt nach der Olivenbaumart, die in Friaul einst zuhause war) und Uèli Olivaggio aus Leccino, Maurino, Grignano, Picholine, Pendolino, Moraiola und Leccio del Corno.

Erreichbar ist das moderne Weingut über Nimis. Im Ortszentrum Richtung Ramandolo abzweigen; bevor es hinauf zur Kirche geht, wiederum nach rechts abbiegen. Hinweisschilder führen direkt zum imposanten Gut, in dessen Verkostungsraum ständig Ausstellungen bekannter Künstler zu sehen sind. Aber Achtung: In Ramandolo heißen etliche Winzer mit Familiennamen »Dri«.

Besuch und Verkostung nur nach Vereinbarung.

Antica Osteria Ramandolo

33045 Nimis, Via Ramandolo 14
TELEFON: *0432/79 00 09*
E-MAIL: *info@osteriaramandolo.it*
WIRT: *Maria Teresa Garghentini*
GEÖFFNET: *ganzjährig;*
Montag Ruhetag

Nicht umsonst wird die kleine, recht schmucke Osteria neben dem Kirchlein »ein Balkon« Friauls genannt. Ramandolo ist ein Reizwort für Weinkenner: Befindet sich doch in den Hügeln des Dorfes »Ramandolo« Friauls einzige Premier Cru Lage.

Küchenchefin Erika Riondato ist jung, kreativ und hat in tollen Häusern wie Da Nando oder bei Fabrizia in der Laite gearbeitet. Im 365 Meter hoch gelegenen Wirtshaus wird eine sehr bodenständige, aber erfrischende Küche geboten. Wer unter den mächtigen Kastanienbäumen auf der Terrasse den herrlichen Blick über das Land genießen darf, dem geht sicher das Herz über. Auch wegen Erikas Küche.

Zufahrt: Nimis Richtung Ramandolo und direkt zu dem kleinen Kirchlein fahren. Nicht zu verfehlen.

WC: Klein, sauber

Distilleria di Bepi Tosolini

33040 Povoletto, Via della Roggia 20
TELEFON: *0432/ 664 144-5-6,*
FAX: *664 147*

Die Produktnamen »Camel« oder »Vite d'Oro« sind allen Grappefreunden sich ein Begriff. Es sind Grappe, die der legendäre »Schnapsbrenner« Bepi Tosolini einst kreiert und in der Welt bekannt gemacht hat. In seiner Distillerie in Povoletto (zwischen

Tartufi e Specialità
URBANI TARTUFI
Tartufi Estivi
Burro e Tartufo Bianco
Tentazioni
Crema di Formaggi e Tartufo Bianco
Tentazioni
Crema di Porcini al Tartufo Bianco
Tentazioni
Crema di Porcini e Tartufo Bianco
Tentazioni
Salsa Norcina e Tartufo di Norcia
Tentazioni
Tartufata
14.000

Udine und Faedis gelegen) hat er dem Grappe einen großen Namen verliehen. 30 Prozent der Produktion gingen in die ganze Welt.

Seit Jahren führen seine Söhne Paolo und Giovanni Tosolini die Distilleria im Sinne des Vaters weiter. Mehr noch, ihnen gelang es, den Produktnamen »Most« international bekannt zu machen. Es handelt sich dabei um sortenreine Branntweine aus Ramandolo, Cabernet, Ribolla Gialla, Fragolino, Picolit, Moscato Rosa, Pinot Grigio, Chardonnay, Verduzzo und Refosco. Auch der in Wein eher rare »Ribolla Nera« kommt bei Tosolini zu Branntweinehren.

In Gedenken an Bepi Tosolini wurde 1990 die »Serie Storica« kreiert. In kleiner Stückzahl, aber großer Aufmachung kommt seitdem Jahr für Jahr eine besondere Flasche der »Most«-Serie auf den Markt. Die Flaschen wurden von Modedesignern wie Pierre Cardine, Krizia, Rocco Barocco, Laura Biagiotti, Renato Balestra und anderen entworfen. Keine Frage, um diese nummerierten Produkte herrscht international ein Gedränge – sie sind begehrte Sammlerobjekte geworden.

Natürlich bietet die Distillerie Bepi Tosolini auch Fruchtbrände in bester Qualität an. Tosolini ist in jeder guten Vinothek zu erhalten

– oder aber in Povoletto. Die Firma kann gegen Voranmeldung auch von Gruppen besucht werden.

Weingut »Tereza Raiz«

33040 Povoletto, Loc. Marsure, Camel SPA
TELEFON: *0432/664 144,*
FAX: *664 147*

Alles sehr nobel: Die Aufmachung, die Präsentation, der Geschmack – das Weingut »Tereza Raiz« ist das Steckenpferd von Paolo und Giovanni Tosolini, den Chefs der Distilleria »Bepi Tosolini«. Die Weingärten erstrecken sich nicht nur rund ums Haus, sie befinden sich fast in allen Weinbauzonen der Friaul.

Die Linie »Le Marsure« beispielsweise wird im Grave angebaut: Refosco, Merlot, Cabernet, Pinot Grigio, Chardonnay, Tocai, Sauvignon sowie die Weinbezeichnungen Rovel (Sauvignon) und Salmon Rosè. Es sind alles DOC-Weine.

Die elegante und teurere Linie läuft, wie gesagt, unter der Bezeichnung Tereza Raiz (die Großmutter der Tosolinis hieß so und stammte aus Österreich). Die Weinberge dieses Gutes liegen zwischen Savorgnano, Faedis, Campeglio und Rosazzo. Besonders hervorzuheben: Sovrej Bianco (Chardonnay und Sauvignon), in Barriques gereift, Decano Rosso (Cabernet franc, Cabernet sauvignon, Merlot), ebenfalls Barriques zur langen Lagerung geeignet. Ebenfalls hervorragend: Schioppettino aus der Weinrebe Ribolla Nera, ein Rotwein der Zone Prepotto in den Colli Orientali.

Casa del Grivò

33040 Faedis, Borgo Canal del, Ferro 19
TELEFON: 0432/72 86 38
WIRTE: *Toni und Paola Castalunga*
GEÖFFNET: *kein Ruhetag, Betriebsferien 10. Dezember bis 3. Jänner*

Raucher haben es schwer bei Toni und Paola, denn die verfügten für ihr wunderschönes Bauernhaus zwei eiserne Regeln: Rauchen im ganzen Haus verboten, wer in eines der schmucken, altmodisch, aber gemütlich eingerichteten Zimmer gehen möchte, der hat Pantoffeln anzuziehen. Diese stellt das junge Bauernpaar allerdings zur Verfügung. »Wir sind nicht nur Biobauern, wir versuchen auch eine gesunde Lebensweise zu pflegen«, erklärt Toni.

Das Bauernhaus – ein Agriturismo-Mitgliedsbetrieb – liegt im Grivòtal, einen Steinwurf weit vom Zentrum Faedis entfernt. Und zwar muss man in Faedis die »Strada Turistica Canal di Grivò« benutzen. Nach rund zwei Kilometern kommt rechter Hand auf der anderen Seite des Flusses Grivò eine Forellenstation. Dort fährt man vorbei und kommt nach rd. 150 Metern zum Haus der Castalunga's.

Der Gastraum im Parterre ist gemütlich, uralt und sehr familiär. Gekocht wird ohne Fleisch – was es da alles an Köstlichkeiten gibt! Im ersten Stock befinden sich einige Zimmer (WC, Dusche außerhalb) und im zweiten Stock eine Art Seminarraum.

Wer hier essen möchte, der sollte lieber vorher anrufen. Toni spricht recht gut Englisch.

Ein Haus zum Entspannen in der Abgeschiedenheit, unter jungen, freundlichen Menschen, die die Natur lieben.

WC: englisch, sauber, Waschbecken, Seife

Basilikum-Reis
(Riso al basilico)

1 große Zwiebel, ein Bund frisches Basilikum, 400 g Reis, Parmesan, Olivenöl, Salz

Den Reis in Salzwasser kochen lassen. In der Zwischenzeit die feingehackte Zwiebel in Olivenöl goldgelb anrösten lassen und das feingehackte Basilikum beigeben. Nicht mehr rösten lassen. Wenn der Reis al dente gekocht ist, werden die Zwiebel und das Basilikum hineingerührt. Parmesan in den Reis reiben, mit Salz und Pfeffer abschmecken und mit etwas Olivenöl noch verfeinern. Heiß oder lauwarm servieren.

Frico mit Zucchini
(Frico con zucchine)

4 mittelgroße Zucchini, 1 kl. Zwiebel, 400 g frischer Latteria-Käse, etwas Bauchspeck, Öl

In wenig Öl Zwiebel und Zucchini (beides kleingeschnitten) anschwitzen lassen, dann würfelig geschnittenen Speck dazugeben und anrösten, bis das Wasser verdampft ist. Jetzt den in Würfel geschnittenen Käse beimischen und so lange umrühren, bis der Käse geschmolzen ist. Jetzt bildet sich an der Unterseite eine Kruste. Wie eine Omelette umdrehen, bis beide Seiten knusprig sind. Lauwarm servieren.

Chiosco al Ponte

33043 Torreano di Cividale, Localita Ponte di Togliano
TELEFON: *0432/71 53 27*
WIRTIN: *Giulietta Venturini*
RUHETAG: *Montag, Dienstag*

Eingefleischte Friaul-Fans kennen Giulietta, die so wunderbares Frico bäckt, bereits. Ihr Restaurant hoch oben in Valle war sozusagen der Balkon Friauls. Giulietta ist nun ins Tal gezogen. »Was nützt mir als Wirtin die schöne Aussicht, ich leben von den Gästen« – und das sind nun einmal die Einheimischen, die nicht den langen Auffahrtsweg nach Valle in Kauf nehmen möchten.

Direkt an der Brücke des Togliano – von Faedis in Richtung Cividale – hat die Familie einen schönen Holzkiosk errichtet: schattige Parkplätze, schattige Sitzgärten, gemütliche Stube. Und natürlich das Essen: Denn Giulietta versteht ihr Handwerk in der Küche! Jetzt ist Sohn Gabriele so alt geworden, dass er die Küchenchef-Rolle übernommen hat.

Zu den Speisen mit regionalen Grundprodukten von hervorragender Qualität (es gibt schon manchmal auch etwas aus dem Meer) werden Weine von Comelli serviert. Nach wie vor zu Pasta, Gnocchi und Fleisch – eine Klasse für sich, diese Küche! Und wer großen Hunger mitbringt, der sollte sich das Frico zubereiten lassen. Ein Gedicht an Köstlichkeit, ein Drama an Kalorien …

WC: getrennt, sauber, Rollstuhl gerecht

Frico

30 dag Latteria-Käse, 10–15 dag geriebenen Grana-Käse, 15 dag gekochte und gepresste Erdäpfel, Öl

In eine Pfanne ganz wenig Öl geben (einen Teelöffel voll), dann den Pfannenboden mit Latteria-Scheiben auslegen. Die Hälfte des geriebenen Grana und dann die gepressten Erdäpfel und den restlichen Grana darübergeben (wie in Schichten). Jetzt alles wiederum mit dünnen Scheiben Latteria bedecken und auf die heiße Herdplatte geben. Bei starker Hitze die Käsemasse anbraten lassen, bis sie sich vom Pfannenboden trennt. Jetzt mehrmals umdrehen (wie ein Omelett), sodass die Käsemasse beiderseits eine goldgelbe Farbe gewinnt. Gegen Ende der Backzeit bläht sich plötzlich das Frico wie ein großer Krapfen auf. Jetzt ist die Speise

Caffetteria, Bibite,
Birra alla spina,
Distillati.
Stuzzichini, Panin
Bruschette, Insalat
Dolci locali.
Vendita per asporto bot
specialità gastronomi
e confezioni.
ADAMI
RONCO delle BETULLE
PERUSINI
CABERNET

fertig. Achtung: Der Käse verliert sehr viel Fett, dieses am besten vor dem Servieren abschütten und das Frico etwas abtropfen lassen.

Frico mit Steinpilzen

Masse wie oben, statt Erdäpfeln 15 dag Steinpilze. Die Pfanne wieder mit Latteria-Scheiben und geriebenem Grana belegen. Dann die feingeschnittenen Steinpilze scharf anbraten, bis die Flüssigkeit verdampft ist. Die Pilze auf den Käse legen, mit Grana bestreuen und wieder mit Latteria belegen. Wie ein Omelett auf heißer Flamme herausbacken. Immer wieder wenden (mit einer großen Palette oder einem Deckel). Warten, bis das Frico aufgeht.

Statt Erdäpfeln und Steinpilzen kann auch Gemüse, Schinken etc. verwendet werden. Giulietta bäckt zu Ostern für ihre Kinder Überraschungen ins Frico ein.

Enoteca »L'Elefante«

33043 Cividale del Friuli,
Piazza P. Diacono 21
TELEFON: *0432/70 09 66*
WIRT: *Fabrizio Morandini*
RUHETAG: *Montag*

Platz ist in der kleinsten Hütte – dieser Spruch könnte ohne weiteres auf die Enoteca L'Elefante angewandt werden. Wenn im Sommer der Schanigarten im Freien dazugerechnet werden darf, dann bringen Vater und Sohn Morandini doch etliche Gäste unter. Im Zentrum von Cividale findet sich diese kleine Enoteca, am Cafè Langobardo vorbei, ganz rechts unten an der Piazza Diacono. Hier sind viele Weine Friauls zu verkosten oder zu kaufen, und mit viel Akribie arrangieren die Morandinis Brötchen mit Mozzarella, Paradeiser, Pesto, Schinken etc. Happen, die zum Wein passen und gegen den kleinen Hunger geplant sind.

Die Enoteca ist sehr gemütlich, in einem eigenen Raum sind die Weine für den Verkauf ausgestellt.

WC: klein, gemeinsam, sauber

Delikatessen Scubla

33043 Cividale, Corso Mazzini
INHABER: *Ermes und Moreno Scubla*
GEÖFFNET: *normale Geschäftsöffnungszeiten*

Die Brüder Scubla würde man hierzulande »Greißler« nennen. Ihr Geschäft ganz in der Nähe der Piazza Diacono in Cividale ist mit den Delikatessen Italiens bestückt. Dazu ist das Geschäftslokal so eingerichtet, wie es einst der Großvater erbauen ließ. Alte Stellagen, alte Kaffeemaschinen. Da finden sich die Olivenöle aus der Toskana, aus Umbrien, Sardinien oder Sizilien. Eingelegte Pilze, Zwiebeln, Pfefferoni und vieles mehr. Auch Aceto balsamico tradizionale und die besten Weinessig-Sorten des Landes. Es ist dies ein Geschäft, in das ich keine Brieftasche mitnehme, sondern mir zuvor einige Geldscheine in die Hosentasche stecke. Sonst bin ich finanziell verloren. So weit das Auge reicht nur Gustostückerln.

Die Brüder Scubla bieten auch Trüffel an: Öle, Trüffelbutter, Trüffelpaste, getrüffelte Leberpasteten etc.

Zumindest ein Fläschchen Trüffelöl sollte sich jeder Hobbykoch, der hier vorbeikommt, gönnen.

Reis mit Trüffelöl
(Risotto con Gocce di tartufo)

Für 6 Personen: 500 g Reis, 80 g Butter, 200 g Steinpilze oder Champignons, 1 Zwiebel, 2 EL Trüffelöl, geriebener Parmesan

In einem Topf feingehackte Zwiebel in Butter anrösten, geschnittene Pilze dazugeben, zwei Minuten anschwitzen lassen. Danach den

Reis beimengen. Etwas mitrösten lassen und dann immer wieder mit klarer Rindsuppe aufgießen, bis der Reis al dente, also bissfest, ist. Vom Herd nehmen, Parmesankäse und das Trüffelöl dazumengen, gut verrühren und sofort servieren.

Kalbschnitzel mit Pilzen und Trüffelöl

Für vier Personen: 4 Kalbschnitzel, 20 g Butter, 400 g Steinpilze oder Champignons, 2 EL Trüffelöl, 1 EL Milch

Schnitzel und Pilze separat in Butter braten. Dann die Pilze auf die Schnitzel gießen, einen Esslöffel Milch und zwei Esslöffel Trüffelöl dazugeben. Sofort servieren.

Osteria Ai Tre Re

33043 Cividale, Via Stretta San Valentino 29
WIRTE: *Familie Morandini (Anna, Elsa, Paolo)*
GEÖFFNET: *Mittags und abends; Dienstag Ruhetag*

Im historischen Zentrum von Cividale wären einige Lokale erwähnenswert – beispielsweise die Bottega del Gusto, wo tolle Weine und feine Lebensmittel angeboten werden – ich habe mich für den Familienbetrieb der Morandinis entschlossen. Das Wirtshaus bietet hier bodenständige Schmankerln mit ausgesuchten Grundprodukten. Die Kartoffengnocchi »«Ai Tre Re« schmecken königlich gut, und sie werden mit in Butter gebratenem Speck und geräuchertem, geriebenem Ricotta serviert. Dazu ein guter Refosco aus der Umgebung oder einen Schioppettino der leichteren Sorte und schon hat das Essen noch mehr gewonnen. Bei den Drei Königen fühlt sich der Gast sofort wohl, denn die Atmosphäre des Lokales ist heimelig.
Wirt Paolo ist ein geduldiger und fröhlicher Berater seiner Gäste.

WC: Getrennt, sehr sauber

Dal Fari, Azienda Agricola

33043 Cividale, Via Darnazacco
TELEFON: *0432/73 12 19, 70 67 11*
WINZER: *Renzo und Laura Toffolutti*
Ab-Hof-Verkauf, Besuch gegen Voranmeldung

Es ist schon so, dass sich Industrielle in Italien gerne Weingüter kaufen. Im Falle des Gutes Dal Fari ist zwar der Inhaber ein erfolgreicher Industrieller aus Cividale, doch er ist mit gleich großem Herz auch Winzer. Auf dem Weg von Cividale nach Spessa, direkt in den Hügeln, hat sich die Familie Toffolutti das Weingut »Dal Fari« nach den modernsten technischen Gesichtspunkten hergerichtet. Die Weinhänge wurden so ausgerichtet, dass die Reben optimal zur Sonne stehen. Die Kellerei ist in den Hang hineingebaut, architektonisch schön, die Landschaft keinesfalls störend. Oberhalb der Kellerei noch ein kleines Haus mit toller Aussicht: der Verkostungspavillon. Ein traumhaft schöner Ort zum Verweilen: »Ich freue mich auf meine Pension, dann ziehe ich mich hierher zurück«, gesteht der Winzer. Vorerst aber ist er zufrieden mit den Weinen, mit seiner Mannschaft, dem Kellermeister und dem Önologen.

Tatsächlich sind die Dal Fari-Weine Gustostückerln. Ein wunderschöner Tocai, ein würziger, duftender Sauvignon. Die Weine hat er in zwei Linien eingeteilt: Classici »Dal Fari« und Selezioni »Dal Fari«. Klassisch sind der Chardonnay, Sauvignon, Tocai friulano und der Pinot grigio. Als Cuvée wird der »Darnazas« angeboten: Cabernet franc und sauvignon, Merlot und Schiopettino.

Ich persönlich halte den reinsortigen Schiopettino des Hauses für besonders gelungen. Aus der Selezioni ist der »Rosso d'Orsone« (Cabernet sauvignon, Cabernet franc, Merlot und Schiopettino) erwähnenswert.

Trattoria »Sale e Pepe«

33040 Stregna (Ud)
TELEFON: *0432/72 41 18*
MITGLIED: *»Friuli – Via dei Sapori«*
WIRTE: *Franco Simoncig und Teresa Covaceuszach*
RUHETAGE: *Dienstag, Mittwoch; Küche mittags und abends geöffnet*

Der Weg in die Täler des Natisone lohnt sich. Ein verstecktes Paradies tut sich dem Reisenden auf: Dichte Wälder, kleine Dörfer, niedere Almen, Gubana-Bäckereien und Teresa: Jawohl, bei ihr sollte der Feinschmecker einkehren. Teresa, die Wirtin und Köchin des kleinen, schmucken Wirtshauses »Sale & Pepe«. Teresa – sie ist an der Grenze zu Slowenien zweisprachig aufgewachsen – hat alten Rezepten einen neuen kreativen Geist eingehaucht. Ständig ist sie in der Küche auf der Suche nach noch besseren Speisenkreationen. Die Früchte der Natisonetäler, Kastanien, Wildschwein – Teresa ist mit Hingabe Gärtnerin, Köchin, Philosophin. Der Weinkeller ist enorm bestückt mit den feinen Weinen des Landes. Franco, Teresas Gatte, ist beim Gast, und er kennt sich aus, welcher Wein am besten zu welchem Gericht passt.

Um nach Stregna zu gelangen, sollte man in Cividale die Straße Richtung Kobarid, Natisonetäler, slowenische Grenze fahren. Wenige Kilometer nach Cividale führt die Straße in Ponte San Quirino rechts weg in Richtung Scrutto (San Leonardo), und schon sieht man die ersten Schiler »Stregna«. Durch eines der schönen Natisonetäler geht es hinauf nach Stregna in etwa 400 Meter Seehöhe, wo das nette Wirtshaus nicht zu verfehlen ist.

Nach dem Essen empfehle ich die Straße nach Castelmonte und von dort hinunter in das Tal des Judrio zu nehmen. Dort beginnt die Weinzone des Schioppettino und dort wird bald Prepotto erreicht.

WC: einfach, sauber

Idrik Uprasen

700–800 g Feld-Radicchio,
1 Handvoll weißes Maismehl,
1 Scheibe Speck, 1 Glas Rotwein,
1 Glas guter Weinessig (rot),
Salz und Pfeffer

Den Radicchio blanchieren, abtropfen lassen und mit eiskaltem Wasser abschrecken.

Die Speckscheibe kleinschneiden und in einer Pfanne knusprig braten. Zur Seite stellen.

Das Maismehl in einem Topf linden (auf heißer Platte unter ständigem Rühren so lange anrösten, bis das Mehl ganz trocken ist). Mit dem Rotwein und dem Weinessig aufgießen und bei kleiner Flamme so lange ziehen lassen, bis eine cremige, rubinrote Soße entsteht (ohne Klümpchen). Den Radicchio auf Teller legen, mit Salz, Pfeffer und der Maissoße würzen. Den Rest der Soße dazugeben und mit hartgekochten, in Scheiben geschnittenen Eiern dekorieren.

Es ist dies ein Gericht dieses gemischtsprachigen Gebietes, daher findet sich für das Gericht kein entsprechender italienischer oder deutscher Ausdruck.

Minzcreme mit Erdbeeren
(Crema di menta e fragole)

Rezept für 10 Personen:
100 g Minzsirup, 350 g Schlagobers, 250 g Milch, 15 g Gelatine, 3 Eiweiß, 100 g Zucker, Erdbeeren, Orangenfruchtsoße und Balsamico-Essig zum Garnieren

Das Eiweiß mit dem Zucker steifschlagen. Dann ganz langsam warme Milch einrühren und am Herd so lange rühren, bis eine dickflüssige Creme entsteht. Aber Achtung: nicht aufkochen lassen. Jetzt die zuvor in Wasser eingeweichten und gut ausgedrückten Gelatineblätter beimengen. Schließlich den Minzensirup dazugeben und gut mischen. Jetzt das geschlagene Obers mit dem Handmixer erst bei großer Umdrehung, dann immer kleiner werdend einschlagen. In Formen füllen (beispielsweise Teetassen) und im Eisschrank mindestens fünf Stunden stehen lassen.

Anrichten: Die Minzcreme auf Teller stürzen, Erdbeeren in Zucker wälzen, Orangenfruchtsoße um die Minzcreme gießen, die Erdbeeren auflegen und alles mit einem Esslöffel Balsamico-Essig übergießen.

Ronchi di Cialla

33040 Prepotto, Fraz. Cialla
TELEFON: *0432/73 16 79*
WINZER: *Paolo und Dina Rapuzzi*
Besuch gegen Voranmeldung möglich, Weinverkauf ab Hof möglich

Sie haben lange dafür gekämpft und schließlich ihr Ziel erreicht: Das Cialla-Tal wurde eine eigene DOC-Lage der Colli Orientali.

So wie das Ehepaar Rapuzzi mit Ausdauer gegen die Mühlen der Weinbehörden gearbeitet hat, so konsequent und ausdauernd wird auch der Weinbau betrieben. »Bei uns finden Sie nur die autochthonen Sorten Friauls«, erklärt der Winzer, der mit Gattin und den Söhnen Pierpaolo und Ivan ein Musterweingut mit traumhaften Kreszenzen betreibt.

In das Cialla-Tal gelangt man entweder auf dem Weg über Castelmonte, über Cividale und Prepotto oder aber über den Weinort Spessa (Richtung Prepotto).

Die Berghänge des Tales sind mit Kastanien, Eichen und Wildkirschbäumen dicht bewachsen. »Ronchi« heißt auf Deutsch »Weinberge«.

Das Klima in diesem Bergtal ist äußerst milde, was dem Weinbau sehr entgegenkommt.

Erstmals wurde im Cialla-Tal der Weinbau 1496 urkundlich erwähnt. Eine uralte Tradition also.

Die Familie Rapuzzi ist gastfreundlich und heißt gerne Freunde in ihrem äußerst schmucken und mit alten Bauernmöbeln aus Friaul eingerichtetem Haus willkommen.

Dina, die Hausfrau, verblüfft zudem ihre Gäste immer wieder mit ihrer hervorragenden Kochkunst.

Die Rapuzzis waren unter den ersten Winzern dieser Region, die mit Barriques arbeiteten. Und heute gehören sie zu jenen, die mit »Hormonfallen« gegen Schädlinge vorgehen und daher die chemische Behandlung der Weinstöcke auf ein Minimum reduzieren können.

Zu den Besonderheiten ihrer Weine gehören sicher der Verduzzo di Cialla, der noble, seltene Süßwein Picolit di Cialla, der Schiopettino di Cialla (er ist ja in dieser Zone daheim) sowie der Refosco di Cialla.

Herausragend sind zudem die beiden Cuvées: Ciallabianco aus Verduzzo friulano, Ribolla gialla, Picolit (10 %). Ciallarosso aus Schiopettino di Cialla und Refosco di Cialla.

Bischofsbrot (Pan dal Vescul, il pane del Vescovo)

170 g Mehl, 170 g Zucker, 3 Eier, insgesamt 500 g Rosinen, kandierte Früchte, Nüsse, geschälte Mandeln, Pignolienkerne (von der Masse sollen die Nüsse überwiegen), geriebene Schale einer Zitrone

Drei Eidotter mit dem Zucker gut schlagen. Die Eiweiß zu steifem Schnee schlagen und vorsichtig unter die Dottermasse heben. Und zwar abwechselnd einen Kochlöffel Mehl, einen Eischnee – alles gut mischen. Zitronenschale

beimengen. Jetzt auch die Früchte daruntermischen, wobei die Nüsse halbiert sein sollen. Alles in eine gut ausgebutterte und bemehlte Form gießen und im Ofen bei 180 Grad eine Stunde backen.

Le due Terre

33040 Prepotto, Udine, Via Roma 68/B
TELEFON: *0432/71 31 89*
WINZER: *Flavio Basilicata und Sylvana Forte*
Betriebsbesichtigung gegen Voranmeldung, Weinverkauf ab Hof

Der Hügel ist eine Art Ellipse – oben das schmucke Wohnhaus, der blitzsaubere Weinkeller mit den Stahltanks und dem Barrique-Keller, rechts und links des Hauses sind Weingärten. »Hier ist Mergel-Boden und da auf der anderen Seite Ton«, erklärt Sylvana, »der Tocai gedeiht besser auf dem Mergel, der Sauvignon auf dem Ton-Boden«, ergänzt Flavio und weiter:

»Unsere Philosophie ist es, Weine von verschiedenen Böden zusammenzuführen.«

Das Ergebnis dieser »Zusammenführung« zwischen Tocai und Sauvignon nennt das Winzerpaar »Sacrisassi bianco«, ein toller Wein. Tocai oder Sauvignon werden übrigens nur im Cuvée verkauft.

Natürlich gibt es auch ein rotes Gegenstück: den Sacrisassi rosso, ein Cuvée aus Refosco und Schioppettino. Zwei Weine, die wunderbar in das Anbaugebiet der Colli Orientali passen.

Als weitere Weine bieten »Le due Terre« dann noch einen Pinot Nero und einen Picolit von hervorragender Qualität an.

Flavio und Sylvana haben 1986 »ihren« Hügel entdeckt, ihn gekauft und aus dem Nichts heraus ein Weingut geschaffen, das zwar klein ist (Jahresproduktion rund 17.000 Flaschen), aber unter Weinkennern bereits einen großen Namen besitzt.

Erreichbar ist das Weingut über Cividale in Richtung Prepotto und vor dem Ortskern nach rechts abbiegen (Hinweisschild vorhanden).

Azienda Agricola Petrussa

33040 Prepotto, Via Albana 49
TELEFON: *0432/71 31 92,*
FAX: *71 38 21*
www.petrussa.it
E-MAIL: *petrussa@petrussa.it*
WINZER: *Gianni und Paolo Petrussa*

Achtung! In Prepotto herrschen folgende Familiennamen vor: Marinig und Petrussa. Wer also die berühmten Brüder Petrussa in ihrem Weingut besuchen möchte, der folge von Prepotto der Straße in Richtung Albana. Dann kommt rechts die Abzweigung Richtung Mernico. Gleich nach der Abzweigung nach links fahren und nach 200 Metern stößt man direkt auf das Familienweingut der Fratelli Petrussa.

Sie sind wahre Senkrechtstarter in der Friauler Weinwelt. Qualitätsfanatiker, Schwerarbeiter im Weingarten, Philosophen im Keller und kleine Meister im Marketing. Eine perfekte Mischung. Um ihre Weine raufen sich inzwischen die Händler, die Wirte und die Konsumenten.

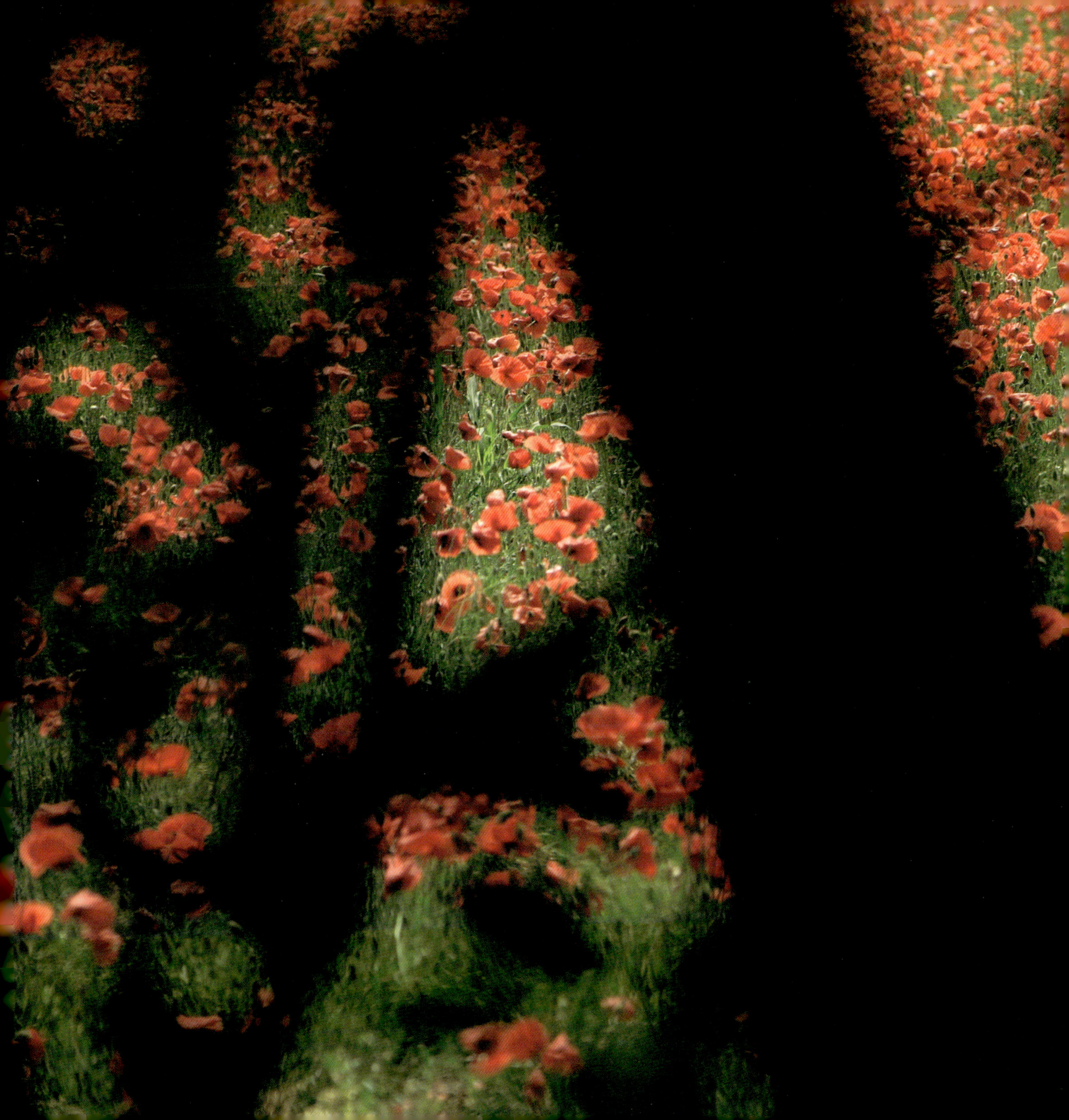

Feine, facettenreiche Weißweine, die ihren Höhepunkt im »Bianco Petrussa« – ein Weißweincuvee – finden, wuchtige und doch fruchtige Rotweine, die mit dem »Rosso Petrussa« (Merlot, Cabernet Sauvignon, Cabernet franc) ebenfalls einen Höhepunkt erreichen.

Besonders stolz sind die Brüder jedoch auf ihren Schioppettino, der im Eichenfass zur Höchstform reift. Intensiv in der Farbe, im Duft. Typisch das leicht Pfeffrige, der Kirschton. Doch es ist bei ihnen mehr, als bei den meisten anderen Schioppettino-Winzern. Ihr Wein darf ohne Zweifel mit dem Prädikat »international top« ausgestattet werden.

Die Kellerei ist nicht auf größere Besuche eingerichtet. Einen Verkostungsraum im eigentlichen Sinne gibt es nicht. Aber wer sich anmeldet, darf mit einem Verkostungstermin rechnen (außer es ist viel Arbeit im Weingarten – und das ist bei den Qualitätswinzern fast immer so).

Azienda Agricola Iole Grillo

33040 Prepotto, Via Albana 60
TELEFON UND FAX: *0432/71 32 01*
http://www.vinigrillo.it
E-MAIL: *info@vinigrillo.it*
WINZER: *Anna Muzzolini, Kellermeister Lino Casella*

Albana di Prepotto ist jener Weinort, der direkt am Fluss Judrio liegt. Bis nach dem 1. Weltkrieg bildete das Flüsschen die Grenze zwischen der österreichisch-ungarischen Monarchie und Italien. Dort, knapp vor der Brücke »del Schioppettino« liegt – kräftig angeschrieben – das Weingut »Grillo«. Anna Muzzolini hat das Gut von ihrem leider allzu früh verstorbenen Vater übernommen und mit dem einfühlsamen Kellermeister Lino Casella daraus ein Stätte geschaffen, in der Jahr für Jahr noch bessere Weine gekeltert werden.

Der Fluss Judrio fördert den Weißwein – seine Kühle, die er in den Sommernächten aus den Bergen mitbringt, tut den Trauben gut. Sie danken es den Winzer und schließlich auch den Weinfreunden mit noch besserem Aroma, mit noch mehr Frucht und Harmonie.

Moderne Technik ja, doch die Arbeit wird zuerst im Weingarten vollzogen. Nur beste Trauben bringen auch beste Weine. Die Rotweine (Merlot, Schioppettino, Cabernet franc, Refosco) werden in großen Holzfässern gekeltert, die Weißweine in Stahltanks ganz klassisch vergoren. Lediglich für den »Santa Justina« (nach der uralten Kapelle beim Hauseingang benannt) legt Lino den Chardonnay ins große Holzfass zur besseren Reifung. Dieser Wein ist ein wunderschönes Cuvee an Weißweinen. Für Weißweine mit herrlicher Frucht und tollem Bouquet ist das Gut bereits in ganz Italien bekannt, doch die Rotweine sind toll: Einfach, wunderbar zum Trinken und auch lagerfähig. Der Schioppettino ist typisch, leicht pfeffrig, mit zartem Kirschton augestattet und genüsslich zum Trinken.

Anna Muzzolini, die junge Winzerin, hat das Haus umgebaut und für Gäste auch einen Agriturismo-Betrieb beigefügt: Eine schöne Ferienwohnung, zwei Gästezimmer.

Trattoria da Mario Enoteca dello Schioppettino

33040 Prepotto, Via XXIV Maggio 16
TELEFON: *0432/71 30 04 oder 71 32 22*
www.enotecaschioppettino.it
E-MAIL: *info@enotecaschioppettino.it*
WIRTE: *Marco und Gioia*
GEÖFFNET: *ganzjährig*
RUHETAG: *Sonntagabend, Montag und Dienstag*
Hier wird auch deutsch gesprochen

Für mich ist es jedes Mal eine Freude bei Marco im »Da Mario« einzukehren. Er hat stets ein freundliches Lachen im Gesicht, seine Gattin Gioia ist immer für köstliche Überraschungen aus ihrer Küche gut. Mario, der Vater von Marco, hat dem Lokal mitten im Weinort Prepotto einen legendären Ruf geschaffen. 1994 übernahm Marco die Leitung des Familienbetriebs, gestaltete um, aus und wurde noch besser als der Herr Papa. Gattin Gioia entwickelte sich als Köchin mit Gespür und Können für die heimische Küche. Sie entwickelt alte Rezepte weiter in eine moderne und doch traditionelle Form. Marco und sein Team im Service sind kompetente Berater, immer sympathisch, immer freundlich und immer wieder läuft hier ein gesunder Schmäh.

Marco Grassi ist es zu verdanken, dass der »Schioppettino« – eine alte autochthone Rebsorte, die gerade in der Gemeinde Prepotto am besten gedeiht und auch hier beheimatet ist, noch besser in der Öffentlichkeit bekannt wurde. In seinem Wirtshaus führt er eine »Enoteca dello Schioppettino«, wo der Gast beinahe jeden Schioppettino, der in der Zone gekeltert wird, kaufen kann. Nicht nur am Tisch, sondern auch zum Mitnehmen. Am ersten Wochenende im Mai veranstaltet Marco jährlich seine »Festa dello Schioppettino«. 25 und manchmal mehr Schioppettinos können von den Gästen gegen ein faires Entgelt verkostet werden. Das spart dem Weinfreund umfangreiche und zeitraubende Recherchen.

Jedesmal wenn ich zu Marco komme, frage ich ihn nach neuen Weinen und Winzern. Und schon sprudelt es aus ihm heraus: Dort gibt es einen guten Ribolla Gialla, hier einen Merlot oder Verduzzo. Er ist ein Weinbotschafter der Weinbauzone Prepotto. Hoffentlich wissen die Winzer, was sie in Marco besitzen. Immer wieder predigt er: Wir müssen noch mehr für den Schioppettino tun. So ist es.

WC: getrennt, sauber, italienisch

La Maialata
(Schweinereien)

1 Schweinfilet, 8 Schweineripperln, 300 g Arista

Olivenöl, Fenchelkraut, Knoblauchzehen, grobes Meersalz, Weißwein, Gemüsesuppe klar, 1 Fenchel

Das Fleisch würfelig schneiden – wie für einen Spieß. In einer großen Kasserolle, mit einem halben Liter Wein begießen, ein wenig Salz darüberstreuen und mit Fenchelkraut und Knoblauch würzen. 30 Minuten bei 170 bis 180 Grad schmoren, dann zehn Minuten auf 250 Grad steigern.

Vor dem Servieren die rohe Fenchelknolle zerteilen und auf das gebratene Fleisch legen.

Dazu empfiehlt Marco einen Schioppettino – er sollte zumindest drei Jahre alt sein.

Azienda Agricola Marinig Valerio

33040 Prepotto, Via Brolo 41
TELEFON UND FAX: *0432/71 30 12*
www.marinig.it
E-MAIL: *marinigvalerio@libero.it*
WINZER: *Valerio Marinig*

Direkt in Prepotto (Einfahrtsstraße aus Richtung Cividale, bei der 1. Kreuzung nach links, dann erste kleine Straße nach rechts) liegt der Bauernhof der Familie Marinig. Valerio, ein tüchtiger, junger Winzer, hat von seinem Vater den Betrieb übernommen und keltert im Jahr so an die 25.000 Flaschen Wein. Sehr schöne, fruchtige Weißweine, sehr ansprechende Rotweine. Jahr für Jahr kann der junge Mann die Qualität steigern. Weil die Familie über einen schönen Verkostungsraum verfügt, und die Mama noch dazu eine gute Köchin ist, darf bei den Marinigs gegen Vorbestellung eingekehrt werden. Ein gemütliches Platzerl bei sympathischen und gastfreundlichen Menschen.

Ein Geheimtipp!

Tinello di San Urbano

Urlaub am Bauernhof

33040 Prepotto, Via XXIV Maggio 30
TELEFON UND FAX: *0432/71 30 80*

Wer immer nach Prepotto kommt, fühlt sich hier so wohl, dass sofort nach einer Übernachtungsmöglichkeit gefahndet wird. Nun, mitten im Dorf liegt das Gut »Tinello di San Urbano« mit sehr schönen Zimmern, mit einem Schwimmbad im Freien, mit einer kleinen Osteria (die hauseigenen Weine sind allerdings einfach). Zehn Zimmer in einem alten, um- und ausgebauten Bauernhof. Er eignet sich als Feriendomizil – beispielsweise für Wanderungen oder Radtouren, oder ganz einfach, um Zeit zu haben, die vielen Winzer der Region zu besuchen.

Weingut La Viarte

33040 Prepotto, Via Novacuzzo 51
TELEFON: *0432/75 33 54*
www.laviarte.it
WINZER: *Giulio Ceschin*
BESUCH: *gegen Voranmeldung*
FÜHRUNG: *italienisch, englisch*

La Viarte ist ein Friauler Ausdruck für »Frühling« – ein Name mit Symbolkraft. Giulio Ceschin ist ein Winzer, der von Vater Giuseppe das 1973 gegründete Gut übernahm und es zu internationalen Höhen führte. Das Gut erstreckt sich in den Hügeln des Weingebietes »Colli orientali del Friuli« auf der Höhe von Dolegna des Collio und ist weitum sichtbar. Besonders ins Auge stechen die 23 Hektar gepflegter Weingärten, die sich rund um das weiße Gebäude erstrecken. Giulio keltert mit Begeisterung vor allem die autochthonen Rebsorten wie Ribolla Gialla oder Tocai Friulano bei den Weißweinen, Refosco p.r., Schioppettino und Tazzelenghe bei den Rotweinen.

Agriturismo Colli di Poianis

33040 Prepotto, Loc. Poianis 34/A
TELEFON: *0432/71 30 60*
E-MAIL: *collidipoianis@libero.it*
WINZER: *Familie Marinig*

Manche haben nur zwei Gästezimmer, die Winzerfamilien von Colli di Poianis können ihren Gästen gleich zwei Häuser anbieten! Im Dorf ein Gebäude, das zu Ferienwohnungen umgebaut wurde, und seit 2005 im umgebauten Bauernhaus ihrer Kellerei ein weiteres schmuckes Haus, in dem sich Gäste ohne Zweifel wohlfühlen werden. Vier Ferienwohnungen (klein) sind vorhanden sowie ein schöner, großer Verkostungsraum.

Herzstück ist jedoch das Weingut selbst. Rund um das Haus in den Hügeln liegen die Weingärten. Herrliche Süd-Ostlagen, in denen gesunde, kräftige Trauben gedeihen. Mit viel Engagement erreichen die beiden Brüder Marinig Jahr für Jahr bessere Weine. Ihre Weißweine sind sehr gefragt, die Rotweine folgen mit immer stärkeren Qualitäten. Dafür wird viel im Weingarten gearbeitet. Alles wurde neu gemacht: Die Kellerei, das Winzerhaus, die Marketinglinie. Rund elf Hektar Weinfläche bringen genügend Verantwortung.

Das Weingut befindet sich in herrlicher, ruhiger Lage.

PICOLIT
Colli Orientali del Friuli
Denominazione di Origine Controllata
Imbottigliato all'origine da Az. Agr.
MEROI DAVINO di P. MEROI
I - BUTTRIO - ITALIA
50cl. e
14%vol.
NON DISPERDERE IL VETRO NELL'AMBIENTE

Zufahrt: Von Cividale nach Prepotto, erste Kreuzung vor dem Ort nach rechts, vorbei beim Weingut Le due Terre, dann folgt schon Poianis. Kurve nach links, dann sofort rechts. Ein Einfamilienhaus direkt an der rechten Seite ist das Haus von Gabriele Marinig. Etwas weiter rechts am Hügel nicht zu übersehen: das Weingut selbst.

Azienda Agricola Vignai dell Abate

Località Rosazzo, Piazza Abbazia, 33044 Manzano
TELEFON: *0432/75 94 29*, FAX: *75 98 87*

Die Abbazia di Rosazzo gilt als die Wiege des Qualitätsweinbaus in der gesamten Region. Die Mönche der Abtei haben den Ribolla Gialla, den Pignolo oder auch den Picolit entwickelt und zu den besten Weinen des Landes gemacht.

Die Abtei ist heute ein Seminarzentrum im Eigentum des Erzbistums von Udine. Der Weinbau ist an eine Gesellschaft verpachtet. Walter Filiputti war es, der vor Jahren die alten autochthonen Rebsorten zu neuem Glanz gebracht hat. Seit dem Ausscheiden von Dr. Filiputti wird das Gut vom Weinmacher und Direktor der Villa Russiz önologisch betreut.

Die Kreszenzen sind jedoch von höchster Qualität geblieben.

Der »Pignolo« zählt zu den besten des Landes, die Weißweine bestechen durch wunderschöne Frucht, harmonische Säure und eine perfekte Struktur. Die Rotweine sind einer mächtigen, ehrbaren Abtei würdig: alles große Weine.

Azienda agricola Marina Danieli

33042 Buttrio
TELEFON: *0432/67 32 83*
WINZERIN: *Marina Danieli*
Ab-Hof-Verkauf, Besuch gegen Voranmeldung

Wenn die Mitarbeiter von ihrer »Chefin« sprechen, dann tun sie dies nicht in Ehrfurcht, sondern aus Respekt. Sie ist als Winzerin und Gastwirtin anerkannt: Marina Danieli, aus der Industriellendynastie Danieli stammend. »Ich habe das Weingut übernommen, das zuvor meine Großmutter und Urgroßmutter geführt hatten. Immer nur Frauen waren hier die Chefs«, erzählt sie lächelnd. Auf der Staatsstraße (aus Richtung Manzano kommend) muss man in der Höhe der Einfahrt in die Fabrik Danieli nach links abbiegen. Dann, nach hundert Metern nach rechts. So gelangt man in das kleine Dorf Caminetto, wo das Bauernhaus von Frau Danieli steht. Ein schmuckes, steinernes Gebäude.

Die Weine sind sehr elegant, klassisch ausgebaut. Besonders hervorzuheben sind der Verduzzo und der Tazzelenghe, die als wirklich gelungen bezeichnet werden dürfen. Sehr gut auch Tocai, Sauvignon und Pinot bianco. Bei den Roten sollen der Merlot und Refosco erwähnt werden.

Natürlich bietet Marina Danieli auch einen Cuvée an, den »Faralta« aus Cabernet franc, Cabernet sauvignon, Merlot, Tazzelenghe und Petit Verdot.

Der weiße Cuvée wird »Vigna delle Letizie« genannt und besteht aus Tocai, Pinot bianco und Pinot grigio.

Scacciapensieri, Agriturismo

33042 Buttrio, Via Morpurgo 29
TELEFON: *0432/67 49 07*
WIRTIN: *Marina Danieli*

Es gibt Plätze, an denen man gerne ein Halleluja losträllern möchte, so sehr geht einem das Herz über. Der revitalisierte Bauernhof in den Hügeln zwischen Buttrio und Manzano, den die Winzerin Marina Danieli zu einem Gasthof umbauen ließ, ist so ein Platzerl. Sieben Zimmer beherbergt das Haus. Alle sind mit originalen Bauernmöbel ausgestattet, verfügen über modernste Badezimmer und einen herrlichen Ausblick in die Ebene von Manzano.

Noch schöner aber ist es, auf der Terrasse des im Erdgeschoß befindlichen Gasthauses zu sitzen. Hier werden friulanische Gerichte aufgetragen und natürlich die hauseigenen Weine serviert. Hier genießt der Gast im Sommer den lauen Abend, das Zirpen der Grillen. Weit in der Ferne, da kann Palmanova, Aquileia und an besonders klaren Tagen die Adria entdeckt werden.

Das Gut »Scacciapensieri« erreicht man über Buttrio: Die Strada del Vino entlang, an der Villa Florio vorbei, durch die Weinberge erreicht man nach wenigen Kilometern dieses außergewöhnliche, gastfreundliche Haus. Hier wird auch Deutsch gesprochen.

Ausgelöste Entenkeulen mit Gewürzkräutern
(Coscie d'antatra alle erbe aromatiche)

4 ausgelöste Entenkeulen, 150 g faschierter Speck, 70 g Kräuter (Dill, Minze, Schnittlauch, Estragon, Thymian, Melisse, Majoran), je 100 g Karotten, Sellerie und Zwiebel, Olivenöl, Salz, Pfeffer, trockener Weißwein

Aus den Entenknochen eine Suppe ansetzen. Den Speck und die Kräuter mischen und die Entenkeulen damit füllen. Zusammenrollen, salzen, pfeffern. In einer Kasserolle Öl heiß werden lassen, darin klein geschnittenes Gemüse anrösten, das Entenfleisch leicht mit Mehl bestauben und zum Röstgemüse geben. Von allen Seiten gut anbraten. Mit Weißwein aufgießen, verdunsten lassen und auf kleiner Flamme weiterdunsten lassen.

Von Zeit zu Zeit mit der Entensuppe aufgießen. Insgesamt dauert die Kochzeit eineinhalb Stunden.

Dann die Entenrollen herausnehmen, in Scheiben schneiden, auf einer Platte mit der Soße anrichten und mit Gewürzsträußchen garnieren.

Versunkene Marillen
(Crostata alle albicocche affogate)

Mürbteig: 200 g Mehl 00, 100 g Zucker, 100 g Butter, 1 Ei, Prise Salz

Fülle: 12 in Fruchtsirup eingelegte Marillenhälften, 200 g Obers, 60 g Zucker, 3 Eidotter, 1 Pk. Vanillezucker

Das Mehl aufschütten und eine Mulde darin bilden. Darin Zucker, Butter, Ei und Salz einarbeiten und einen Teig kneten. Diesen 30 Minuten in den Kühlschrank stellen.

In der Zwischenzeit aus Eidotter, Zucker und Rahm eine Creme mischen. Eine Kuchenform (Ularteform) einfetten und bemehlen. Den Teig auslegen und einen Teil der Creme hineingießen. Mit den Marillen belegen und mit restlicher Creme bedecken. Bei 150 Grad 40 Minuten im Rohr backen. Lauwarm servieren.

Girolamo Dorigo

33042 Buttrio, Via del Pozzo 5
TELEFON: *0432/67 42 68*
WINZER: *Girolamo Dorigo*
Ab-Hof-Verkauf, Besuch nur gegen Voranmeldung

Sein Wohnhaus käme in jedem Fachjournal zum Thema »Hausbau« gut an, und jedes Zimmer dieses Hauses wäre fotoreif für »Schöner Wohnen«.

Diese Familie versteht es, gut zu leben, ist man da als Besucher geneigt, vor sich hinzumurmeln. Dass dahinter allerdings harte Arbeit steckt, das steht auf einem anderen Blatt. Wenn Girolamo Dorigo heute zu den international bekanntesten Top-Winzern Italiens gehört, dann ist das ein Beispiel dieser harten Arbeit. Girolamo war einst Steuerberater in Udine, ehe er in den siebziger Jahren als Winzer quereinstieg und sich das Anwesen in den Hügeln von Buttrio, genau gesagt auf der Lage »Ronc di Juri«, erwarb.

Einige Jahre ging er in Chateaus von Bordeaux, um die Weintechniken Frankreichs zu erlernen.

Seit Jahren ist nun der immer fröhliche, wache und intellektuelle Winzer ein Weinproduzent höchster Klasse.

Er hat sich um die sogenannten autochthonen Reben Friauls sehr verdient gemacht: um den Tazzelenghe, den Picolit und nicht zuletzt den Pignolo. Dieser wunderbare Rotwein gehört zu den besten Weinen Italiens. Da Dorigo nur geringe Mengen davon keltert, hat der Wein auch seinen Preis. Montsclapade ist eine weitere Lage von Dorigos Reben. Mit diesen Namen bezeichnet er auch eine Cuvée: Cabernet franc, Cabernet sauvignon, Merlot und etwas Malbeck. Dass dieser Wein ebenfalls zu den besten Roten des Landes zählt, sei hier nur nebenbei erwähnt. Darüber hinaus bietet Dorigo auch einen Spumante an, der nach der Champagnermethode produziert wird. Der ständig nach Erneuerungen suchende Dorigo hat dafür ein eigenes Rüttelpult erfunden und gebaut. Auf alle Fälle: Weine mit dem eleganten Etikett »Girolamo Dorigo« sollten in keinem privaten Weinkeller fehlen.

Trattoria »Al Parco«

33042 Buttrio (Ud),
Via Stretta del Parco 1
TELEFON: *0432/67 40 25*
WIRTE: *Luciana Tulisso und Paolo Meroi*
GEÖFFNET: *Dienstagabend; Mittwoch Ruhetag, im August Betriebsferien*

Wenn im Frühjahr die ersten Sonnenstrahlen etwas an Kraft zulegen, dann zieht es meine Familie in den Süden. Paolo wird angerufen: »Kann man schon im Gastgarten...?« Wenn in Österreich und Deutschland die Nachkälte des Winters ein Verweilen tagsüber im Garten verhindert, dann zahlt sich der »Sprung« nach Buttrio aus. Von der Grenze auf der Autobahn (Abfahrt Udine Sud und dann immer in Richtung Manzano oder Görz fahren) sind es bis Buttrio kaum eineinhalb Fahrtstunden. Dann sitzt man im Freien, bei herrlicher friulanischer Kost, die aus Paolos Küche kommt. Aus Paolos Weingut stammen die hauseigenen Tropfen: Sie sind begehrt und berühmt. Kein Wunder,wenn der Gast mit einem herrlichen Seufzer die Welt genießt: »Mein Gott, ist es hier schön.« Das »Al Parco« ist ein altes Herrenhaus mitten in einem Park und im Zentrum der Weinstadt Buttrio (Einfahrt genau gegenüber dem Campanile). Im Haus ein gemütlicher Speiseraum mit dem Fogolar, auf dem »ai ferri« zubereitet wird (gegrillt). Ein großer Speisesaal, in dem die örtlichen Hochzeitsfeiern abgehalten werden, und zwei kleinere Räume ergänzen das Angebot.

WC: großzügig, modern, sauber, komfortable Waschmöglichkeit, eine Toilette, rollstuhlgerecht

Käsekörbchen mit Käsecreme und Polenta
(Cestino di frico fonduta)

Körbchen: 125 g Montasiokäse – 12 Monate alt, 125 g Montasio – 6 Monate alt, beides gerieben.

Fülle: 1 l Milch, 200 g frischer Montasio, Salz, Pfeffer, Polenta

Für die Körbchen: Eine beschichtete Pfanne (20 cm Durchmesser) erhitzen und dann den geriebenen, zusammengemischten Montasio einstreuen. Es entsteht eine Art Omelett, das auf beiden Seiten goldbraun gebraten wird. Dann im heißen Zustand über ein umgestülptes Glas stürzen und Körbchen formen. Erkalten lassen.

Für die Fülle Milch aufkochen, den frischen, würfelig geschnittenen Montasio zugeben, kräftig aufschlagen, damit eine schöne Creme entsteht, salzen, pfeffern.

Die Körbchen auf Teller setzen, mit frisch gekochter Polenta füllen (ein Esslöffel voll genügt, da es sich ja um eine Vorspeise handelt) und die Käsecreme über die Polenta gießen. Sofort servieren.

Weingut Davino Meroi

33042 Buttrio, Via Stretta del Parco 1
TELEFON: *0432/67 40 25*
WINZER: *Paolo Meroi*
Wein ab Hof (Trattoria), Besuche möglich, Dienstagabend und Mittwoch geschlossen

In der Trattoria »Al Parco« wird grundsätzlich nur ein Wein serviert: der von »Davino Meroi«. Kunststück, ist doch der Wirt des Parco auch der Winzer dieser ausgezeichneten Weine. Paolo Meroi hat vom Großvater (Domenico) und vom Vater (Davino) das Handwerk des Winzers übernommen und ist drauf und dran, die Qualitätsstufen laufend nach oben zu klettern.

So ist sein Picolit mehrfach ausgezeichnet, der Verduzzo ist allgemein begehrt, aber den großen »Wurf« hat er mit dem Ribolla gialla getan. Seinem Großvater hat er zwei Cuvées gewidmet: den Dominin rot und den Dominin weiß. Da Paolo nur ein kleines Weingut besitzt, mit etwa 6 Hektar Anbauflächen – die allerdings in den besten Lagen –, sind auch sein Chardonnay, der Merlot, der Tocai und der Refosco Tröpferln, die sich trinken lassen. Manchesmal gibt es beim Paolo sogar den »Tazzelenghe« (eine alte friulanischen Rotweinsorte) zu erstehen. Da sich viele Weinfreunde um die Erzeugnisse von Meroi bemühen, sollte man rechtzeitig bestellen.

Weingut »Tami«

33042 Buttrio, Via Roma 50
TELEFON: *0432/67 01 74*
WINZER: *Roberto Tami*
Ab-Hof-Verkauf, Besuche gegen Voranmeldung

Der Winzer Tami findet sich nicht im Weinführer wie der Gambero rosso, dennoch hat der Familienbetrieb – übrigens auch schon über 50 Jahre alt – respektable Weine zu bieten. Tami ist ein Qualitätsverfechter. Er hat das Glück, seine Weingärten in den besten Lagen der Hügel von Buttrio und von

Nimis zu wissen. Bei Nimis produziert er Verduzzo unter dem Namen »Ramandolo classico«. Ein hervorragender Wein. Aber auch Merlot, Cabernet franc, der Tocai friulano, der Sauvignon und der Pinot grigio sind Weine, für die sich der sympathische und einfache Weinbauer nicht zu verstecken braucht. Die Weine gehören preislich zur moderaten Linie in den Colli Orientali. Insgesamt gesehen ein gutes Preis-Leistungs-Verhältnis. Die Kellerei ist ebenfalls einfach ausgestattet, Roberto Tami investiert allerdings Jahr für Jahr in noch bessere Produktionsbedingungen.

Gigi Valle

33042 Buttrio, Via Nazionale 3
TELEFON: *0432/67 42 89*
WINZER: *Gigi Valle*

Lacht er, dann strahlen seine Augen einen besonderen Glanz aus, erhebt er seine Stimme, dann dröhnt sein Bass auch durch die größte Halle: Gigi Valle. Unter allen Winzern des Landes Friaul – Julisch-Venetien hat er nicht nur einen klangvollen, sondern einen berühmten Namen. Er zählt zu den Pionieren des Weinbaues. Gigi wurde in Tolmezzo geboren, verbrachte dort seine Jugend und lernte seine erste Erfahrung mit dem Wein im Wirtshaus seiner Eltern. Als junger Bursche besuchte er die Weinbaufachschule und wurde danach der erste Önologe des Landes. Als Weinbauberater setzte er seine Ideen erst für andere Winzer um, ehe er dann in Buttrio sein eigenes Weingut errichtete.

Neue Ideen, bessere Techniken, noch höhere Qualitäten, kreative Marketingmaßnahmen – da hat der Gigi Valle vielen anderen seiner Kollegen vorgezeigt, wie es geht. Wahrscheinlich hat das ständige Nachdenken, das permanente und konsequente Arbeiten den Gigi recht jung erhalten.

In seiner Vorzeigekellerei bietet er seinen Kunden erst einmal einen Weinüberblick in einer schmucken »Cantinetta«. Am Plafond eine Deckenmalerei, die seine Geschichte erzählt.

Die Produktionshallen sind sauberst, modernst und großzügig. Im Keller ein Verkostungsraum auch für größere Gruppen – alles in Holz gehalten, sehr heimelig.

Dass der Gigi auch kleine Fläschchen (Stifterln in Österreich genannt) mit Wein abfüllt, sei deshalb erwähnt, weil sich seine Weine in der Lauda Air, der Lufthansa oder in Maschinen der Air France finden.

Gigi Valle war einer der ersten Winzer, der Weine in Flaschen abfüllte und der auf lange Lagerung Rücksicht nahm. Daher bezeichnet er manche Weine mit dem Prädikat »Reserva«: Merlot Reserva, Cabernet Reserva. Bemerkenswert der »Florean« und der »San Blâs«. Ersterer ein Rotweincuvée aus Merlot, Cabernet sauvignon und Refosco dal peduncolo rosso, Letzterer ein Cuvée aus Tocai friulano, Pinot Bianco und Sauvignon.

Selbstverständlich werden alle anderen bekannten Weine auch angebaut. Vielleicht sei noch eine Besonderheit erwähnt: »Brut Valle«, ein Sekt aus Ribolla Gialla, Pinot bianco und Pinot nero.

Käsekörbchen mit Käsecreme und Polenta (»Al Parco«)

Die dritte Reise.

Dolegna del Collio – Cormons –
Gradisca d’Isonzo – Farra d’Isonzo – Görz –
San Floriano – Capriva del Friuli – Cormons

Der Collio ist Synonym für großartige Weißweine. Das ist bereits dem minder geschulten Weinfreund bekannt. Bei meinen Streifzügen zwischen Dolegna del Collio, Cormons, San Floriano und Görz (Gorizia) habe ich viel mehr entdeckt als nur guten Pinot Grigio, Chardonnay oder neuerdings auch mehr Merlot und Cabernet Sauvignon. Ich habe Urlauber getroffen, die mit festen Wanderschuhen durch den Bosco (Wald) Plessivo stapften, Radfahrer, die sich auf den Monte Quarin plagten oder andere, die zwischen Capriva und San Floriano aus einem Schotterteich Fische fingen. Andere wiederum geben sich in der Ferienanlage »La Subida« dem Reiten hin und bei San Floriano und Capriva kann sogar Golf gespielt werden. Überall eine schöne Landschaft, reizende Dörfer, aber am schönsten ist es am Monte Quarin selbst – ein Aussichtsberg über einem bezaubernden Land, eine Terrasse über der Stadt Cormons.

Cecco Pepe und Cormons

Ob in Cormons, Görz oder kleinen Städten und Dörfern – auf Schritt und Tritt ist etwas von der Habsburger Tradition übrig geblieben. In Giassico, einem Weiler bei Brazzano, nahe des Flusses Judrio wird am 18. August Kaisers Geburtstag gefeiert: Cecco Pepe wird Franz Josef in Cormons liebevoll genannt. Dem Kaiser zu Ehren gibt Gianni Felcaro, der Wirt des Hotel Felcaro, im Feber einen »Sisi-Ball«. Ganz klar, dass die Gäste kostümiert kommen – so feiner Stoff wie dazumal …

»In Cormons«, so erzählt der Weinbauer Aita, »gibt es 150 gebürtige Österreicher.« Aber das sei nicht so sehr der Grund, warum die österreichisch-ungarische Monarchie nostalgisch umschwärmt wird.

Cormons hieß unter den Römern »Cormontium romana«, vor ihnen jedoch haben sich bereits Kelten hier angesiedelt. Die Geschichte ist reich an »Herrschern« über die

Stadt: Das Kloster Roszzo, die Grafen von Görz, Venedig, die Familie Della Torre, Napoleon, die Habsburger.

Kaiserin Maria Theresia hat für die Stadt viel getan: Sie gründete nicht nur eine Uhrenfachschule, sondern auch eine Holzbau-Fachschule. Die war der Ursprung der florierenden Holzindustrie in diesem Raum: Seit Jahrzehnten ist das Gebiet von Cormons bis Manzano als die größte Produktionsstätte von Sesseln bekannt. Das Geschäft läuft wegen der Konkurrenz aus Asien nicht mehr so bequem, doch die Menschen hier sind kreativ und tüchtig.

Das Land großer Winzerpersönlichkeiten

Ohne Zweifel ist »Collio« nun einmal Weinbaugebiet. Die Brüder Livio und Marco Felluga, Mario Schioppetto und die Familie Angoris waren die ersten Winzer, die im Collio mit Qualitätsweinbau begonnen hatten. Gigi Valle, der in Buttrio ein Weingut besitzt, war der erste önologische Berater in Friaul und der erste Berater beispielsweise von Mario Schioppetto. 1968 entstanden erstmals Richtlinien für »Collio«-Weine. Darin sind jene Rebsorten und Lagen bezeichnet, die diesen Weinen zugestanden werden.

Die großen Namen lassen sich fortführen: Josko Gravner und Silvio Jermann haben Weingeschichte geschrieben. Sie haben die Weine des Collio beinahe mehr als alle anderen zusammen in der Welt bekannt gemacht. Josko Gravner mit Sohn Miha und Gattin Maria ist der introvertierte Vordenker der modernen Weinkultur geblieben. Seine Methoden des Weinbaues sind ungewöhnlich und gehen zurück auf die Ursprungsgeschichte des Kelterns. Sein Wein »Breg Gravner« ist nicht billig, aber begehrt, nur leider schwer erhältlich.

Ganz anders Jermann: Er ist extrovertiert und doch sensibel, der Weltmann mit immer neuen Weinkreationen, dessen »Vintage Tunina« ein Klassiker der höchsten Weinkultur geworden ist. Die Familie Jermann baut ihr Imperium immer weiter aus und hat bei Dolegna del Collio ein Gut errichtet, das in Friaul-Julisch Venetien wohl einmalig ist.

Doch der Collio hat in der jüngeren Geschichte weitere Namen hervorgebracht, über die die Weinwelt spricht: Stanislao Radikon, Edi Keber, Sandro Princic, Igor Erzetic (Branko), Patricia Felluga (Zuani), Mario Primosic, Elda Felluga, die Geschwister Alessandra und Alessandro Mauro (Borgo San Daniele – Collio Isonzo), Dario Raccaro, Fabio Coser, Franco Terpin, Tercic, die Brüder Toros, die Familie Venica (Venica & Venica), Gianni Menotti, Romeo Rosso (La Rajade), Roberto Picech, Aldo Polencic, Isidor Polencic, Dario Raccaro und Thomas Kitzmüller. Natürlich erhebt diese Liste keinen Anspruch auf Vollständigkeit, doch alle diese Winzerinnen und Winzer sind der ganze Stolz des Hügellandes.

Enoteca Serenissima in Gradisca

Gradisca d'Isonzo ist eine durch und durch »altösterreichische« Stadt, obschon sie von den Venezianern im 15. Jahrhundert errichtet wurde. Die Venezianer wollten mit dieser Stadt ein Bollwerk gegen Eindringliche schaffen und hatten sogar Leonardo da Vinci als Berater für den Bau einer Wehranlage eingeladen. Die Wehranlage a la da Vinci wurde schließlich nicht errichtet. 1511 übernahmen die Habsburger die Herrschaft über die Stadt und errichteten dort die Grafschaft Gradisca. Die Stadt am Isonzo und am Rande des Karstes ist ein Kleinod an Venezianischer Villen, an altösterreichischen Palästen, an Wehrtürmen und Stadtmauern.

Im Inneren der Altstadt, im Palast des venezianischen Stadtverwalters, wurde vor Jahren die Landesvinothek, die Enoteca »Serenissima«, eingerichtet. Eine Art »Salon der Weine« von Friaul-Julisch Venetien. Hier können die Weine eingekauft werden, hier befindet sich aber auch eine Weinbar, in der ausgesuchte Weine auch glasweise getrunken werden können. Die Preise sind durchwegs moderat. Enoteca bietet aber auch Grappe, Schinken und Käse an. Für Gruppen ist eine telefonische Voranmeldung anzuraten: 0481/99 5 98.

Görz, die alte Grafschaft

Görz ist eine geteilte Stadt: auf italienischer Seite die Altstadt mit der Burg der Grafen von Görz, auf der slowenischen Seite die Neustadt mit den Casinos und einem historisch wichtigen Bauwerk – dem Katharinenkloster.

Görz liegt am Isonzo und es darf nicht vergessen werden, dass bis nach Bovec im Soca Tal (Soca ist die slowenische Bezeichnung für Isonzo) die Isonzo-Schlachten des Ersten Weltkrieges tobten.

Auf den Hügeln des Karstes und jenen im Collio sind Denkmäler gegen den Schrecken dieses Krieges errichtet worden. Auch Görz, das urkundlich 1001 erstmals erwähnt wurde, kam 1500 unter die Fuchtel der Habsburger, lediglich unterbrochen durch die Eroberung der Venetianer und dann durch die Truppen des Napoleon.

Im 11. Jahrhundert ist die Burg errichtet worden, heute noch das Wahrzeichen der Stadt. Während des Ersten Weltkrieges stark durch Bombardierungen geschädigt, wurde das Castello zwischen 1933 und 1937 wieder restauriert. Am Burgberg sind im alten Teil der Burg und in Nebengebäuden zwei Museen eingerichtet, das eine hat das Mittelalter, das andere den Ersten Weltkrieg als Thema.

Unter allen Palästen in der Altstadt ist jener der Familie Attems Petzenstein der mächtigste und kostbarste. Görz ist eine Stadt zum Bummeln: Es gibt kleine Cafés, nette Bars und ein paar gute Restaurants. Die Messestadt an der Grenze zu Slowenien ist Ausgangspunkt für Fahrten in jenen Teil des Collio, der für das Auge am meisten bietet – Oslavia und San Floriano del Collio. Vorbei an den berühmten Weingütern Gravner, Radikon, Primosic. Jedes Dorf lädt zum Verbleiben und zum Wandern durch die Weingärten ein.

Eine Rundreise

Von San Floriano führt eine der Weinstraßen nach Gaisbana, Blanchis, Mossa und in den Weinort Capriva, wo sich die mächtigen Weingüter wie Castello di Spessa, Villa Russiz, Villa Russiz Superiore oder Schioppetto befinden. Von hier aus lässt es sich über Russiz di Sotto in Richtung Plessiva-Wald (Bosco Plessiva) fahren. Auf dieser Straße erreicht man Ruttars mit dem Castello di Trussio, in dem sich das noble Restaurant »Aquila d'Oro« befindet. Weiter in Richtung Dolegna del Collio kommt man auch zum Agriturismobetrieb »Venica & Venica«: Als Agriturismo-Betrieb begonnen hat die Familie Venica das wohl exklusivste Kleinhotel des Collio gebaut. Einige Zimmer, im Sommer ein außergewöhnliches Restaurant. Dolegna del Collio liegt günstig für Ausflüge in den Collio, in die Colli Orientali, in die Täler des Natisone, in das Isonzo Gebiet und weiter nach Grado oder gar nach Triest.

Wir besuchen:

Venica & Venica, Dolegna del Collio
Aquila d'Oro, Dolegna del Collio
Weingut Kitzmüller, Brazzano
Terra e vini, Brazzano
Livio Felluga, Brazzano
Osteria Tiare, Cormons
Weingut Borgo San Daniele, Cormons
All Unione, Cormons
Al Giardinetto, Cormons
Enoteca di Cormons, Cormons
Prosciutti D'Osvaldo, Cormons
Aita, Cormons
Ronco del Gelso, Cormons
La Subida, Cormons
Weingut Subida di Monte, Cormons
Azienda Agricola Salumi Turus, Mossa
Tenuta Villanova, Villanova di Farra
Trattoria Blanch, Mossa
Die Rose von Görz, Gorizia
Rosenbar, Gorizia
Weingut Tercic, San Floriano dell Collio
Weingut Zuani, San Floriano dell Collio
Golf Hotel Formentini, San Floriano dell Collio
Radikon, Oslavia
Schiopetto, Capriva
Villa Russiz, Capriva
Russiz Superiore, Capriva
Castello di Spessa, Capriva
Azienda Agricola Magnas, Cormons
Marco Felluga, Gradisca d'Isonzo
Osteria Alle Viole, Gradisca d'Isonzo

CULTURA E SPETTACOLI
Ciampi: «Riaprire il dialogo con l'Islam»
Nord Corea, scontro fra treni
Tremila tra morti e feriti

Venica & Venica Vino & Vacanze

34070 Dolegna del Collio, Località Cerò 8
TELEFON: *0481/61 264*
www.venica.it
E-MAIL: *venica@venica.it*
WINZER: *Giorgio und Gianni Venica*

Hinter erfolgreichen Männern steht häufig eine starke Frau: Im Falle der Familie Venica ist es Ornella, Gianni's Gattin. Sie ist mit enormer Sensibilität für das Schöne, für Marketing und Betriebsphilosophie ausgestattet. Bei Venica & Venica ist das wichtig, denn für den seit 1930 bestehenden Betrieb steht hinter jedem Wein auch eine Philosophie. Das Weingut gehört zu den bekanntesten Gütern in ganz Italien und obschon Weinfreunde aus deutschsprachigen Ländern gerne zu den Rotweinen aus dem Haus greifen, sind es doch die Weißweine, die von Eleganz und Größe zeugen: der Tocai Ronco delle Cime oder der Ronco delle Mele, ein Collio Sauvignon, um zwei der wichtigsten Weine zu nennen.

Das große Winzerhaus wurde vor Jahren um ein Gästehaus für Urlauber erweitert: Appartements, einige Doppelzimmer, Tennisplatz, Swimming Pool.

Ristorante »Aquila d'Oro«

34070 Dolegna del Collio, via Ruttars 11
TELEFON: *0481/60 545*
WIRTE: *Giorgio und Anna Tuti*
RUHETAGE: *Mittwoch und Donnerstag, im August 14 Tage Betriebsferien*

Als ich vor einigen Jahren anlässlich eines großen Abendessens, das der Winzer Gianni Vescovo für rund 80 Gäste gab, wie gewohnt vor dem Aperitif in die Küche dieses Restaurants schlüpfte, da stockte mir das Herz: Anna und ihre Schwägerin strichen sich gerade ihre Lippen und waren lachend in ihre Spiegel vertieft. Auf dem Herd drei Töpfe, aus denen lediglich »blubb, blubb« zu vernehmen war. Eine halbe Stunde vor Essensbeginn deutete nichts in Annas Küche darauf hin, dass auf der Terrasse 80 Gäste an Tocai oder Spumante nippten. In unseren Breiten befinden sich die meisten Küchenchefs in solchen Augenblicken am Rande des Wahnsinns. »Signora Anna, was ist los?«, wagte ich kleinlaut zu fragen. Sie warf mir ihr strahlendes Lächeln zu und rief: »Wir machen alles frisch ...« Es folgte ein achtgängiges Menü – vom Feinsten, ich denke heute noch daran.

Ja, ja, dieses »Aquila d'Oro« ist ein besonderes Restaurant. Im Trussio-Schloss gelegen, mit einem Weinkeller, der mit derartigen Pretiosen – vor allem aus dem Bordeaux, dem Burgund, dem Piemonte und der Toskana – ausgestattet ist, dass Weinkenner vor Rührung feuchte Augen erhalten.

Man sitzt gut und nobel in diesen Schlossräumen. Genießt erst einmal die Tischkultur, dann das Service (wo sonst wird noch mit weißen Handschuhen serviert?), die gute Beratung des jungen Patrons Giorgio und noch mehr diese aufregenden Kreationen seiner Schwester Anna. Jeder Teller ein Kunstwerk fürs Auge und ein viel größeres für den Geschmack. Giorgio empfiehlt Weine aus der Umgebung – der Collio beginnt ja hinter dem Hause – oder die großen Tröpferln der Welt, die er nach Jahrgängen gut geordnet hat.

Noch schöner ist es allerdings, wenn das Wetter ein Speisen auf der Terrasse zulässt. Der Blick hin zu Abbazia di Rosazzo, hin zur Bergkirche San Giorgio oder aber in die

Paprikavariationen (»Aquila d'Oro«)

Ebene von Manzano – da wird das Kunstwerk »gut essen« vollkommen.

Das »Aquila d'Oro« wurde von seinem Besitzer etwas verkleinert. Lediglich für rund 30 Gäste, die aber sollen verwöhnt werden und sich »verwöhnt« fühlen. Das Ambiente, die Kunst am Teller, der Weinkeller, der etwas höhere Preis. All das polarisiert ein wenig: Da gibt es Restaurantführer, die dieses Restaurant als Nummer Eins im Land empfinden, da gibt es andere, die etwas tiefer greifen. Immer jedoch sagen alle einstimmig: ein besonderer Ort zum Einkehren.

Dolegna del Collio wird über Cividale und Prepotto, über Cormons und Brazzano oder über Udine-Manzano-Corno di Rosazzo erreicht.

WC: getrennt, 1 A, engl., Waschbecken, große Spiegel, Handtücher

Paprikavariationen
(Il Peperone dolce ai gusti decisi)

2 rote Paprika mit Stil, 100 g frischer Ricotta-Käse, 200 g sizilianischer Thunfisch in Olivenöl, 8 frische Kapern, 2 Meersardellen, 1 Knoblauchzehe, Olivenöl, Salz, Pfeffer

Die Paprika waschen, der Länge nach halbieren, den Strunk und die Kerne entfernen. In eine Pfanne legen und im Rohr bei 200 Grad 15 Minuten garen lassen. Abkühlen und dann die Haut abziehen. In der Zwischenzeit den Ricotta, Thunfisch, Kapern und Sardellen gut vermischen. Die Paprikahälften damit füllen. Je eine Hälfte mit der Öffnung nach unten auf Teller legen, mit Olivenöl, in dem zuvor der geschälte Knoblauch gegeben wurde, zart beträufeln. Mit frischen Salaten garnieren und servieren.

Das Beste von der Ente mit getrüffeltem Honig
(La Suprema d'Anitra con il miele tartufato)

800 g Entenbrust, 1 Zwiebel, 2 Knoblauchzehen, je ein Zweig Rosmarin, Majoran, Thymian, Olivenöl, 1 Schöpflöffel klare Rindsuppe, 1/8 l Rotwein, Salz, Pfeffer, 40 g »Tausendblüten«-Honig getrüffelt

Die Entenbrüste salzen, pfeffern. In eine Pfanne legen, die Gewürze, den Knoblauch und die Zwiebel dazugeben und bei mittlerer Hitze anbraten. Mit dem Olivenöl, dem Rotwein und der Suppe ablöschen und 30 Minuten garen lassen. Danach die Entenbrüste herausnehmen, in Scheiben schneiden und diese auf Tellern anrichten. Die Soße passieren, durch ein Sieb streichen und den getrüffelten Honig dazugeben (Honig mit weißem Trüffel als Einlage oder mit etwas Trüffelöl aromatisiert). Die Fleischscheiben damit begießen.

Weingut Kitzmüller, Urlaub am Bauernhof

34071 Brazzano di Cormons, Via Ventiquattro Maggio 56
TELEFON UND FAX: *0481/60853*

»Wenn jemand die Atmosphäre eines alten, einfachen Bauernhauses erleben möchte, der ist bei uns herzlich willkommen.« Im Mummelhaus (benannt nach dem Spitznamen einer Tante, die in diesem Nebentrakt des Bauernhauses gewohnt hatte) hat die Familie Kitzmüller einige Zimmer für den »Urlaub am Bauernhof« hergerichtet. Sie sind einfach, aber sehr sauber, so wie man halt früher hier gelebt hat, berichtet Hans Kitzmüller, Journalist, Schriftsteller, Universitätsprofessor und Vater des Weinbauern. Es ist wirklich ein Wohnen wie in alten Zeiten. Äußerst gemütlich und zu moderaten Preisen. Im Parterre des Mummelhauses steht den Feriengästen eine kleine Küche zur Verfügung.

Das Haus der Kitzmüllers ist ein friulanisches Bauernhaus aus

dem 19. Jahrhundert, das liebevoll restauriert wurde. Das Mummelhaus befindet sich an der Rückseite hin zu den Weingärten, was Romantik und Ruhe verspricht.

Thomas Kitzmüller ist auch ein begeisterter Winzer, der etwa 10.000 Flaschen im Jahr keltert.

Tocai, Sauvignon, Traminer, Verduzzo Friulano, Cabernet franc, Merlot und Cabernet sauvignon. Ein Cuvée Merlot & Cabernet sauvignon ist im Entstehen.

Terra & Vini Osteria con Alloggio

Via XXIV Maggio 34,
34070 Brazzano di Cormons
TELEFON: *0481/60 028*, FAX: *63 198*
www.terraevini.it
E-MAIL: *info@terraevini.it*

Brazzano ist ein kleines, aber wichtiges Dorf von Corno di Rosazzo kommend wenige Kilometer vor Cormons. Es ist das Dorf eines Dr. Hans Kitzmüller, des Buchautors, Literat, Professors für Germanistik und Übersetzers der Werke Handkes ins Italienische, und das Dorf des berühmten Weinmachers Livio Felluga. Mitten in Brazzano, wo auch der Zufahrtsweg zum Weingut Kitzmüller beginnt. Dort hat Elda Felluga, die Tochter des großen Weinpioniers, ein altes Bauernhaus erworben und mit viel Gespür zu einer gemütlichen Osteria samt schöner Zimmer und einiger exklusiver Ferienwohnungen ausgebaut. An die Osteria angeschlossen ein Weinladen, wo es die Weine von Livio Felluga und anderer Größen des Landes gibt. In der Osteria selbst hat die Winzerin ein freundliches und kompetentes Team an der Arbeit. Die Köchin ist in der alten und modernen Traditionsküche Friauls daheim. Selbstverständlich wird hier auch Schinken von »d'Osvaldo« angeboten.

WC: fein, sauber, getrennt

Azienda Agricola Livio Felluga

Via Risorgimento 1,
34070 Brazzano di Cormons
TELEFON: *0481/60 203*
www.liviofelluga.it
E-MAIL: *info@liviofelluga.it*

Land des Livio Felluga, eines der Pioniere des Qualitätsweinbaues in Friaul-Julisch Venetien.

Einst hatte der berühmte Weinjournalist Isi Benini (leider schon verstorben) geschrieben, Livio Felluga sei »ein Patriarch«. Die Familie Felluga besitzt heute mehr als 135 Hektar Weingärten in den besten Lagen der Collio Orientali und des Collio. Längst schon haben die Kinder das Sagen: Andrea, Filippo, Maurizio und deren Schwester Elda, die Chefin des tüchtigen Clans. Livio Felluga und seine Familie haben viel für die Erhaltung und die Weiterentwicklung autochthoner Rebsorten und Weine getan: Für den Picolit beispielsweise. Eine süße Weißweintraube, die als Trockenbeerenauslese gekeltert zu den großen Prädikatsweinen Europas gehört. Berühmt sind »illivio« aus den Colli Orientali, eine Selektion der besten Pinot bianco-Trauben. Bei den Rotweinen ist es der »Sossó«. Ein Cuvee aus den besten Merlot und Refosco dal Peduncolo Rosso-Trauben. Der Tocai mit Sauvignon und Pinot Bianco wird »Terre Alte« der Collio Bianco »Rosenplatz« genannt.

Kellereibesuch: Nur gegen Voranmeldung.

Sonst hauseigene Vinothek im benachbarten Wirtshaus »Terra & Vini.«

Osteria Tiare

34071 Cormons, Via Monte 58
TELEFON: *0481/60 064*
WIRTE: *Familie Snidarcig*
GEÖFFNET: *Mittags und abends*
RUHETAG: *Mittwoch*

Gäbe es einen Preis für die schönste Lage eines Wirtshauses, »Tiare« müsste ihn erhalten: Tiare heißt auf friulanisch »Boden«. Und die Osteria auf diesem Boden liegt auf dem Weg hinauf zum Monte Quarin (zwischen Cormons Innenstadt und Hotel Felcaro befindet sich die Auffahrt). Der Blick hinunter auf die Stadt, die Ebene des Isonzo und bei klarem Wetter bis an die Adria ist atemberaubend. Es ist ein guter Boden, denn auf »Tiare« wird Wein gekeltert – immerhin zehn Hektar Weinland mitten in den Hügeln. Die bekanntesten Sorten sind Chardonnay, Sauvignon und Tocai Friulano. Selbstverständlich gibt es diese Weine bei der herzhaften Küche der feschen Wirtin und Gattin des Winzers zu trinken.

WC: getrennt, sauber

Weingut Borgo San Daniele

34071 Cormons, Via San Daniele 16
TELEFON: *0481/60 552*
E-MAIL: *info@borgosandaniele.it*
WINZER: *Alessandro und Alessandra Mauro*

Zwischen Brazzano und San Daniele liegt unscheinbar das Weingut der Geschwister Mauro. Und abschon sie beide noch jung sind, haben die Weine aus ihrem Hause bereits einen legendären Ruf. Borgo San Daniele gehört zu jenen Produktionsstätten von Top-Weinen, die es schnell geschafft haben, den Generationswechsel von Vater auf Kinder mit einem deutlichen Sprung in eine neue Richtung zu verbinden. Alessandro ist der Weinmacher, Alessandra die Botschafterin, Philosophin und Marketingchefin des kleinen Gutes. Es werden nur vier Weine verkauft: ein Tocai friulano von außerordentlichen Qualität, ein selten guter Pinot Grigio, ein preisgekrönter »Arbis blanc« als weißes Cuvee und ein ungewöhnlicher Rotwein »Arbis ros«, ebenfalls als Cuvee. In manchen Jahren, wenn die roten Trauben besonders gut sind, wird eine Auslese vollzogen und daraus der «Gortmarin« gekeltert. Ein Ausnahmewein, der eigentlich nicht verkauft wird.

Verkostung nur gegen Voranmeldung möglich.

Antica Osteria »All Unione«

34071 Cormons, Via Zorutti 14
TELEFON: *0481/60922*
WIRT: *Pino Pecorella*
GEÖFFNET: *Mittags, abends*
RUHETAG: *Montag*
GESCHLOSSEN: *Eine Woche, Ende August*

Pino ist ein gemütlicher Kauz. Seine gute Küche ist ihm auf den Leib geschrieben, er lehnt an der Küchentüre und wartet auf die Bestellungen seiner Gäste. Dann wird aufgekocht, friulanisch, sizilianisch – denn aus Sizilien stammt seine Familie. Gattin Giovanna und Tochter Veronica sind charmante Beraterinnen der Gäste im äußerst gemütlichen Lokal, das sich nur wenige Schritte vom Zentrum Cormons entfernt befindet. Die Weine sind aus dem Collio, etliche aus anderen Friauler Regionen, ein kleiner Querschnitt von ganz Italien. Gegenüber der Osteria befindet sich ein Parkplatz, bequem also.

Die Küche ist geradlinig, Trüffel oder Trüffelöl bzw. Trüffelpaste finden sich vor allem in manchen Pastagerichten.

WC: sauber, getrennt

Trattoria Al Giardinetto

34071 Cormons, Via G. Matteotti 54
TELEFON: *0481/60 257*
E-MAIL: *algiardinetto@yahoo.it*
WIRT: *Gianni Zoppolatti*
GEÖFFNET: *Mittags und abends*
KONDITOREI: *8–14 und 16–21 Uhr*
RUHETAG: *Montag, Dienstag*
GESCHLOSSEN: *im Juli*

Als ich 1995 das erste Mal im Giardinetto mitten in Cormons speisen durfte, da hatte neben dem Restaurant die Familie Zoppolatti gerade ein Wiener Kaffeehaus mit Konditorei eröffnet. Nun, in Cormons ist die Affinität zu Österreich ja besonders groß und die der Familie Zoppolatti besonders. Giovanni, der Wirt (gemeinsam mit Vater Ezio und Bruder Giorgio) hat zusätzlich das Konditorhandwerk gelernt. Und zwar bei Meister Schuhmacher in der Kurkonditorei Oberlaa in Wien. Das Restaurant befindet sich in einem Gebäude aus dem 18. Jahrhundert. Bequem für Gäste, die eine weite Anreise (und damit auch Heimreise) haben: Das Al Giardinetto bietet auch einige komfortable, gemütliche Zimmer an.

Die werden benötigt, denn Giovanni kocht groß auf. Kein Wunder, wenn es Gäste gibt, die das Restaurant unter die besten des Landes Friaul-Julisch Venetien einstufen. Ich tue das auch, leider lässt die Zeit nur einen jährlichen Besuch zu.

Was mir am »Al Giardinetto« so besonders gefällt, sind die Qualität der Küche, das Ambiente im Lokal, der schöne Gastgarten auf der Terrasse und die Weinempfehlung von Giorgio, einer der Brüder von Giovanni.

Das Wirtshaus, in dem Vater Ezio kräftig mitarbeitet, wird bereits in der dritten Generation geführt.

WC: getrennt, italienisch und englisch, Waschtisch, großer Spiegel

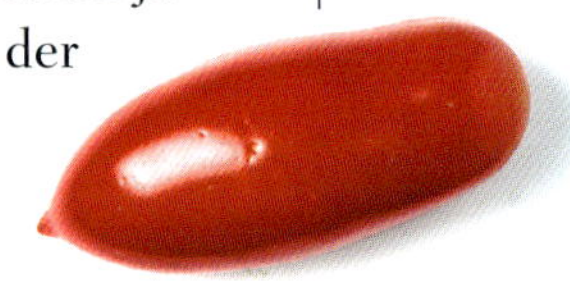

Friulanischer Salat
(Insalata Friulana)

300 g Junghühnerbrüste, 80 g Bauchspeck, 4 hartgekochte Eier, Salz, 4 EL Olivenöl, 1 EL roter Weinessig oder Balsamicoessig, Salate der Saison

Die frischen Salate auf Teller geben, Hühnerbrüste kurz braten und in Streifen schneiden. Den Speck knusprig braten. Die weichgekochten Eier zerstoßen. Huhn und Speck über den Salat geben und mit einer Marinade aus den hartgekochten, zerstoßenen Eiern, Öl, Essig und Salz übergießen.

Panierte Truthahnroulade mit San Danieler Schinken und Artischocken
(Involtini di tacchino impanati al prosciutto di S. Daniele e carciofi)

4 Truthahnfilets, 4 Scheiben Schinken, 4 Scheiben frischer Montasio-Käse, 1 Ei, Milch, Salz, 20 g gekochter Spinat, Frittieröl, 4 Artischocken, 1 Knoblauchzehe, 2 EL Petersilie, Salz, Pfeffer, 3 EL Olivenöl

Die Truthahnscheiben leicht klopfen und mit dem Schinken, dem Käse und dem gekochten, ausgedrückten Spinat belegen. Einrollen und panieren: zuerst salzen, pfeffern, in Mehl wälzen, in ein versprudeltes Ei tauchen und schließlich in Semmelbröseln wälzen. In genügend Öl herausbacken.

Die Artischocken waschen, abtropfen lassen und dann etwa fünf Minuten ins heiße Rohr schieben. Danach in Scheiben schneiden und in einer Pfanne mit Öl und Knoblauch anrösten. Die Petersilie beimengen und mit Wasser ablöschen. Mit Salz und Pfeffer abschmecken. Auf Tellern anrichten, die panierten Rouladen dazusetzen und eventuell ein Erdäpfelpüree reichen.

Enoteca di Cormons

Piazza XXIV Maggio, 3407 Cormons
TELEFON: *0481/63 03 71*
E-MAIL: *enoteca@virgilio.it*
WIRTIN: *Elena Orzan*
GEÖFFNET: *10.30–13.30 und 17–21 Uhr*
RUHETAG: *Dienstag*
GESCHLOSSEN: *im Feber zwei Wochen*

Die Enoteca di Cormons ist eine Art Gebietsvinothek der Winzer der Stadtgemeinde Cormons. Im Grunde genommen ist das Lokal eher ein gemütliches Weinwirtshaus denn eine Vinothek im klassischen Sinne.

Elena und ihr Team organisieren geführte Weinverkostungen im ersten Stock, in der Enoteca selbst werden auch Käse und Schinken, Gubana, Olivenöle aus dem Karst, aber auch Honig angeboten. Ein gemütliches Lokal und wenn für kleine Gruppen vorbestellt wird, dann kann ordentlich Pasta gespeist werden. Schön auch der Schanigarten vor der Enoteca auf der großen Piazza.

Prosciutti D'Osvaldo

34071 Cormons, Via Dante 40
TELEFON: *0481/61 644*
PRODUZENT: *Lorenzo D'Osvaldo*

Sie sagen die »Stradivari des Schinkens«, der »Grand Cru« aller Schinken, der Kunsthandwerker. Ja, das ist Lorenzo. Er wohnt in einem altösterreichischen, dreistöckigen Haus am Fuße des Monte Quarin. Und die besten Räume davon gehören wem? – Natürlich seinem Schinken: Lorenzo Svuald D'Osvaldo. Sein Schinken ist Legende, doch viele die Legenden erzählen, haben ihn noch gar nicht verkosten können. Denn D'Osvaldos Produkt ist gut, aber rar. 2000 Stück sind es jedes Jahr. Jeder einzelne Schinken ist von ihm handsigniert, ein Kunstwerk eben.

Nur beste Schweinekeulen werden verarbeitet. Es darf schon eine dicke Fettschicht drauf sein, die sich durch die Räucherung (mild, bei 18 Grad), die Lagerung und das perfekte Klima zu einem unvergleichlichen Genuss gestaltet. Nicht alle Osvaldo Schinken werden geräuchert. Immer nur, wenn es das Klima zulässt, das ist die Einstellung des Produzenten.

Azienda Agricola »Aita«

34071 Cormons, Via Dante 9
TELEFON: *0481/61 555*
WINZER: *Boris Aita & Sohn*
AB-HOF-VERKAUF: *Besuch nach Voranmeldung*

In so manchem Weinkeller kommt der Besucher aus dem Staunen nicht heraus. So ist es auch in jenem, den die Familie Aita mitten in Cormons auf ihrem Gut errichtet hat. Große Weinfässer, kleine Barriques, dazwischen Stühle und Tische, alles liebevoll dekoriert. Ein Keller, der zum Schauerlebnis wird und in dem man gerne Platz nimmt, um die Weine zu verkosten. Wenn dann noch dazu die Gattin des Winzers eine gebürtige Steirerin ist und der Winzer selbst perfekt Deutsch spricht, dann ist die Zufriedenheit des Besuchers perfekt.

Ein besonderer Gag des Hausherrn: Stammgäste haben hier ihr eigenes Barrique stehen, von dem sie dann nach der Reifung den in Flaschen abgefüllten Wein mit nach Hause nehmen können.

ascom
gorizia
ascom
IN QUESTO NEGOZIO ACQUISTI
SENZA IVA
V TEJ TRGOVINI LAHKO KUPITE
BREZ DAVKA
IN DIESEM GESCHÄFT EINKÄUFE
OHNE MWST
THIS SHOP IS
VAT EXEMPT
confcommercio

Das Weingut Aita findet man bei einem Spaziergang durch Cormons. Am großen Platz beim Dom empfiehlt sich erst ein Besuch der »Enoteca di Cormons« (Dienstag Ruhetag), gegenüber zweigt die Via Dante ab. Nach etwa 100 Metern kommt das Gutsgebäude der Familie Aita.

Azienda Agricola Ronco del Gelso

34071 Cormons, Via Isonzo 117
TELEFON: *0481/61 310*
WINZER: *Giorgio Badin*

Welch herrliche Tröpferln: Ronco del Gelso, das ist der Weißweinspezialist von Friaul. Die Anbaufläche beträgt 15 Hektar, nicht allzuviel für das Weinbaugebiet des Collio, aber die Qualitäten stimmen. Je 20.000 Flaschen werden vom Sauvignon, Tocai friulano und Chardonnay produziert – die Leitmarken des Betriebes. Leider allzu oft ausverkauft. Weiters sind noch der Pinot Grigio und Riesling als hohe Qualitäten zu erwähnen. Von den Rotweinen sind der Merlot und der Cabernet bekannt und beliebt.

Viel wird nach Deutschland, relativ wenig nach Österreich exportiert. Gute Restaurants in Österreich führen allerdings Weine aus diesem Gut.

Das besondere Aushängeschild ist auch ein Wein namens »l'Attimis« – ein Weißweincuvee.

Es ist nicht einfach, das Weingut zu finden: Von Cormons aus sollte man sich auf die Staatsstraße nach Görz begeben. Vom Zentrum der Stadt unter der Bahn durch und dann bei der Kreuzung gleich nach links in die Staatsstraße einbiegen. Dann kommt nach einigen hundert Metern rechts eine alte Halle, in der Möbel verkauft werden. Wenige Meter danach zweigt nach rechts eine Schotterstraße ab. Diese Straße etwa 200 Meter benützen, dann ist man schon am Weingut, das von außen eher wie ein einfacher Bauernhof aussieht.

Der Winzer ist ein hochgewachsener, sympathischer junger Mann, der gerne durch seine Kellerei führt. Allerdings ist es empfehlenswert, vorher anzurufen. Hinter Giorgios Produkten steckt viel Philosophie. Er will nicht traditionelle Weine machen. Der Wein soll nobel sein, raffiniert, wohlschmeckend und er soll auch in ein nobles Ambiente passen. Der schön gedeckte Tisch, das richtige Glas und ein wunderbares Essen. Herz, was willst du mehr.

La Subida Trattoria Al Cacciatore

34071 Cormons, Loc. Monte 22
TELEFON: *0481/60 531,* FAX: *61 616*
www.lasubida.it
E-MAIL: *info@lasubida.it*
WIRTE: *Josko und Loredana Sirk*
MITGLIED: *»Friuli – Via dei Sapori«*
GEÖFFNET: *Samstag und Sonntag mittags und abends; Montag, Donnerstag und Freitag nur abends*

In diesem Haus wird zelebriert: Von der Begrüßung bis zum Abschied – liebenswürdig, aufmerksam, perfekt. Die Familie Sirk ist eine Wirtefamilie mit langjähriger Tradition, mit dem Bekenntnis zur Mehrsprachigkeit (Slowenisch und Italienisch werden als Muttersprache gesprochen, Deutsch als Verbeugung gegenüber den zahlreichen Gästen aus dem Norden), mit der Liebe zum

Detail und mit dem Hang zur Kreativität und Perfektion in der Küche. Die gesamt Familie arbeitet mit. Das Ehepaar und deren Töchter Tanja und Erika. Die Tischkultur ist nobel, das Wirtshaus eine Mischung aus rustikalem Stil mit Kunsthandwerk aus Slowenien.

Als Aperitivo wird meist ein besonderer Spumante mit hauchdünnen Frico-Scheiben (Käse gebacken) serviert. Dann bieten die Wirtsleute aus ihrer formidablen Küche die erlesensten regionalen Gerichte. Wobei man mit dem Begriff »regional« nicht kleinlich sein darf. Trifft sich doch hier die Küche der Alpen mit der mediterranen Kost. Grundsätzlich: Frische und Qualität sind oberstes Gebot. Das Angebot wechselt ständig – je nach Saison.

Besonders hervorzuheben ist auch das touristische Angebot von »La Subida« – im näheren Umkreis des Stammhauses, einem uralten, liebevollst renovierten Bauernhaus – hat die Familie Sirk 12 Appartements in Ferienbungalows. Diese sind nicht nur komfortabel ausgestattet, Urlaub hier heißt auch Aktivurlaub: Schwimmbecken, Tennisplatz, Reithalle, Radwege, Spazierwege im Wald und überall in der Nähe bekannte Winzer mit tollen Weinen.

WC: im Restaurant: im Keller, elegant, getrennt, italienisch, englisch, Waschtische, alles top!

Hirschfilet mit Preiselbeeren
(Filetto di cervo ai mirtilli rossi)

1 Hirschfilet oder 500 g Hirschlende (ohne Sehnen), Öl, 1 Lorbeerblatt, Salbei, Rosmarin, 1 Knoblauchzehe, 2 dl roter Landwein, 3 EL Preiselbeeren, Mehl, Salz, Pfeffer

Das Filet einen Tag lang in viel Öl, dem Wein und den Gewürzen marinieren (mehrmals umdrehen). In Portionsstücke schneiden, mit Mehl leicht bestauben. Etwas Öl von der Marinade in eine Kasserolle geben, heiß werden lassen und darin die Hirschstücke erst ansautieren und dann bei großer Hitze von beiden Seiten so braten, dass sie innen noch leicht blutig sind. Herausnehmen und warm stellen. Das Öl der Marinade vorsichtig abgießen, es muss der Satz mit dem Wein übrig bleiben. Diesen zum Bratenfond gießen und einreduzieren. Preiselbeeren beimengen, umrühren, kurz ziehen lassen und über das auf Teller angerichtete Fleisch gießen.

Strudel (Strukli – Struccolo Goriziano)

Teig: 1,5 kg Erdäpfel, 500 g Mehl (»00«), 50 g Butter, 1 EL Öl, Salz

Fülle: Semmelbrösel, geriebene Nüsse, geriebene Zitronenschale, Butter, Zimt, Zucker, Rosinen, Äpfel, Pignolikerne

Erdäpfel kochen, schälen, pressen und mit den restlichen Zutaten mischen. Daraus einen Teig wie für Gnocchi kneten. Dann ein nasses Küchentuch um das Nudelholz wickeln und damit den Teig etwa 1 cm hoch ausrollen. Äpfel schälen, in Scheiben schneiden und in heißer Butter etwas sautieren, dann die anderen Zutaten der Fülle beimengen und mitsautieren. Schließlich alles auf dem Teig verteilen. Den Teig aufrollen, ins Küchentuch legen, abbinden und in Salzwasser circa 30 Minuten köcheln lassen. Schließlich auswickeln und den Strudel in Scheiben schneiden. Mit heißer Butter und Zucker und Zimt servieren.

La Subida di Monte

34071 Cormons, Loc. Monte 9
TELEFON: *0481/61 011*
WINZER: *Gigi Antonutti*
Ab-Hof-Verkauf
Kellereibesuch gegen Voranmeldung

In meinem Keller habe ich noch etliche Flaschen des »Cabernet franc '90« aus Antonuttis Produktion. Die lasse ich lieber noch einige Jahre liegen. Es tut mir jedesmal leid, wenn ich eine Flasche dieses großen Jahrganges zu früh öffne. Darüber lacht der Gigi nur, aber selbst hat er keinen 90er mehr im Keller:

»Die sind alle weg.« Das Weingut »La Subida di Monte« befindet sich auf dem Weg von Cormons in Richtung La Subida und »Al Cacciatore«.

Die meisten seiner Weingärten schmiegen sich eng an das Gehöft an. Gigi Antonutti hat viel investiert und ein vollkommen neues, funktionsgerechtes Gebäude für sich, die Familie und seine Weine errichtet. Er selbst genießt in Friaul und darüber hinaus als Winzer einen ausgezeichneten Ruf.

Neben dem Cabernet franc bringt der Merlot riserva immer bessere Qualitäten hervor. Selbstverständlich werden auch Weißweine wie Tocai friulano oder Pinot grigio in hervorragenden Qualitäten produziert.

Azienda Agricola Salumi Turus

34070 Mossa, Via Campi 6
TELEFON: *0481/80 471*
PRODUZENT: *Simone Turus*

Die Landwirtschaft liegt abseits jener Straßen, die von Gradisca d'Isonzo oder von Cormons nach Görz führen. Im Grunde genommen genau mitten drin. Da hat der junge Simone vor einigen Jahren begonnen Salami und Schinken zu produzieren, wie sie sonst nicht üblich sind. Nach alten Rezepten, nach alter Tradition, sehr bodenständig und von solch einer Qualität, dass Schinken zumindest zwei Jahre vorbestellt werden müssen. Das ist schon was …

Die Spezialitäten sind zu allererst der Lardo affumicato – ein fetter, geräucherter Bauchspeck. Dünn geschnitten zergeht das Fett auf der Zunge – ein Gedicht. Pancetta, das ist gerollter Bauchspeck, wird hier ebenso angeboten wie die große Salami »Sopressa«, Salame friulano, Salsiccia, auch Lujanie genannt, und Cotechino.

Gegen Voranmeldungen sind auch Führungen im kleinen Betrieb mit anschließender Verkostung im nahe gelegenen Weingut Villanova möglich.

Tenuta und Distilleria Villanova

34070 Villanova di Farra,
Via Contessa Beretta 29
TELEFON: *0481/888 013,* FAX: *888 513*
www.tenutavillanova.com
E-MAIL: *info@tenutavillanova.com*
WINZERIN: *Giuseppina Grossi Bennati*

Wenn ein Haus auf eine Geschichte von mehreren hundert Jahren verweisen kann, dann darf gratuliert werden. Im Falle des Gutes Villanova gleich zweimal: 1499 tauchte in den Dokumenten des Notars Giovanni di Fado die Verlängerung des Pachtverhältnisses zwischen dem Domkapitel von Aquileia und Pietro di Strassoldo auf: Es ging um ein Weingut – Villanova.

Lang ist's her. Das Weingut hat heute eine respektable Größe: Weinbau und Brennerei in einem Haus. Das kommt in Italien eher selten vor.

Villanova ist in unmittelbarer Nachbarschaft zum Weingut Jermann und zu Borgo Conventi. Die Weingärten befinden sich sowohl im Isonzo, als auch im Collio. Sehenswert ist der alte Weinkeller mit den großen Holzfässern.

Grappa wird seit altersher gebrannt: Val di Rose, das ist der traditionelle Grappa. Die modernen Brände sind nicht aus Trestern, sondern aus Trauben oder sortenreinen Mosten gemacht. Immer aber sind sie mit sehr poetischen Namen versehen.

Trattoria Blanch

34070 Mossa, Via Blanchis 35
TELEFON: *0481/800 20*
WIRT: *Giovanni Blanch*
GEÖFFNET: *Mittags und abends*
RUHETAGE: *Dienstagabend und Mittwoch*

Was mir an diesem einfachen Wirtshaus auf der Weinstraße von Mossa in Richtung Russiz Superiore und San Floriano so gefällt, das ist der

terrassenförmige Garten der Trattoria. Ein schönes, schattiges, ruhiges Plätzchen im Sommer. Wirt Giovanni führt die Trattoria bereits in der dritten Generation. Die Küche ist eine Mischung aus Rezepten der Region, des Veneto und der Monarchie. Wild, Pilze, Ziegenbraten (nicht immer erhältlich) sind ein Teil der köstlichen Grundprodukte, die von Schwester Meri, Gattin Valentina und Tochter Anna – ihre Süßspeisen sind ein Gedicht – zubereitet werden. Sohn Raffaele hilft dem Herrn Papa beim Service.

WC: Getrennt, sauber

Die Rose von Görz Gärtnerei

34070 Gorzia, Loc. Piuma 56
TELEFON: *0481/33 242*
PRODUZENT: *Francesco Brumat*

Es gibt den Radicchio und es gibt die »Rose von Görz«: Auch ein Radicchio, aber verlockend, ein schickes Gemüse. Francesco Brumat und seine Gattin Anna bemühen sich Jahr für Jahr um die beiden Sorten Roter Radicchio von Görz oder Die Rose von Görz sowie Radicchio Canarino. Letzterer ist pastellgrün mit roten Blattadern, die Rose selbst ist intensiv grün und verfügt über zahlreiche Auberginen-Farbtöne. Aufwendig wird produziert bis eine Rose so schön ist, dass sie zum Konsumenten (in den meisten Fällen die Top-Gastronomie) wandert. Erntezeit ist November bis März.

Bei Josko Sirk wird die Rose von Görz in Butter angebraten, auf feingeschnittenen Äpfeln mit frisch geriebenem Kren serviert. Auch im Strudel schmeckt die Rose formidabel.

Rosen Bar

34070 Gorizia/Görz,
Via Duca d'Aosta 96
TELEFON: *0481/52 27 00*
WIRTE: *Michela Fabbro, Piero Loviscek*
GEÖFFNET: *Mittags und abends*
RUHETAGE: *Sonntag und Montag*

Die »Rosen Bar« ist in aller Munde und seit einigen Jahren beinahe schon so etwas wie ein Kultlokal im mit feinen Restaurants nicht gerade üppig ausgestatteten Görz. Mich haben die Winzer von »Le Due Terre« schon zuvor auf das Lokal aufmerksam gemacht und so konnte ich die ersten Startschwierigkeiten von Michela und Piero beobachten. Die Rosen Bar ist ein kleines, trendiges, fast studentisches Lokal. Immer schon wurden die besten Weine des Landes angeboten und immer schon war die Küche modern und kreativ. Allerdings immer mit bodenständigen Qualitätsprodukten ausgestattet. Der Gastgarten reicht an einen öffentlichen Park und damit ist noch mehr »freie Luft« angesagt. Fleisch wird gekocht, noch mehr aber Meeresfisch. Da holen sich die Wirtsleute Tipps aus Slowenien und Istrien (was auch für manche Weine gilt).

WC: getrennt, sauber

Weingut Tercic

Via Bukuje 9,
34070 San Floriano del Collio
TELEFON: *0481/88 41 93*
E-MAIL: *tercic@tiscalinet.it*
WINZER: *Màtijaz Tercic*

Auf dem Weg von Mossa oder Capriva in Richtung San Floriano liegt das kleine Gut der Familie Tercic. Màtijaz ist ein junger Winzer, der das Mikroklima und die Bodenbeschaffenheit ausnutzt, um fruchtige, intensive Weißweine zu keltern. Sein Collio Ribolla Gialla ist international bekannt, sein Merlot großartig. Das Gut ist klein, doch ein Besuch (nur gegen Voranmeldung) lohnt sich, denn Tercic versucht immer wieder neue, alte Wege in der Produktion seiner Kreszenzen.

Weingut Zuani

34070 San Floriano,
Loc Giasbana 12
TELEFON: *0481/39 14 32,*
FAX: 39 37 83
www.zuanivini.com
E-MAIL: *info@vinizuani.191.it*
WINZER: *Patrizia Felluga*
und Antonio Zanon

Patrizia Felluga, Tochter von Marco Felluga, hat den heimatlichen Stall, also die Villa Russiz Superiore, verlassen und mit ihrem Sohn im Zentrum des Collio ein neues Weingut eröffnet.

Es nennt sich wie die Riede »Zuani«. Zwei Weine keltert die engagierte und erfahrene Winzerin: ein weißes und ein rotes Cuvee. Sieben Hektar Weinland betreiben Mutter und Sohn. Insgesamt kommen knapp 30.000 Flaschen in den Verkauf.

Golf-Hotel Castello Formentini

34070 Gorizia,
San Floriano del Collio
TELEFON: *0481/88 40 51,*
FAX: *88 42 14*
INHABER: *Isabella Formentini*
und Dr. Peter Anderer
GESCHLOSSEN: *Jänner und Feber*

Manche tun sich schwer, dorthin zu finden, sind sie aber dann einmal hoch oben in San Floriano angekommen, dann wollen sie kaum wieder weg. Auf dem höchsten Buckel des Collio sitzt dieses Dorf, das an sich ja nur aus einer Kirche, dem Castello und einigen wenigen Häusern besteht. Na ja, und rundherum in den Bauernhöfen, da sind die berühmten Winzer Gravner und Radikon nur einen Steinwurf weit entfernt.

Das Castello ist mehrgeteilt: In einem Trakt befindet sich das Ristorante Castello Formentini, ein empfehlenswertes Haus mit dem Ambiente einer alten Burg. In einem anderen Trakt ist das Romantik-Hotel untergebracht. 13 Zimmer, alle mit antiken Möbeln (Biedermeier) eingerichtet, komfortabel. Auf der Terrasse pflegt man das Frühstück einzunehmen oder an lauen Sommerabenden am Wein von Isabella Formentini zu süffeln. Es kann aber auch eine Grappa sein, vielleicht serviert in einem Gloglo – einem kuriosen Trinkgefäß, das auch verkauft wird. Die Mauern des Hauses könnten viele Geschichten erzählen, viel über Kriege, die hier gewütet hatten (Isonzo-Schlachten des 1. Weltkrieges beispielsweise), aber auch von Liebe, Romantik und schönem Leben. Das Haus ist mit einem Swimmingpool und einem 9-Loch-Golfplatz ausgestattet.

Radikon

34170 Gorizia, Loc. Oslavia,
Viatre buchi 4
TELEFON: *0481/32 804*
WINZER: *Stanislao Radikon*

»Stanko« rufen ihn alle und an den Theken der Osterien sprechen sie auch manchmal nur vom »Radikon«. Sein Name ruft Bewunderung hervor, nicht nur, weil er schön ist, sondern der großartigen Weine wegen. Als ich vor Jahren das erste Mal mit dem Stanko Kontakt bekam, da hatte er seine ersten Weine in Barrique ausgebaut. Einige wenige Fässer nur, aber mit Stolz bot er mir Fassproben an. Damals begann auch meine Bewunderung für den »Radikon«. Wir saßen in der Küche auf klapprigen Stühlen, und Susanna, seine Gattin, brachte uns selbstgemachte Salami, Käse und Brot. Dazu sein Merlot (von dem er leider nur wenig hat) und der Blick durch die offene Türe hinaus in die Hügel von Oslavia, San Floriano. Der Blick hin in den direkt angrenzenden Teil dieser Weinbauzone, der slowenischen Brda. »Die haben dort noch bessere Lagen als wir«, nickt der Stanko zustimmend. Seine Familie spricht als zweite Muttersprache Slowenisch. »Wir sind Slowenen, was unsere Sprache und Kultur anlangt«, gesteht er ganz offen. Damals kratzte der Stanko jede Lira zusammen und investierte sie in seine Kellerei – für neue Küchenmöbel blieb kein Geld übrig.

Heute besitzt die Küche keine klapprigen Stühle mehr, der Wein hat etwas Geld gebracht, das nach dem Keller nun auch ins Wohnhaus gesteckt werden kann. Vor allem, weil im Sommer eine Buschenschenke geführt wurde. Die wurde aber im Sommer 1996 geschlossen, Susanna erwartet ein Kind. Die Radikon-Weine sind in erster Linie der Ribolla gialla, der Chardonnay und der Sauvignon. Ein Verschnitt der letzten beiden ergibt einen tollen Wein namens «Oslavje«.

Alle Radikon-Weine finden den Weg ins Barrique-Fass. Der Stanko versteht es aber, mit dem Barrique umzugehen.

Weingut Schiopetto

34070 Capriva del Friuli,
Via Palazzo Arcivescovile 1
TELEFON: *0481/80 332*
WINZER: *Mario Schiopetto*
Ab-Hof-Verkauf
Besuch gegen Voranmeldung

Die Lagen sind geradezu ideal. Mit diesem Vorteil der Natur ist Mario Schiopetto 1965 darangegangen, im Collio Weine zu keltern. Und das im Laufe der Jahre so gut, dass der Betrieb internationalen Ruf erlangt hat. Heute arbeitet die ganze Familie in der Firma: Maria Angela, die Tochter als Geschäftsführerin, Sohn Giorgio als Kellermeister, Carlo, der zweite Sohn, studiert Önologie an der Universität. Die Jahresproduktion des Weingutes Schiopetto beträgt derzeit rund 1600 Hektoliter.

1996 erwarb die Familie das Gut »I Blumeri« in den Colli Orientali bei Rosazzo, wo etwa 600 Hektoliter Wein produziert werden. Jahre war für Fachleute das Weingut Schiopetto berühmt für seine Weißweine. Der Tocai friulano ist eines der Aushängeschilder. Das bleibt zwar nach wie vor aufrecht, doch die Kellerei hat auch bei den Rotweinen kräftigst nachgezogen.

Bemerkenswert der »Rivarossa« aus Merlot Cabernet franc, Cabernet sauvignon. Doch auch der Merlot gehört bereits zu den tollen Produkten des Hauses.

Weingut Villa Russiz

34070 Capriva del Friuli, Via Russiz 6
TELEFON: *0481/80 047,* FAX: *80 9657*
WINZER: *Gianni Menotti jun.*
Ab-Hof-Verkauf
Besuch gegen Voranmeldung

Nicht nur private Güter bringen große Weine hervor. Der junge Gianni Menotti ist ein Beispiel dafür, wie man auch aus einem institutionellen Gut höchste Qualitäten hervorbringt. Die Villa Russiz ist gemeint. Jenes Schlösschen, das 1869 vom französischen Graf Teodoro de La Tour gegründet wurde. Gemeinsam mit seiner österreichischen Gattin Elvine Ritter hat er das Werk aufgebaut, brachte aus Frankreich Merlot-, Pinot- und Sauvignon-Rebstöcke, aber auch neue Techniken des Weinbaues und der Kellereiarbeit in den Collio. Als 1894 der Graf starb, übernahm seine Gattin das Gut und überließ es schließlich dem italienischen Staat (Istituto A. Cerruti). Heute wird in der Villa Russiz Wein angebaut und im Nebenhaus Soziales für Kinder und Jugendliche geleistet.

Gianni Menotti keltert derzeit so gute Weine, dass selbst die Tester vom Gambero Rosso ins Schwärmen gelangen. Tatsächlich ist der Tocai friulano eine Wucht, Ähnliches ist auch vom »Sauvignon de La Tour«, vom Cabernet, Malvasia Istriana, Riesling und Merlot zu sagen. Es gibt praktisch keinen Wein, der aus dieser Qualitätslinie ausbricht. Da muss man schon sagen, das ist große Kunst.

Russiz Superiore

34070 Capriva del Friuli
TELEFON: *0481/80 87 53*
WINZER: *Marco und Patrizia Felluga*
Ab-Hof-Verkauf
Besuch gegen Voranmeldung

Schon etwas gehört vom »Rosso Riserva degli Orzoni«? Dem Weinkenner ist der Name ein Begriff. Ein wunderbares rotes Cuvée aus dem Collio. Weil hier in erster Linie der Cabernet sauvignon hervorsticht, ist dieser Barrique-Wein ohne Zweifel ein Tropfen für eine etwas längere Lagerung.

Das Gut Russiz Superiore ist beeindruckend. Am Hügel das Bauernhaus (jetzt nur als Gästehaus in Verwendung). Den Abhang vor dem Haus ließ die Familie Felluga abtragen, errichtete dort einen Barrique-«Dom« und schüttete alles wieder zu. Ein Meisterwerk, ein Keller wie aus dem Märchen.

Im Tal steht die Kellerei, die einst der gräflichen Dynastie Thurn und Taxis gehörte. Adel verpflichtet und daher erlaube ich mir, die Produkte der Familie Felluga als fürstlich zu bezeichnen. Das gilt beispielsweise für den wunderbaren Cabernet franc oder den Tocai friulano.

Aber auch Sauvignon und Verduzzo fallen nicht ab. Trotz höchster Qualität halten sich die Verkaufspreise tadellos in Grenzen.

Übrigens Ulli und Xaver Schwarzenberger haben ihren TV-Film »Vino Santo« auf Russiz Superiore gedreht.

10 HL. 8
AZIENDA AGRICOLA
FRANCESCO, AITA & FIGLIO
MERLOT
CORMONS

Castello di Spessa Taverna al Castello La Baotina

34070 Capriva del Friuli, Via Spessa 1
TELEFON: *0481/639914*, FAX: *630161*
EIGENTÜMER: *Loretto Pali*
ÖNOLOGE: *Domenico Lovat*
www.castellospessa.com
E-MAIL: *info@castellospessa.com*

Es ist das schönste Schloss des Landes, dieses rote Gebäude mit dem einmaligen Turm und dem wunderschönen Park. Die Feinheiten liegen aber unter der Erde: Der mächtige Keller des Castello di Spessa. Einer der Weinkeller wurde aus einem Militärbunker der 30er Jahre errichtet. Das Haus geht auf das 13. Jahrhundert zurück und Legenden ranken sich um seine Geschichte. Casanova, ja der, war hier zu Gast und er schrieb, dass Graf Torriani (das war um 1770) Weinberge besaß und aus den weißen Trauben sei ein ausgezeichneter Wein geworden.

Loretto Pali hat 1990 das Gut erstanden. Ein tüchtiger Industrieller, der in San Giovanni al Natisone am Land aufgewachsen war und für den Weinbau ein großes Herz eröffnete.

Doch Loretto Pali hat unternehmerischen Spürsinn für mehr als für seine Weinkellerei: Im Schloss werden Zimmer vermietet, in manchen Räumen können Hochzeitsfeiern abgehalten werden und in Schlossnähe ließ er ein kleines Hotel samt feinem Restaurant errichten: Die Taverna al Castello. Zehn Doppelzimmer können vermietet werden. Das Restaurant bietet Fischgerichte und typische Kost aus dem Collio an. Ein guter Platz zum Relaxen. Ganz klar, dass das Gut einen Wein namens »Casanova« keltert. Alle Weine sind von höchster Qualität und werden von den führenden italienischen Weinführern hoch bewertet.

Das Angebot wird erweitert: Am Schlossgelände ist ein Golfplatz samt Clubhaus entstanden und in Cormons, bereits in der Ebene im Gebiete Insonzo erwarb Loretto Pali das Weingut La Baotina. Ebenfalls ein Agriturismobetrieb, wo neben Weinanbau und Verkauf auch einige schöne Gästezimmer vermietet werden. Dieses Gut befindet sich in der Via Corona 62 und ist unter 0481/60 445 erreichbar. www.baotina.com

Azienda Agricola Agriturismo Magnás

34071 Cormons, Via Corona 47
TELEFON UND FAX: *0481/60 991*
WINZER: *Andrea und Luciana Visintin*

Wer Ferien auf einem Bauernhof im Weingebiet machen möchte, dem empfehle ich in der Ebene von Cormons (von der Stadt unter der Eisenbahn durch, dann folgt ein kleines Gewerbegebiet und hier geht es links hinein in die Via Corona) dieses schmucke Steinhaus mit zwei Appartements und fünf Doppelzimmern.

Dass bei Magnás auch gute Weine produziert werden, hebt dann das Feriengefühl noch mehr.

Marco Felluga

34072 Gradisca d'Isonzo, Via Gorizia 121
TELEFON: *0481/99 164*
WINZER: *Roberto Felluga*
Ab-Hof-Verkauf
Kellereibesichtigung gegen Voranmeldung

Marco Felluga, wie schon geschrieben, einer der Pioniere des Weinbaues in der Region, hat ein Imperium aufgebaut: Sein Weingut in Gradisca d'Isonzo, das Castello di Buttrio, die Villa Russiz Superiore und ein Weingut in der Toskana, wo auch wunderbares Olivenöl produziert wird.

Wenn auch der Geist des inzwischen betagten Marco überall durchschlägt, so sind doch die beiden Macher Sohn Roberto und Tochter Alessandra. Sie haben die traditionelle Weinlinie weitergeführt und neue Produkte auf den Markt gebracht. Das Heimathaus steht in Gradisca d'Isonzo, doch gerne empfangen Roberto und Alessandra besondere Gäste in ihrem Bauernhof Russiz Superiore bei Capriva.

So gehört zu den besten Weißweinen des Hauses der »Molamata«. Ein Cuvee von Tocai Friulano, Pinot Bianco und Ribolla Gialla. Das rote Gegenstück ist der »Carantan«: typischer Bordeaux-Blend aus Merlot, Cabernet Sauvignon und Cabernet franc.

Im Castello di Buttrio entsteht das Rotweincuvee »Marburg«: Pignolo und Refosco sind die Hauptweine, dann folgen noch Cabernet Sauvignon und Cabernet franc. 1998 wurde hier mit dem ersten Jahrgang begonnen.

Ingesamt verfügt das Gut Marco Felluga über 235 Hektar und zählt damit ohne Zweifel zu den großen Weingütern des Landes.

Osteria Alle Viole

34072 Gradisca d'Isonzo, Via Gorizia 44
TELEFON: *0481/96 13 26*
WIRT: *Samuele Puntel*
GEÖFFNET: *Mittags und abends*
GESCHLOSSEN: *Dienstag, Freitagmittag*

In den ersten Auflagen meines Buches habe ich noch über die junge Mannschaft der Antica Trattoria Alle Viole gegenüber der Weinkellerei Marco Felluga geschwärmt. Mit Freude und Ideen wurde dort aufgekocht. Das junge Team ist weg. Jetzt ist ein etwas älterer Haudegen in das Pachtverhältnis mit Felluga eingetreten: Samuele Puntel.

Ein großartiger Koch, der international unterwegs war und der 15 Jahre Privatkoch des legendären Industriellen Carlo Melzi war. Als Melzi noch lebte, gingen in seinem Haus die Politiker der Welt, die Industriemagnaten, Publizisten und Gesellschaftshaie ein und aus. Da war viel zu tun für Samuele.

All seine Kenntnis und Kreativität legt er jetzt in sein eigenes Wirtshaus. Seine Küche in regional und international. Trüffel & Co also. Aber keine Angst, das Wirtshaus mit Osteria-Charakter ist deswegen kein Nobeltempel geworden, auch was den Preis anlangt.

Getrunken werden die Weine aus dem Hause Marco Felluga.

Das Haus bietet im Speisesaal und in der Gaststube rund 40 Personen Platz.

Im Sommer steht eine Terrasse für 50 Gäste zur Verfügung.

WC: getrennt, italienisch, renovierungsbedürftig

Balsamico Hirschkarree

1 Kilo Hirschkarree mit Knochen, Butter, Olivenöl, Salz, Pfeffer, Muskatnuss, Bratensaft, Balsamicoessig, Süßrahm (Sahne)

Das Karree in einzelne Stücke teilen (wie Kotelettes). In heißer Butter und Olivenöl beidseitig anbraten. Salzen, pfeffern und im Backrohr noch zwei Minuten bei 200 Grad garen lassen. Für die Soße etwas Balsamicoessig mit dem Bratensaft mischen, aufkochen und reduzieren lassen. Mit Sahne und Muskatnuss verfeinern.

Dazu serviert Samuele Preiselbeeren mit Apfel und Kartoffelkroketten.

Die vierte Reise.

Durch den Karst in die Stadt Triest.

Von Gradisca d'Isonzo – San Martino –
Terrana – Weinstraße – Triest – Muggia

Diese Reiseroute mag auf der Landkarte kurz erscheinen, doch im Karst, entlang der Küste von Monfalcone nach Triest, in der Hauptstadt selbst und in Muggia ist so viel zu sehen, zu erleben und zu verkosten, dass für diesen Teil der Region genügend Zeit genommen werden muss.

Ich beginne die Reise in Gradisca d'Isonzo, der Stadt am Isonzo, die Ausgangs- und Verkehrsknotenpunkt für alle Richtungen darstellt. Über den Isonzo dann hinauf in den Karst, vorbei am Weingut Castelvecchio nach San Martino. Das gesamte Hügelland in diesem Teil des Karstes ist Pilgerstätte für Alpini und deren Traditionsverbände. Zogen sich doch hier die Stellungen der bitteren Isonzoschlachten. Heute noch sind die Anhöhen nach den Stellungen gekennzeichnet. Hunderttausende junge Menschen haben als Soldaten des italienischen Militärs oder der kaiserlich-königlichen Truppen Österreichs und Ungarns ihr Leben lassen müssen. Nicht weit weg, auf der slowenischen Seite des Karstes bei Komen, haben mir vor Jahren die Einheimischen einen verlassenen und verfallenen österreichischen Militärfriedhof gezeigt. Auf einem eisernen Kreuz prangte das Bild eines blutjungen Oberösterreichers: Am ersten Tag seines Einsatzes an der Isonzofront gefallen. Wir dürfen auch diese Ereignisse nie vergessen.

Spezialitäten im Karst

Die Wege in und durch den Karst geben immer wieder Blicke frei in die Ebene des Isonzo, hin zu den Colli oder in den Golf von Triest und die von dort blau schimmernde Adria.

In den Gasthäusern und Buschenschänken, die im Karst »Osmizza« genannt werden, bieten Wirte und Bauern neben Salami und dem Karster Schinken (er ist würzig, leicht salzig und meist kurz geräuchert) Süßes an. Die Gibaniza – eine slowenische Spezialität mit Schichten von Strudelteig, Nussfülle, Topfenfülle, Mohnfülle – und der Kuhani Struklji (ein Hefeteig mit Nüssen und getrockneten

AQVARIO

Feigen gefüllt). Im Bauernhof und Agriturismo »Parco Rurale« in Polazzo, das liegt unweit von Fogliano, wird ein besonders kräftiger Akazienhonig angeboten. Der Bauernhof bietet einen Campingplatz an und vermietet kleine Ferienbungalows.

Der Görzer Karst reicht bis etwa Duino, wo im berühmten Adria-Schloss Rainer Maria Rilke seine Elegien geschrieben hat. Bisher befand sich das Schloss im Besitz des Adelsgeschlechtes Thurn und Taxis. Jetzt aber hat der italienische Staat den Besitz erworben (etliches historische Mobiliar ging allerdings bei einer Versteigerung im Frühjahr 1997 in private Hände über – zum Beispiel: Rilkes Lieblingssessel wurde von einem Antiquitätenhändler aus Frankreich erstanden) und wird daraus mit dem Land Friaul – Julisch-Venetien ein Rilkemuseum sowie diverse andere Kulturstätten errichten. Dann endlich wird der Park und das Gebäude auch für die Öffentlichkeit zugänglich sein. Bisher durfte man sich ja nur am Anblick des auf einem Felsen thronenden Schlosses weiden.

Der Karst der Buschenschenken

Von Duino ist es nicht weit nach Sistiana, wo die Weinstraße in den Karst (il carso) beginnt. Sie nennt sich nach dem Wein dieser Zone Terrano – ein Wein aus der Refosco-Rebe. Die Weinbauern des Karstes haben aus Dolinen die rote Erde ausgebaggert (ihre Väter taten es noch mit der Schaufel) und sie auf dem kargen Grund aufgebracht, dort die Weinreben gesetzt und sie mit kleinen Steinmauern vor dem Wind von der Adria und vor allem vor der Bora, dem Fallwind aus den Bergen, geschützt. Der Wein hat einen eigenen Geschmack, würzig, manche sagen leicht salzig. Edi Kante hat daraus Kostbarkeiten gekeltert. Er besitzt nicht viel Wein, aber darum reißen sich Gastronomen und Händler aus aller Welt.

Laubbuschen an Wegesrändern weisen auf die Buschenschenken hin, die es im Triestiner Karst zur Genüge gibt. Schon in erster Linie deshalb, weil sich die Triestiner gerne in den Schatten der bewaldeten Hügel des Karstes zurückziehen, um frische Luft zu schnappen.

Der Karster Schinken, die Krautsuppe Jota, der Käse und der Wein (Terrano als Rotwein, Vitavska und Malvasia Istriana als Weißweine) oder im Herbst die vielen Pilzgerichte gehören natürlich zum Ausflugsziel dazu. Offiziell führt die Weinstraße nur bis Opicina, aber ich empfehle, den Weg über Basovizza Dorligo am Monte Carso, Caresana bis Muggia fortzusetzen. Landschaftlich reizvoll und immer wieder gute Gasthäuser.

Eine besonders schöne Frasca führt Bruno Coselli in Contovello, das befindet sich am Berghang in der Höhe des Schlosses Miramare (der Weg führt über die Ortschaft Prosecco dorthin). Der Blick von der Frasca (oder auch osmiza genannt) auf die gesamte Bucht von Triest ist nahezu einzigartig. Bruno hat aber nur im Sommer geöffnet. Anfragen: Telefon 040/22 55 43. Neben dem traumhaften Blick genießt der Gast Schinken, Käse, hartgekochte Eier oder Fische, was halt frisch hereinkommt.

Noch viel weiter hinauf nach Monrupino geht es zur Trattoria Furlan (Montag und Dienstag geschlossen). Ein altes Wirtshaus, rustikal, äußerst gemütlich und mit einer guten Küche aus dem Karst und aus den Einflüssen Mitteleuropas (wienerisch, böhmisch) – das Kaiserfleisch beispielsweise, Backhendeln, Kalbs- und Schweinsstelzen. Alles sehr gut. Erreichbar über Telefon 040/32 71 25.

Buffet und Caffè – zwei Triestiner Institutionen

Waren Sie schon einmal im »Caffè San Marco«, im »Caffè degli Specchi« (Letzteres befindet sich auf der Piazza Unità und hat praktisch immer geöffnet), im »Buffet Da Pepi«, »Da Giovanni« (Via San Lazzaro, Telefon 040/63 93 96, Sonntag Ruhetag, die Mortadella ist gigantisch), im Buffet »Siora Rosa« (Piazza Hortis, Tel. 040/30 14 60, ab Samstagnachmittag und Sonntag geschlossen, gekochtes Fleisch, Würstel) oder in einem der anderen zahlreichen kleinen Gaststätten, in denen meist im Stehen gegessen wird? Das Buffet ist eine Triestiner Spezialität, mehr als 50 dieser Gaststätten beherbergt die Stadt an der Adria. Die Speisen erinnern auch stark an die Wiener Küche (historisch verständlich) – gekochtes, geselchtes Karree, Kaiserfleisch, Würstel usw. Manche bieten aber auch Fischspezialitäten an.

Auch die Kaffeehäuser haben Tradition. Sie erinnern stark an das Wiener Kaffeehaus: ein Kommunikationstreffpunkt. Ein Ort, an dem Literaten, Künstler und Philosophen einander suchen, treffen und kommunizieren. Ein Ort für den Hausfrauenklatsch, zum Zeitunglesen oder Tortenessen. Immer gibt es dazu einen guten Kaffee.

Hat doch Triest unter den Habsburgern das Reich der Monarchie mit Kaffee beliefert. Hier wurde eingeschifft, geröstet, gemahlen und exportiert. In Triest sind auch heute mehr denn je große Kaffeemarken zuhause: Illy, Segafredo, Hausbrandt.

Zwei Familien »teilen« sich den Markt und sind doch untereinander Verwandte: die Familien Illy und Zanetti. Sie sind die Kaffeebarone der Stadt, und ihre Kaffeesorten sind auch in Österreich, Deutschland und der Schweiz Spitzenmarken.

Triest, der Kriegshafen Österreichs

Diesen Satz hört man häufig von Österreichern: »Mein Gott, wäre das schön, wenn Triest noch bei uns wäre.« Von allen Städten in Friaul – Julisch-Venetien, die unter der Macht der Habsburger standen, zeigt sich Triest am meisten im Kleide der nostalgischen »k. u. k. Zeit«. Maria Theresia hat Triest städtebaulich ihren Stempel aufgedrückt. Das Schloss Miramare wurde als Liebesnest für Maximilian von Habsburg und Charlotte von Belgien zwischen 1856 und 1860 errichtet. Der Erzherzog selbst hat dem Architekten Carl Junker genaue Anweisungen über Stil und Bauweise gegeben. Das glückliche Leben in Miramare währte nicht allzu lange. Erzherzog Maximilian musste die mexikanische Kaiserkrone übernehmen, was bekanntlich ja nicht gut ausging.

Unter österreichische Herrschaft gelangte Triest bereits 1382. Was sich nicht immer als positiv für die Stadt auswirkte. Erstens einmal wurde Triest von Herzog Leopold von Österreich unterworfen, zweitens entstanden starke Spannungen zu Venetien (vor allem wegen des Salzhandels), die sich oft blutig auswirkten. Die Stadt entzog sich wieder dem österreichischen Einfluss. In diese Zeit fällt auch der Bau des Castello San Giusto (1470 Baubeginn, 1630 fertiggestellt). 1552 kommt nach einer kurzen Epoche der spanischen Gerichtsbarkeit die Hafenstadt wieder unter den Einfluss der Habsburger. Auch diese Zeit verlief eher glücklos für beide Seiten (Pest, Hungersnöte, Aufhebung verschiedener Freiheiten). 1719 wurde Triest zum Freihafen erhoben, was endlich wirtschaftlichen Aufschwung brachte. Triest wurde mit seinen Häfen ein Tor zur Welt für Kaufleute, für die beginnende Industrie und für die Kriegsflotte der österreichisch-ungarischen Monarchie. Was dann mit dem Ersten Weltkrieg ein schlimmes Ende nahm.

Heute noch zeigen die mächtigen Gebäude der Banken, Versicherungen und Handelshäuser den einstigen Reichtum der Stadt.

Heute versucht Triest mit Hightech, Forschungszentren und vor allem dem Hafen den Anschluss an die Welt nicht zu verlieren. Mit dem benachbarten Hafen Koper in Slowenien wird eng zusammengearbeitet. Nicht Konkurrenz, Gemeinsamkeit macht stark, lautet die Devise.

Ich selbst liebe in Triest die Antiquitätenläden im ehemaligen »Ghetto«. Dieses Viertel liegt links hinter dem Rathaus. Enge Gässchen, Antiquariate, wo immer wieder alte österreichische Literatur zu finden ist. Für mein »Istrien«-Buch habe ich dort interessante Literatur aus der Zeit der Monarchie gefunden.

Wir besuchen:

Hotel Franz, Gradisca d'Isonzo
Trattoria Gostilna Devetak, Savogna d'Isonzo
Albergo Ristorante Al Ponte, Gradisca d'Isonzo
Castelvecchio, Sagrato d'Isonzo
Tenuta di Blasig, Ronchi dei Legionari
Bauernhof Sancin, Triest
Le Dune, Mariano del Friuli
Gaudemus, Sistiana
Trattoria Ai Fiori, Triest
Gran Malabar, Triest
Buffet Da Pepi, Triest
Caffè San Marco, Triest
Antica Trattoria Suban, Triest
Scabar, Triest
Edi Kante, Duino-Aurisina
Pasticceria Ota, Bagnoli della Rosandra
Al Lido, Muggia

Hotel Franz

34070 Gradisca d'Isonzo,
Viale Trieste 45
TELEFON: *0481/96 05 10*
www.hotelfranz.it
E-MAIL: *info@hotelfranz.it*

Die Frage nach geeigneten Unterkünften im Weinbaugebiet des östlichen Friaul ist nicht immer leicht zu beantworten. Weingüter bieten immer mehr Gästezimmer an, doch sie reichen meist nicht einmal für kleine Gruppen aus. Ich bin gerne im Hotel Franz in Gradisca d'Isonzo, da es bequem, modern und mit einem wirklich guten Frühstückbuffet ausgestattet ist. Zudem liegt die Stadt verkehrstechnisch sehr günstig: Colli Orientali, Collio, Isonzo, Carso, zwischen Görz und Triest – was will man mehr.

Im Haus (verpachtet) kann auch formidabel gespeist werden: ein gutes Fischrestaurant, wo jeder Gang mit einem passenden Olivenöl serviert wird.

Vom Direktor bis zur Rezeption – freundliche Mitarbeiter, die alle sehr gut Deutsch sprechen. An der Bar ist auch die Weinauswahl nicht schlecht. Abgesehen davon sind es nur fünf Minuten Fußmarsch zur Enoteca »Serenissima«.

Trattoria Gostilna »Devetak«

34070 Savogna d'Isonzo,
Ortsteil San Michele del Carso 48
TELEFON: *0481/88 20 05*
E-MAIL: *info@devetak.com*
MITGLIED: *»Friuli – Via dei Sapori«*
WIRTE: *Agostino und Gabriella Devetak*
GEÖFFNET: *Mittags und abends; Montag, Dienstag Ruhetage*

Wenn ich bei Josko Gravner oder Edi Kante keinen Wein mehr ergattere (was fast immer der Fall ist, denn bei diesen Winzern geht ohne Vorbestellung gar nichts), dann schwinge ich mich von Gradisca d'Isonzo hinauf in den Görzer Karst auf den Monte San Michele und kehre bei den Devetaks ein. Liebe Leute, sympathische und engagierte Wirte sind Antonio und Gabriella. Antonio verbringt viel Zeit bei seinen Lieblingen, den besten Weinen des Landes, in seinem Keller. Manchmal deutet Gaby mit dem Kopf nach unten und murmelt: »Ustili ist in seinem Wohnzimmer.« Bei Agostino (Spitzname Ustili) sind dann Gravner und Kante Weine zu kaufen. Vinothekenpreise, für große Namen günstige Preise. Devetak produziert auch eigenen Wein. Den weißen Vitovska (eine autochthone Rebsorte des Karst/Carso/Kras) und den roten »Teran DOC« aus der Refosco-Traube.

In der Gostilna Devetak kehrt der Feinspitz in erster Linie wegen Gabriellas Kochkunst ein. Devetak war immer schon ein besonderes Wirtshaus. Es besteht seit 1870. Also noch aus der Zeit der Grafschaft Görz und der Monarchie. Die Sprache in dieser Gegend war immer die slowenische. Während der Isonzo-Schlachten wurde das Haus zerstört, es folgten Wiederaufbau, Ausbau, Umbau, Neubau und es wurde gemütlich, rustikal und gleichzeitig elegant. Die Küche war immer schon eine Sache der Damen des Hauses: Ustilis Großmutter Zuta, dann Mama Michaele und jetzt Gattin Gabriela. Vier Töchter im Hause, eine Entwicklung ohne Ende …

Die Küche lehnt sich stark an die Grundprodukte der Gegend an: Gemüse, Kräuter, Olivenöl, Brot, Lamm, Schwein, Wild. Und natürlich die traditionellen Süßspeisen.

WC: getrennt, sehr gepflegt, Waschtische, Handtücher

Ghibaniza (Gibanica)

1 kg frischer Topfen, 20 Äpfel (Golden Delicious), 400 g Zucker, ½ Kaffeetasse Mohn (gemahlen), 3 ganze Eier, 1 Gläschen Rum, 3 Stück Blätterteig

Hier handelt es sich um eine slowenische Süßspeise, die als Spezialität des »Devetak« gilt.

Die Äpfel schälen, entkernen und in Scheiben schneiden. Mit der Hälfte des Zuckers und Rum vermengen. Den Topfen mit den Eiern und dem restlichen Zucker sowie dem Mohn vermischen. Die drei Blätterteigstücke ausbreiten. In eine bebutterte und mit Mehl bestreute Form ein Stück des Blätterteiges legen, diesen mit einem Teil der Äpfel, dann der Topfenmasse belegen, ein Stück Blätterteig darüber und wieder die Fülle darübergeben. So entstehen mehrere Schichten.

Die Form in das auf 170 Grad vorgeheizte Rohr schieben und bei dieser Temperatur 40 Minuten backen.

Karstfilet (Fileto del carso)

4 Rinderfilets à 200 g, Butter, Petersilie, Knoblauch, Olivenöl, 200 g Speck, Terrano-Wein

Den Speck würfelig schneiden, das Olivenöl in einer Pfanne heiß werden lassen. Die Filets mit dem Speck, der Petersilie und dem Knoblauch bei starker Hitze gut anbraten. Die Filets umdrehen und auch auf der anderen Seite braten. Die Filets sollen allerdings innen noch leicht blutig sein. Mit dem Rotwein ablöschen und gleich servieren.

Albergo, Ristorante Al Ponte

34070 Gradisca d'Isonzo, Viale Trieste 122
TELEFON: *0481/96 11 16*
www.albergoalponte.it
E-MAIL: *info@albergoalponte.it*
MITGLIED: *»Friuli – Via dei Sapori«*
WIRTE: *Familie Rizzotti*

Ein Hotel mit Hubschrauberlandeplatz, mit 38 Zimmern und vier Suiten, mit Sauna, türkischem Bad und Massagemöglichkeiten. Eine Küche, die zu den besten des Landes gehört, ein Haus in strategisch toller Lage: Wenige Minuten vom Flughafen Friaul, wenige Minuten von der Autobahn, wenige Augenblicke vom Zentrum Gradiscas entfernt.

Die Familie Rizzotti hat das Haus – es hieß einst »Bella Trieste« und war ein Restaurant – 1985 gekauft, taufte das Restaurant in »Al Ponte« und schuf bald das schöne Hotel dazu.

Drei Generationen der Familie arbeiten Hand in Hand und schaffen so für die Gäste ein gemütliches, einmaliges Ambiente. Die Küche ist geprägt von der Richtung »Berg und Meer«. Ursprünglich kamen die Rizzottis ja aus den Bergen der Carnia. Das prägt, und weil das Meer ja nur wenige Kilometer Luftlinie entfernt ist, darf auch der Einfluss dieser Küche nicht fehlen. Sehr kreativ wird hier gearbeitet.

WC: elegant, getrennt, sehr gepflegt

Kartoffelknödel mit Zimt und Feigen

Für den Teig: 400 g mehlige Kartoffel, 150 g Mehl »00«, 4 Eidotter, Salz

Für die Fülle: 8 große reife Feigen, 100 g Zucker, 30 g Zimt

Die Kartoffel kochen, auskühlen lassen, schälen und pressen. Mit dem Mehl, den Dottern und Salz zu einem Teig verarbeiten, gut durchkneten und rasten lassen.

Die Feigen schälen und den Inhalt mit Zucker und Zimt etwa zwei Stunden ziehen lassen.

Den Teig in längliche Rollen formen, davon Stücke abschneiden und diese zu einem runden Blatt auswalken. In die Mitte eines jeden Teigblattes einen Löffel von der Feigenfülle setzen, zusammenschlagen und wie einen Knödel einrollen.

In Salzwasser einige Minuten köcheln lassen. Mit heißer Butter und Zimt übergießen. Mit fächerförmig aufgeschnittenen Feigenstücken garnieren.

Castelvecchio

34078 Sagrado d'Isonzo, Via Castelnuovo 2
TELEFON: *0481/99 742*, FAX: *96 0736*
E-MAIL: *info@castelvecchio.com*
WINZER: *Gianni Bignucolo*

Das Weingut Castelvecchio ist wohl das größte im gesamten italienischen Karst. Die Auffahrt erfolgt über Gradisca d'Isonzo.

Dieselbe Straße, die dann weiter zur Gostilna Devetak führt. Glanz und Adel, daran erinnert die alte Villa, um die sich das Weingut rankt. Erst in den 60er Jahren sind hier Weingärten entstanden und es wäre nicht der Boden alleine schwierig, schwierig ist vielmehr das Beschaffen von Wasser, damit die Reben nicht austrocknen. Ende der 80er Jahre holten sich die Besitzer des Weingutes den Önologen Giovanni Bignucolo. Der brachte Castelvecchio nicht nur auf Vordermann, sondern sogar in die Spitzenposition der heimischen Wein-Erstligisten. Der erste Wein des Gutes ist der »Sagrado«, ein Cuvee aus Cabernet franc, Carso Turmino, Cabernet Sauvignon und anderen Rotweinen. Jedes Jahr eine Meisterleistung. Die Karstweine wie Malvasia und Terrano gehören ebenfalls zum Programm des Gutes. Von weit über 100 Hektar Grundfläche werden etwa 40 Hektar dem Weinbau gewidmet.

Tenuta di Blasig

34077 Ronchi dei Legionari, Via Roma 63
TELEFON: *0481/475 480,* FAX: *475 047*
E-MAIL: *tenutadiblasig@tiscalinet.it*
WINZERIN: *Elisabetta Bortolotto Sarcinelli*
ÖNOLOGIN: *Erica Orlandino*

Von Gradisca kommend am gewaltigen Denkmal für die Gefallenen des Ersten Weltkrieges vorbei wird die Stadt Ronchi dei Legionari erreicht. Fast mitten in der Stadt ein wunderschönes Gut, mit einer alten Villa und großen landwirtschaftlichen Gebäuden – das ist das Weingut Tenuta di Blasig. Frauen machen hier Weine. Und wie! Wir befinden uns im Weinbaugebiet des Isonzo, in einer Gegend, in der die Bora im Winter über die Landschaft fegt. Die frische Brise der nahen Adria, die Bora-Winde, das sind die natürlichen Voraussetzungen, den besten Weinen des Hauses auch entsprechende Namen zu verleihen: Affreschi. Es sind jene Weine der Tenuta, die in Holzfässern vergoren und ausgebaut werden. Der Cabernet franc beispielsweise. Die etwas einfachere Linie ist die Linie »Isonzo«. Und da sind der Chardonnay, der Tocai friulano, aber auch der Merlot und Cabernet zu nennen.

Weinverkauf zu normalen Bürozeiten möglich. Verkostungen und Führungen nur gegen Voranmeldung.

Bauernhof Sancin

34100 Triest, Dolina 360
TELEFON: *040/22 88 70*
www.sancin.com
E-MAIL: *azsancin@yahoo.it*
PRODUZENT: *Devan Sancin*
BESUCH: *nach telefonischer Vereinbarung*
SPRACHEN: *Englisch, Slowenisch, Deutsch*

Der Karst hinter der Stadt Triest war schon immer berühmt für seine Olivenhaine und die Produktion von Olivenöl. Es haben sich in den letzten Jahren einige Bauern großartige Verdienste um das Triestiner Olivenöl erworben. Einer davon ist Devan Sancin, der es versteht mit der Karst-Olive »Bianchera« besonders gut umzugehen. Seine Extravergine-Öle (und da ist kein Tropfen gepanscht) der Sorten Olio Celo, Lemoncelo und Bianchera sind nicht gerade billig, haben aber ein ausgezeichnetes Preis-Leistungsverhältnis.

Sancin ist nicht schwer zu finden: Von Triest entlang des Hafens Richtung Muggia fahren und nach Dorligo delle Valle (bei den »Grandi motori«) abzweigen. Dort geht es dann nach rechts weg auf den Berg, wo schon von weitem die Ölmühle zu sehen ist.

Das Olivenöl von Sancin ist fein, von Eleganz, trocken und erinnert im Geschmack ein wenig an Artischocken. Darüber hinaus ist Devan auch Weinbauer: In den Weingärten des Monte d'Oro gedeihen Weißweinreben wie Glera und Malvasia. Sein Glera Brut ist ein herrlicher Spumante. Von den Rotweinen ist vor allem der Merlot erwähnenswert.

Le Dune

34070 Mariano del Friuli, Via Dante 41
TELEFON: *0481/69 021*
WIRT: *Giovanni Carta*
GEÖFFNET: *Mittags und abends, Montag Ruhetag*

Wenn man österreichischen Gastroführern trauen darf, dann ist das Le Dune eines der besten Fischrestaurants des Landes Friaul-Julisch Venetien. Nun, billig ist es auf keinen Fall. Aber die Qualität der frischen Fische und die Machart der Speisen haben ihren Preis. Vielleicht mag von außen das Restaurant nicht geradezu Charme und Exklusivität versprühen, aber die gesuchten Werte befinden sich im Inneren. Eine kreative Küche – das Carpaccio vom Branzino ist ein Gedicht – hervorragende Weinauswahl.

Mariano del Friuli ist ein Straßendorf und liegt an der Straße, die von Cormons nach Triest führt, und ist zumindest durch das Weingut Vie di Romans bekannt.

WC: getrennt, sauber

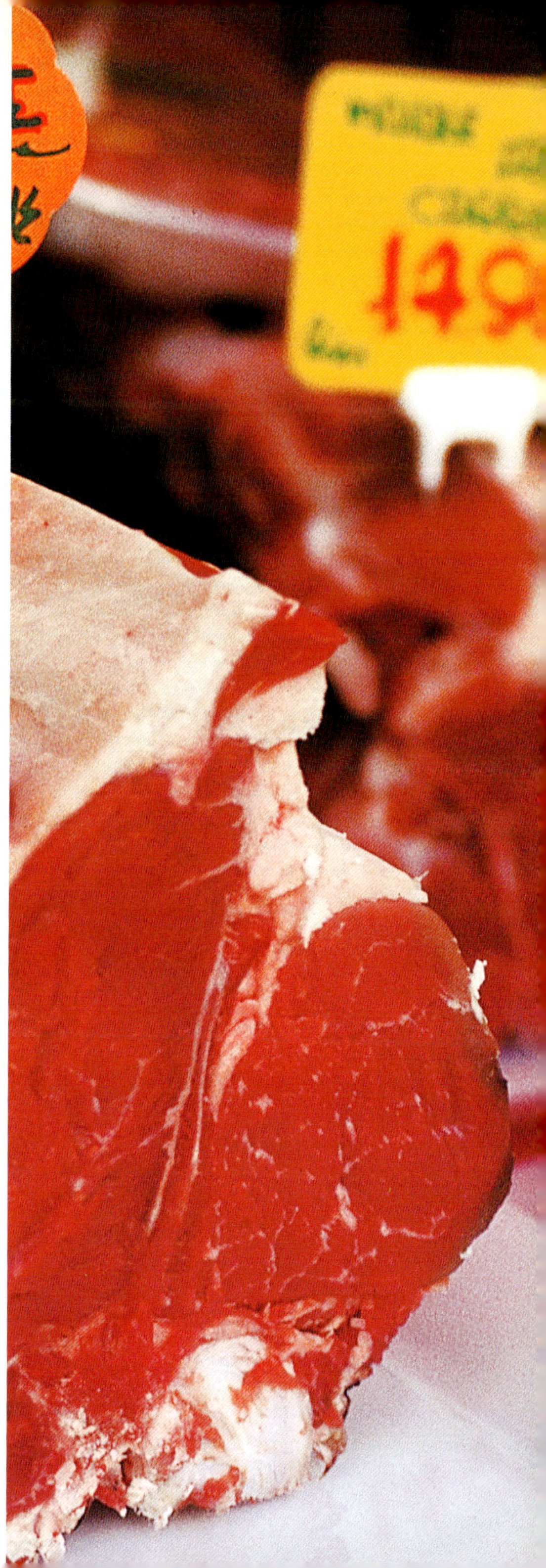

Fischsuppe

1 kg Orate oder Branzino, Wurzelgemüse, Knoblauch, 2 Paprikaschoten, geschälte Tomaten, Olivenöl, Salz, Pfeffer, Lorbeerblatt, 1/8 l Tocai friulano, Peperoncino

Den Fisch zart kochen. Das Wurzelwerk würfelig schneiden und in Olivenöl anbraten, dann geschälte Tomaten dazugeben, würzen und mit Wein ablöschen und mit dem Fischsud aufgießen. Fischstücke ohne Gräten und Haut dazugeben und einige Minuten köcheln lassen. Vor dem Servieren mit etwas grüner Petersilie bestreuen.

Gaudemus

34013 Sistiana 13
TELEFON: *040/29 92 55*
www.gaudemus.com
E-MAIL: *gaudemus@gaudemus.com*
WIRT: *Claudio Lauritano*
GEÖFFNET: *Abends; Sonntag, Montag Ruhetage, Jänner geschlossen*

Wer einen Grund hat zu beichten, bitte schön – im Gaudemus stehen zwei uralte Beichtstühle, Erbstücke eines Onkels, der Pfarrer war. Beichten muss man nicht, manchmal jedoch Halleluja rufen. Diese Dankesrufe gehen dann in Richtung Küche, aus der wahrlich genussvolle Speisen kommen. Dass dazu eine Fülle toller Weine angeboten werden, gehört zum Stil des Hauses. Gaudemus bietet seinen Gästen auch elf recht geschmackvolle Zimmer an. Das gesamte Restaurant besticht in seinem Ambiente auch durch das Gewölbe, die Tische sind gepflegt, elegant und immer schön dekoriert.

WC: Dem Haus entsprechend

Trattoria Ai Fiori

34124 Trieste, Piazza Attilo Hortis 7
TELEFON UND FAX: *0403/0 06 33*
www.aifiori.com
MITGLIED: *»Friuli – Via dei Sapori«*
INHABER: *Stanislao Puzzer, Vlada Favento*
RUHETAG: *Sonntag*

Wer mich fragt, welches Restaurant ich im Herzen von Triest für das beste halte, dann muss ich – und das mit Freude – das kleine, putzige, feine Restaurant von Stane und Vlada nennen. Das »Ai Fiori«. Sie waren die Pächter von Harrys Grill, sind von dort weg und erwarben das altehrwürdige Restaurant Ai Fiori. Ein wenig umgebaut, ein wenig sauber gemacht und die Küche verfeinert und schon war das Kunststück getan.

Vlada ist feinsinnige Patronin im Service und kennt sich bei den Weinen besonders gut aus.

Stanislao ist ein toller Koch. Ein großer Mann mit kräftigen Händen, dem es doch immer wieder gelingt, filigrane Kunststücke auf Teller zu zaubern. Er hat die Fischküche, wie man so schön sagt, im Griff. Das Ehepaar stammt ursprünglich aus Slowenien und ist mit der Fischküche schon lange »verlobt«.

Das Restaurant liegt im Zentrum von Triest. Man begebe sich in Höhe des Aquariums am alten Hafen und marschiere kerzengerade in die Stadt – entlang der Via San Giorgio. Das kleine Restaurant mit rund 40 Sitzplätzen liegt unweit einer Kirche an der Piazza Attilo Hortis.

WC: Getrennt, gepflegt, sauberst

WILDBACHER

Gran Malabar

34100 Triest, Piazza San Giovanni 6
TELEFON: *040/63 62 26*
WIRTE: *Mario Mosetti und Walter Cusmich*
GEÖFFNET: *6.30–21.30 Uhr, kein Ruhetag*

Freitag ist Probetag: Da bringen Walter und Mario neue Kreszenzen auf den Tisch des Hauses und zu kleinen Schmankerln – von Fisch über Prager Schinken bis Kebab – lernen die Gäste somit ihren Weinhorizont zu erweitern. So geht es zu in der Malabar, die einst eine Kafferösterei war. Weit mehr als 400 verschiedene Weine bieten die zwei Pioniere der Weinkultur in Triest ihren Gästen an. In erster Linie sind es Weine der eigenen Region. Doch in der Vinothek werden toskanische Weine oder solche aus der Goriska Brda (Görzer Hügelland, Slowenien) ebenso verkauft, wie Tropfen aus dem Piemont oder aus Sizilien. Das Lokal – Weinbar und Vinothek – hat etwa 30 Plätze innen und gleichviel im kleinen Garten vor dem Lokal.

Buffet »Da Pepi«

34100 Triest, via Cassa di Risparmio 3
TELEFON: *040/36 68 58*
RUHETAG: *Sonntag, Betriebsferien 15. Juli bis 5. August*

Es ist halt so: Das Gedränge zur Mittagszeit nehmen Generaldirektor, Banker, Sekretärin und Arbeiter mehr oder weniger gelassen hin. Bei »Da Pepi« drängelt sich jeder gerne um Krainer-Wurst, Wienerwurst (in Österreich Frankfurter genannt), Senf, Kren oder um gekochte Zunge, gekochtes Geselchtes, Schinken in Brotteig, Liptauerbrote oder hartgekochte Eier.

Serviert wird auf einem Papier, wer Glück hat, ergattert eine der etwa 35 Sitzgelegenheiten an kleinen Buffettischen. Das ist eine andere kulinarische Welt, die sich im Buffet von Paolo auftut. Bollito misto nennt die italienische Küche diese Art von gekochtem Fleisch (teilweise auch gekochte Innereien vom Rind).

Im »Da Pepi« brodelt und köchelt es bereits in den Vormittagsstunden in den großen Kochtöpfen, in die der Gast sogar Einsicht nehmen kann. Wer der italienischen Sprache nicht mächtig ist, der zeigt halt auf jenes Stück Fleisch oder Wurst seines Begehrens. Dann hebt Paolo mit einer Gabel das Fleisch aus dem Wasser und schneidet dicke Scheiben ab.

Dazu wird Brot gegessen und Bier oder Wein getrunken. »Da Pepi« ist bereits seit 100 Jahren eine Institution, schräg gegenüber der Börse von Triest gelegen.

WC: klein, italienisch, sauber

Würzige Gänseleber
(Fegato d'oca aromatizato)

Für 8 Personen:
700 g Gänseleber, 1 Glas Marsala, 1 Glas Süßwein Sauternes, Salz, Pfeffer, 1 EL Kaffee, Zucker

Das gut geputzte und gewaschene Gänseleberfilet in eine Marinade aus Marsala, Süßwein, Salz, Pfeffer, Kaffee und etwas Zucker legen. 24 Stunden ziehen lassen. Abtropfen lassen, in eine Terrinenform geben und im Wasserbad bei 100 Grad pochieren lassen. Dann einen Tag im Kühlschrank auskühlen lassen. Kleine Scheiben abschneiden und diese kalt auf eine Brioche legen, die zuvor mit Kastanienhonig und einem Hauch Trüffel (auch Trüffelöl) überzogen wurde. Dazu empfiehlt Dario einen Picolit von Girolamo Dorigo aus Buttrio.

Caffè San Marco

34100 Triest, via Battisti 18
TELEFON: *040/37 13 73*
INHABER: *Fam. Zanetti, Caffè Hausbrandt*

Hier saßen Dichter, Musiker, Philosophen, Weltenbummler und Adabeis: Das Caffè San Marco gehört ohne Zweifel zu den schönsten Jugendstil-Kaffeehäusern der Welt. Es ist eine Hommage an Wien und seine Kaffeehaustradition. Kunststück, wurde es doch 1914 (kurz vor Ausbruch des Ersten Weltkrieges) fertiggestellt. Dann im Krieg zerstört und original wieder restauriert. Die Ruhe, die Weite und das Ambiente locken auch heute viele Intellektuelle ins San Marco, aber es kommen auch zahlreiche Touristen, die hier eintauchen wollen in den mitteleuropäischen Teil von Triest.

Geboten werden verschiedene Kaffeearten, Wiener Kuchen, zahlreiche Destillate, Whiskeys und Weine. Hat doch Herr Zanetti, der Besitzer, auch im Veneto das Weingut »Case Bianche« erstanden.

Ich entdeckte übrigens in der Vitrine des San Marco einen Wein namens »Wildbacher«. Eine Rebe, die es auf kleiner Fläche im Veneto gibt und die als »Blauer Wildbacher« oder »Schilcher« in sehr ähnlicher Form in der Steiermark beheimatet ist.

WC: getrennt, sauber

Antica Trattoria »Suban«

34100 Trieste, via Comici 2
TELEFON: *040/54 368*
WIRT: *Mario Suban*

»Suban«, diese feine Trattoria zwischen Karst und der Innenstadt, ist ein Stück lebendige Geschichte. Sie beginnt 1865, da hat Giovanni Suban, dessen Familie am Hof von Maximilian auf Miramare Schneider war, die Trattoria gegründet. Damals weit vom Zentrum entfernt in San Giovanni an einem Fuhrweg in den Karst, heute praktisch von der Stadt schon eingeschlossen. Seit damals hat die Familie Suban Triestiner Küche gepflogen. Natürlich wurden auch Speisen aus dem Karst und der mitteleuropäische Einfluss in die Speisekarte aufgenommen. Mario Suban: »Aber die wichtigsten Rezepte des Hauses wurden von Generation zu Generation weitergegeben.«

Den Suban erreicht man über die Via Carducci, biegt bald in die Via Cesare Battisti und von dort in die Via Giulia ab. Diese fährt man praktisch bis zum Ende und gelangt in den Stadtteil San Giovanni, wo Hinweisschilder direkt zum Suban führen. Ein großes Haus, mit einem großen Speisesaal, zwei kleineren Stüberln und einem überaus schönen Gastgarten, der wie eine überdimensionale Laube aussieht. Alles sauberst, gepflegt, gemütlich eingerichtet. Die Küche ist grandios, der Schinken im Brotteig eine der Besonderheiten, die Weine aus dem Karst und den wichtigsten Kellereien Friauls. Darüber hinaus werden aber auch Weine aus ganz Italien angeboten. Viele Medaillen und Auszeichnungen errangen die Köche vom »Suban«, und in der Trattoria haben unzählige Prominente dieser Welt bereits gespeist. »Suban« ist ein Pflichttermin für alle Triest-Besucher.

WC: getrennt, italienisch, englisch, sauberst, Waschtische, Seife, Handtücher

Gemüsebauern-Omelette
(Palcinke a la mandriera)

Mandriera wurden in Triest Gemüsebauern genannt, die ihre Produkte zum Markt führten. Meist Inhaber kleiner Bauernhöfe.

Teig: 125 g Mehl, 1/8 l Milch, 1 Ei, 2 Eigelb, 1 KL Butter, Salz

Soße: 1 Bund Basilikum, Olivenöl, Knoblauch, Parmesankäse, Salz, Pfeffer, Obers, Bratensoße

Erst den Teig mischen und dünne Omelettes backen. Für die Soße Basilikum kleinschneiden, Knoblauch pressen und beides mit etwas Olivenöl gut verrühren, salzen und pfeffern. In einer Pfanne mit Butter die Basilikummasse anschwitzen.

Die Omelettes ausbreiten, mit etwas Soße bestreichen und dann wie Crêpes zusammenlegen. Die restliche Soße in der Pfanne stark erhitzen, Feuer zurücknehmen, ein wenig Obers, geriebenen Parmesan und Bratensoße einrühren und über die Crêpes gießen. Im Backrohr 8–12 Minuten überbacken.

Jota

Jota ist eine Triester Spezialität: Eine dicke Suppe aus Bohnen und Sauerkraut. Dazu harmoniert ein Terrano del Carso.

300 g rote Bohnen, 500 g Sauerkraut, 100 g Speck, 2 große Erdäpfel, 200 g Schinkenspeck, 3 EL Mehl, 5 Knoblauchzehen, 1 Zwiebel, Kümmel, 5 Lorbeerblätter, Salz, Pfeffer

Die Bohnen über Nacht in Wasser legen. Am nächsten Tag gut waschen und in Wasser mit der Hälfte des Schinkens und drei Lorbeerblättern kochen. Extra in einer Kasserolle die Knoblauchzehen in Öl goldgelb anschwitzen und den Rest des Schinkens würfelig geschnitten dazugeben. Dann mit einem Esslöffel Mehl stauben und das Sauerkraut beimengen. Mit Kümmel, zwei Lorbeerblättern, Salz und Pfeffer würzen. Eventuell etwas Wasser dazugeben und kochen lassen.

Nach einer Stunde Kochzeit der Bohnen die geschälten und würfelig geschnittenen Erdäpfel dazugeben und weiterkochen lassen. In der Zwischenzeit in einer Pfanne den würfelig geschnittenen Speck, die feingeschnittene Zwiebel und 2 Esslöffel Mehl langsam anrösten. Jetzt mit den Bohnen mischen und dann passieren, sodass eine dicke Suppe entsteht. Gemeinsam mit dem vorbereiteten Kraut vermischen, salzen und pfeffern.

Scabar

34000 Triest, Erta S. Anna 63
TELEFON: *040/81 03 68,*
FAX: 83 06 96
INHABERIN: *Ami Scabar*
RUHETAG: *Montag*

Alle lieben Ami: Erstens natürlich wegen ihre famosen Küche. Zweitens wegen ihrer charmanten, freundlichen und liebevollen Art. Ami ist schön, sympathisch, kreativ und innovativ was ihre Küche anlangt. Der Weg zu ihr ist allerdings schwer zu beschreiben. Das durchgestylte schöne Restaurant liegt unter den Türmen des Krankenhauses von Triest. Praktisch auf den Weg hinunter zu den Hafenanlagen und den ehemaligen Salinen. Wer Triest auf der Autobahn umfährt und dann Richtung Koper gelangt, dem stehen für den Weg hinunter auf Meereshöhe zwei Straßen zur Verfügung: Die Autobahn (Auffahrt Krankenhaus), oder fast parallel dazu eine mehrspurige Straße. Nach kurzen

Augenblicken zeigt ein Restaurantschild (blau-weiß mit gekreuztem Besteck) an, dass es von der Hauptstraße nach rechts in eine Villengegend zu einem Wirtshaus geht. Das ist die Erta S. Anna und nach 300 Metern steil abfallender Straße gelangt man zum Restaurant. Von der überdachten Terrasse ein schöner Ausblick.

Das Wesentliche sind jedoch die Speisen. Ami Scabar sucht ständig nach besonderer Fischqualität und bindet in ihre ungewöhnlichen Kreationen Istrianisches, Triestinerisches mit Gewürzen aus dem asiatischen Raum oder aus den Levanteländern ein: Triest ist Hafenstadt, da kam auch die Küche immer wieder in Berührung mit exotischen Gewürzen.

Ein Teil der Küche sind auch die Olivenöle aus dem Golf von Triest, aus dem italienischen Karst. Von Sacin beispielsweise, dessen Olivenöle bereits zu den begehrtesten des Landes zählen dürfen. Ami sucht und findet jedoch auch immer wieder gute Weine aus dem Karst. Sie serviert zu ihren Fisch- und Meeresfrüchte-Gerichten Weiß- und Rotweine.

WC: Sehr gepflegt, nicht getrennt, gestylt

Edi Kante

34011 Duino-Aurisina,
S. Pelagio, Prepotto 3
TELEFON: *040/20 07 61*
WINZER: *Edi Kante*

Vitarska, Terrano Rosso, Malvasia, Chardonnay oder Sauvignon wird man eher in einer guten Vinothek in Österreich, Deutschland oder der Schweiz kaufen können als beim Winzer selbst: »Ja, wer zu mir kommt, dem kann ich maximal drei Flaschen verkaufen. Selbst meine besten Freunde erhalten kaum mehr«, versucht der Edi Kante die Enttäuschung seiner Besucher zu erklären. Es ist noch nicht sehr viel, was dieser sympathische Qualitätsfanatiker aus seinen Weinbergen produziert. Und das, was an Weinen da ist, das kaufen schon weit vor der Lese seine Stammkunden: in erster Linie die gehobene Gastronomie in Italien, aber auch in den USA.

Edi Kante's Weine sind berühmt und begehrt. Er selber ist so kantig wie sein Land: schroffer Karst, in den der Winzer ein tiefes, großes Loch gegraben hat – wie eine Doline: seinen Weinkeller. Dort, in der Tiefe, lagern die Barriques. Übrigens, der Edi Kante lässt alle seine Weine im Barrique reifen. Was auch beim Weißwein nur den Geschmack unterstützt und nicht überdeckt. Das ist die große Kunst dieses Weinbauern im Karst. Kantes neues Glanzstück: Neben seinem alten Keller hat er einen 12 Meter tiefen Krater aus dem Karst schlagen, sprengen und meißeln lassen. Zwei Stockwerke tief, sein neuer Keller. Unwahrscheinlich schön. Denn Edi Kante baut auch seine Rebfläche um sechs Hektar aus. Dann wird es vielleicht doch ein wenig mehr von Vitarska & Co geben – hoffentlich.

Wer zu Edi Kante hinfinden möchte, der wird wahrscheinlich zweimal fragen müssen. Zu verwinkelt ist der Weg dorthin. Aber den Kante kennt im Karst zwischen Görz und Triest ja jeder Mensch. Jedenfalls beginnt in Sistiana die Weinstraße »Terrano«. An dieser Weinstraße liegt auch das Dörfchen Prepotto.

Pasticceria Ota

34018 Dorligo delle Valle – Dolina,
Bagnoli della Rosandra,
Boljunec 66
TELEFON UND FAX: *040/22 82 53*
www.ota.it
INHABER: *Carlo Ota und Söhne*
ÖFFNUNGSZEITEN:
Normale Geschäftszeiten

Dorligo delle Valle ist ein Kleinod im Golf von Triest. Heiße Gegend: Die Dörfer der Gemeinde schmiegen sich in die Abhänge des Triestiner Karst und suchen Schutz vor den eiskalten Böen der Bora, Schutz vor den gnadenlosen Strahlen der Sommersonne.

Olivenöl wird hier produziert. Die besten Produzenten sind Sancin und Parovel. Ihre Öle sind begehrt und gehören bereits zu den besten des Landes.

Besonders der Ölbaum »Bianchera« gedeiht hier sehr gut und bringt Spitzenqualitäten.

Ich jedoch habe ein anderes kulinarisches Kleinod gefunden. In Dolina – praktisch mitten im Ort – befindet sich die Konditorei Ota.

Dort werden die typischen Kuchen des Karstes gebacken: Pinza, Presnitz, Potica. Die Familie Ota ist aber auch berühmt geworden mit den Weingelees. Eine Besonderheit: Aus verschiedenen Weinen werden Gelees gekocht (reduziert), die sich beispielsweise mit süß-sauren Jausen gut vertragen. Nicht gerade billig, aber top. Bei Ota wird auch handgeschöpfte Schokolade produziert.

Al Lido

34000 Trieste, Muggia
TELEFON: *040/27 33 38*
E-MAIL:
hotellidomuggia@tiscalinet.it
MITGLIED: *»Friuli – Via dei Sapori«*
INHABER: *Vilma, Pino, Giorgio*

Muggia ist eine antike Seestadt, die von Triest aus gesehen auf der südöstlichen Seite der Bucht liegt. Einst ein malerisches Städtchen, jetzt durch Tourismus schon etwas mehr auf Masse getrimmt. Von Triest aus kommend am Stadtbeginn liegt zu linker Hand der Straße das kleine Hotel »Lido«. Auf den ersten Blick nicht sonderlich einladend, doch der Eintritt lohnt sich. Erstens weil die meisten Zimmer die Sicht auf Triest freigeben, zweitens weil sich im Haus das Fischrestaurant »Al Lido« von Vilma und Pino befindet. Zwei gestandene, sympathische Gastronomen, die gemeinsam mit Sohn Giorgio einen einladenden, freundlichen und stimmungsvollen Schlemmertempel geschaffen haben. Der Fischwagen ist täglich eine Augenweide und müsste immer wieder neu fotografiert werden. Der Weinkeller ist bestückt mit den herausragendsten Tröpferln der Region. Die Küche zeigt den Schmelztiegel von Triest: Die Küche der Stadt, die Küche Istriens, die Küche des Mittelmeeres. Mehrere Kulturen spiegeln sich in der Zubereitung der feinen Speisen wieder.

1954 hatte Pino bereits begonnen und war mit Risotto mit Scampi bald berühmt geworden. Vilma und Pino gehörten zu den ersten Gastronomen der Stadt, die beispielsweise Scampi und ausgewählte Fische auf die Speisekarte setzten. Das Restaurant verfügt über 250 Sitzplätze. Lido wird das Haus genannt, weil sich gegenüber dem Restaurant der einzige Sandstrand von Muggia befindet.

WC: sauber, getrennt

Dalmatinische Fischsuppe

1 kg Orate, 1 kleine Zwiebel, 1/2 kleine Karotte, 1 Selleriestange, Knoblauch, 1/2 gelbe Paprika, 4 geschälte Tomaten, Peperoncino, Oregana, Salz, Pfeffer, Lorbeerblatt, Weißwein, Olivenöl

Den Fisch als Ganzes kochen. Das Gemüse kleinschneiden und in Olivenöl etwas anbraten, dann die geschälten und kleinwürfelig geschnittenen Tomaten dazugeben. Würzen und mit Weißwein ablöschen. Etwas reduzieren lassen. Denn den Sud vom gekochten Fisch durch ein feines Sieb dazugeben. Den Fisch zerkleinern und die Fischstücke ohne Gräten in die Suppe legen und noch einmal für einige Minuten köcheln lassen. Mit geröstetem Weißbrot servieren.

Die fünfte Reise.

Tricesimo – Buia – San Daniele – die Strada del Prosciutto e di Castelli – Udine – Manzano – Mortegliano – Codroipo – die Villa Manin

Der Besuch der Möbelhäuser in Tricesimo gehört ebenso zu genüsslichen Reiseerlebnissen wie ein gutes Gläschen Prosecco in den späten Vormittagsstunden. Tricesimo ist aber ein Städtchen, das leider zu oft und zu schnell durch- bzw. umfahren wird. Wer von der Grenze mit Österreich in Richtung Udine fährt, für den lohnt es sich, hier kurz Rast zu halten. Es gibt nette Kaffeehäuser, eine bezaubernde Altstadt, ein Restaurant mit großer Tradition, das »Boschetti«. Es ist noch immer eines der besten Restaurants in Friaul (Sonntagabend und Montag geschlossen). Raffiniert, kreativ, mit einem eleganten Ambiente (Telefon 0432/85 12 30).

Neben den im Anschluss genannten Adressen ist die Enoteca »Mauro« in Casacco besuchenswert. Sie befindet sich auf dem Weg von Tricesimo nach Treppo Grande. Ein altes Bauernhaus hat Mauro in eine außerordentlich gemütliche Mischung von Enoteca und Osteria umgebaut. Weine aus ganz Italien können hier verkostet und gekauft werden. Selbstverständlich trifft man sich bei Mauro auch zur Jause (Salami, Schinken, Käse etc.) Dienstag und Mittwoch ist geschlossen (Telefon 0432/880 000).

Die Straße der Schlösser

Zwischen Buia im Norden, Udine im Süden, San Daniele im Westen und Tavagnacco im Osten haben Adelige und Gutsbesitzer in den vorhergegangenen Jahrhunderten ihren Reichtum, der auch aus der Landwirtschaft kam, in prachtvollen Schlössern, hier »Villen« genannt, zur Schau gestellt. Eine gut gekennzeichnete Straße, die vor San Daniele beginnt, führt an zahlreichen Villen vorbei. Leider können sie nur von außen bewundert werden.

Das mächtigste dieser Bauwerke ist das Schloss in Colloredo di Monte Albano. Das Erdbeben zerstörte

es 1976 fast zur Gänze. Doch mit viel finanziellem Aufwand hat die Region dieses Schloss wieder aufgebaut, und bald soll es auch für das Publikum geöffnet werden.

In Colloredo hat allerdings das Restaurant »La Taverna« geöffnet (außer Sonntagabend und Mittwoch). Es ist das Lieblingslokal zahlreicher Österreicher, die gerne gut speisen und dazu auch genussvoll Weine trinken. Die Küche des Hauses ist nämlich mehr als erwähnenswert.

Der Schinken von San Daniele

Über 400.000 Gäste in drei Tagen. Wenn San Daniele im Juni zum Schinkenfest (Aria di Festa) ruft, dann strömen die Menschen in Scharen in diese Stadt, deren Kern auf einem Hügel liegt und deren Dom weit hinein ins Land blickt. Ein kleine Kirche, die dem heiligen Antonio geweiht ist und in der Via Garibaldi liegt, stiehlt dem mächtigen Dom allerdings die Show: Dort hat nämlich Meister Pelegrino di San Daniele Fresken gemalt. Und zwar so schön, dass sie zu den kunstgeschichtlichen Großereignissen Friauls zählen.

Vor dem Schinken ein wenig Kultur.

Unweit des Domes befindet sich das Restaurant »Al Cantinon« von Pepi Berton. Er ist nicht nur ein großartiger Gastronom, sondern auch ein Sommelier von Rang und Namen. Was sich am Weinangebot des Hauses zeigt. Über ein paar Treppen steigt man hinab in das Restaurant. Es ist ein mächtiges Ziegelgewölbe, beinahe wie ein kleiner Dom, unter dem man als Gast vorzüglich speist und vor allem im Sommer die Hitze, die auf dem Domplatz brütet, vergisst. Das »Cantinon« gehört ebenfalls zur Vereinigung der Wirtshäuser del buon ricordo.

Nach San Daniele fährt man aber in erster Linie zum Schinkenessen. Der Besuch von Schinkenfabriken ist nicht mehr so einfach wie vor etlichen Jahren. Strenge Hygienevorschriften verhindern Publikumszulauf. Aber die meisten Schinkenfabriken wie beispielsweise Morgante oder Dall'Ava und Picaron besitzen Verkaufsstellen in ihren Produktionshäusern. Alle Produzenten haben sich zu einem »Consorzio del Prosciutto di San Daniele« zusammengeschlossen. Der Grund, ganz einfach ausgedrückt: um genaue Spielregeln der Produktion zu schaffen (die auch streng kontrolliert werden), den Namen zu schützen und zu vermarkten. 27 Hersteller sind es in San Daniele, und ihre Produktionskapazität beträgt mehr als drei Millionen Schinken pro Jahr. Die Produktion mit geschützter Herkunftsbezeichnung (DOP) betrug allerdings lediglich 1,7 Millionen Schinken.

Den echten Schinken von San Daniele erkennt man nicht nur am unverwechselbaren Geschmack und Aroma, sondern auch an dem Brandzeichen und den Nummern, die auf Hersteller und Landwirt zurückweisen. Kontrolle total, das ist wichtig.

Der Schinken wird aus frischen Schweinekeulen erzeugt. In Italien wurden zehn Gebiete ausgewählt, die für die Zucht von Schweinen für diesen Schinken geeignet sind. 98 Prozent der landwirtschaftlichen Betriebe für den »Prosciutto di San Daniele« liegen in der Po-Ebene.

Eine Schweinekeule mit komplettem Beinknochen (der sogenannte Spitzfuß) muss mindesten elf Kilo wiegen. Bei der Verarbeitung wird ausschließlich Meersalz verwendet, Konservierungsstoffe sind verboten. Mit Schmalz wird der fleischige Teil der Keule nach der Bearbeitung (Freilegen der Knochen, Einsalzen, Pressen, Ruhezeit, Waschen, Trocknen) verschlossen. Dann kommt der Schinken in die Reifekammern. Der gesamte Herstellungsprozess dauert mindestens 12 Monate.

Unwahrscheinlich viel Kapital, das da in den Schinkenproduktionsstätten hängt. Übrigens: San Danieler Schinken muss hauchdünn aufgeschnitten werden, nur so entfaltet er sein wunderbares Aroma.

Udine, die Stadt der Osterien

Provinzhauptstadt mit mehr als 110.000 Einwohnern, Erzbistum, Universität, Einkaufsstadt, Schulzentrum, Messestadt und ein Ort mit manigfacher Kultur, mit historischen Bauten und mit seltsamen kulinarischen Kleinoden: die Osterien. Das sind einfache Wirtshäuser, in denen offener Wein ausgeschenkt und Hausmannskost gekocht wird.

Schon am Vormittag treffen sich jene, die es sich zeitmäßig leisten können, in einer dieser vielen Gaststätten auf ein »bicchiere«. Es ist Leben in der Innenstadt: Viele Boutiquen, Geschäftslokale aller Art, Banken, Büros, Kaffeehäuser, ein Markt und jede Menge Menschen, die der Stadt das besondere Flair verleihen. Am Abend, das sei mir gestattet zu erwähnen, ist Udine aber »tot«. Da spielt sich nicht so viel ab – außer in einigen Restaurants. Am Ring, der die Innenstadt umschließt, haben im Sommer zahlreiche Stände geöffnet, die frische Melonen anbieten. Dort ist auch viel Jugend zu sehen.

Geschichtlich kann Udine viel aufzeigen: Es ist die Stadt des Giovanni Battista Tiepolo, eines großen Malers seiner Zeit (1696 in Venedig geboren), er hat damals als Maler unwahrscheinlich gut verdient. Sein Sohn Giovanni Domenico Tiepolo hat erst dem Vater viel helfen müssen, dann machte er sich frei und malte seinen ganz eigenen Stil. Tiepolos finden sich nicht nur im Museum im erzbischöflichen Palast, sondern auch im Oratorio dell Purità neben dem Dom (Vater und Sohn haben hier gemalt).

Die Piazza Primo Maggio am Fuße des Schlossberges war einst ein See, heute ist es ein Parkplatz. Zur Ehrenrettung der Autofahrer: zugeschüttet wurde er bereits im Mittelalter. Da platzte die Stadt schon aus allen Nähten und man benötigte Raum für den Katharinenmarkt. In Udine ist auf Schritt und Tritt auch die venezianische Herrschaft sichtbar. Nach San Marco erhielt Udine wohl den schönsten venezianischen Platz, die Piazza della Libertà, mit der Loggia del Lionello.

Auf die Frage, welche Restaurants ich empfehlen könnte, da nenne ich außer jenen, die wir im Anschluss besuchen, folgende: die »Casa Rossa«, in der Via Duino, neben dem hervorragenden »Hotel President«, und das »Al Lepre« in der Via Poscolle. Von den Osterien sei auch noch »Alla Ghiacciaia« in der Via Zanon erwähnt.

Die Villa des Dogen

Napoleon hat hier genächtigt, bevor er den Frieden von Campoformido unterschrieb. Napoleon hatte in vielen Villen übernachtet, er war ja auch viel »unterwegs«. Die Villa hat es überstanden. Nahe des Dorfes Passariano und nicht weit von Codroipo entfernt, hat der letzte Doge von Venedig, Ludovico Manin, sich diese prunkvolle Villa errichten lassen. Was sie an Prunk äußerlich verspricht, hält sie innen keinesfalls. Daher wird die Villa Manin in unserer Zeit von der Region als Ausstellungsort, als Lehrwerkstätte für Restauratoren und als Verwaltungsstelle benützt.

Casa di Contadinanza

Dieses nette, kleine Gasthaus in einem Nebengebäude des Schlosses ist im Eigentum der ERSA (das ist die Dienststelle für Weinbau und Weinkunde in Friaul – Julisch-Venetien). Hier sind nicht nur bäuerliche Produkte ausgestellt, sie können auch verkostet werden: Weine, Schnäpse, Käse, Schinken, Salami. In der gemütlichen Stube kann man die köstlichsten Produkte des Landes speisen. Immer wieder gibt es einfache, warme Speisen im Angebot. Der erste Stock des ehemaligen Hauses der Bauern steht Ausstellungen, Empfängen oder großen Festen zur Verfügung. Dieses Lokal am Schlossberg ist ohne Zweifel der Geheimtipp in Udine. Montag ist Ruhetag.

Wir besuchen:

Osteria di Villafredda, Loneriacco di Tarcento

Feinkost Savio, Tricesimo

Al Scus, Cortale di Reana del Rojale

Gelateria Capriccio, Reana del Rojale

Agli Amici, Godia Udine

Al Ladin, Buia
Trattoria Da Rita, Buia
Là di Petròs, Mels
La Taverna, Colloredo
Antica Locanda Al Parco, Tavagnacco
Al Grop, Tavagnacco
Vitello d'Oro, Udine
Trattoria da Pippo, Udine
Trattoria Al Passeggio, Udine
Hotel Ristorante La di Moret, Udine
Al Vecchio Stallo, Udine
Spezieria pei sani, Enoteca, Udine
Ristorante Pizzeria Concordia, Udine
Ristorante Astoria Italia, Udine
La Frasca, Lauzacco
Weingut Le Fredis, Lauzacco
Albergo Ristorante Villa Riviera, Pradamano
Nonino, Percoto
Trattoria Da Nando, Mortegliano
Ristorante del Doge, Passariano
Trattoria Da Toni, Gradiscutta di Varmo
Trattoria Al Paradiso, Paradiso di Pocenia
Al Ferarut, Rivignano
Ristorante Al Morarat, Rivignano
Antica Bettola da Marisa, Rodeano Basso
DOK Dall'Ava, San Daniele
La Poce des Stries, Montegnacco

»Casa di Contadinanza«

Osteria di Villafredda

33017 Loneriacco di Tarcento
TELEFON: *0432/79 21 53*
www.villafredda.com
WIRTE: *Luca und Barbara Braidot*
GESCHLOSSEN: *Sonntagabend und Montag, Betriebsferien drei Wochen im Jänner und eine Woche Mitte August*

Im Jahr 2000 haben Luca und Barbara die Villafredda übernommen. Ihre Küche ist schnörkellos, wichtig sind die besten Grundprodukte und eine kreative Umsetzung. »Wenn mir heute jemand beste Lämmer anbietet, dann gibt es Lamm auf der Speisekarte«, das ist einfach gesagt die Philosophie von Luca. Seit 1971 besteht hier das Restaurant. Immer bekannt, immer auf hohem Niveau, immer eine Anlaufstelle auch für Gäste aus Österreich und Deutschland. 30 Prozent, so schätzt der Wirt, seien Gäste aus dem Nachbarland.

Platz ist in den sehr gemütlichen Stuben des Steinhauses für mehr als 80 Personen. Im Gastgarten ist für 30 Personen Platz. Das Haus atmet Geschichte. Es diente ja einst einer bäuerlichen Familie als Existenz- und Arbeitsgrundlage. Der Hauswein kommt aus dem Weinbaubetrieb des Bruders.

Zu finden: An der Straße zwischen Tarcento und Tricesimo.

WC: Getrennt, sehr sauber

Feinkost Savio

33019 Tricesimo
TELEFON UND FAX: *0432/88 17 44*
INHABER: *Franco Savio*

Die Möbel haben Tricesimo berühmt gemacht. Doch dieses kleine Städtchen auf dem Weg von Gemona nach Udine bietet wesentlich mehr. Es gilt nur, die Innenstadt ein wenig zu erkunden. Sie ist sehr interessant und auch in kurzer Zeit durchschritten. In einem Seitengässchen zwischen dem Hauptplatz und der Durchzugsstraße befindet sich das Feinkostgeschäft Savio. Ausgewählt gute Produkte werden hier verkauft: Schinken, Würste, verschiedenste Käsesorten, Trüffelöle, Olivenöle aus ganz Italien, Essigsorten in Vielzahl, Weine und, und, und. Eine Fundgrube für Feinschmecker.

Darüber hinaus hat sich der junge Inhaber des Geschäftes, Franco (er ist auch Käsegroßhändler), zwei traditionelle Gerichte Friauls ausgesucht und aus ihnen hochwertige Fast-food-Speisen entwickelt.

Frico als Fertiggericht für den Mikrowellenherd oder im Sackerl – pfannenfertig. In beiden Fällen wurden beste Käsesorten verwendet. Die Packungen halten 4 Monate bzw. 60 Tage.

Himbeer-Charlotte
(Charlotte ai lamponi)

250 g Himbeermark, 200 g Joghurt, 125 g Zucker, 10 g Gelatine

Das Himbeermark mit Joghurt und Zucker mischen. Gelatineblätter in Wasser einweichen, gut ausdrücken und dem Mark zugeben. Etwas geschlagenen Süßrahm beimengen. Die Charlotte außen mit Biskotten oder kleinen Bisquitrouladen verzieren. Drei Stunden im Kühlschrank kaltstellen und mit Marillen- und Himbeer-Fruchtsoßen servieren.

Al Scus

*Cortale di Reana del Rojale,
Via Monsignor Cattarossi 3*
TELEFON UND FAX: *0432/85 38 72*
WIRTIN: *Luisa Schiff*
GEÖFFNET: *Mittwoch bis Sonntag, Mittag und Abend*
GESCHLOSSEN: *im August und Jänner (rückfragen)*

Das Restaurant »Al Scus« ist ein Musterbeispiel eines gelungenen Wirtshauses, in dem für den Gast alles stimmt: Das Gebäude, die Außenanlagen, die Speiseräume, die Dekoration, die Speisen, die Getränke und die Bedienung. Es bietet Erlebnisse vielfältiger Art: Vom Schauen bis zum Schmecken.

Der Name »Scus« leitet sich von den Maiskolben ab – und zwar nicht von den Kolben selbst, sondern den Blättern, die sie umhüllen. Früher einmal befand sich in diesem großen Anwesen eine Werkstätte, in der aus getrockneten Maiskolbenblättern Puppen gemacht wurden.

Es befand sich hier auch eine alte Pasta-Fabrik. Luisa eröffnete 1989.

Aus einer Fabrik ein derart schönes und stimmiges Wirtshaus zu bauen, dazu gehören viel Fantasie, Optimismus und natürlich Geld. Fisch ist die Hauptmahlzeit der Gäste, doch Luisa betont, dass sie auch beim Fleischbraten einiges drauf hat. Dass der Fisch hier immer frisch geliefert wird, versteht sich von selbst.

Das Wirtshaus ist eine imposante Anlage, durch die sogar ein Bach fließt. Umspült von Kanälen und kleinen Wasserfällen. Dazwischen ein wunderbarer Garten. Ruhe, Ruhe, Ruhe.

Die Küche der Wirtin ist von ihrer Fantasie geprägt: Viele Vorspeisen, alles was die Fischküche hergibt und was ihr von heute auf morgen einfällt. Klassiker gehören natürlich auch dazu.

Zu finden: In Reane del Rojale an der Hauptstraße Pontebbana beim stillgelegten Restaurant Diana nach Osten einbiegen. Nach wenigen Kilometern über die Bahnlinie und dann nach links abzweigen. Einige Kilometer bis zur Höhe von Tricesimo fahren und dann nach rechts nach Cortale abzweigen. Gute Hinweisschilder! Am Beginn des Ortes Cortale liegt linker Hand das große Gut. Genügend Parkplätze vorhanden.

WC: getrennt, englisch und italienisch, sehr sauber

Ravioli mit Mozzarella, Melanzane und Paradeiser
(pomodoro)

Teig: 30 dag Mehl, 3 Eier, 1 EL Paradeissoße

Fülle: 20 dag Melanzane, 10 dag Mozzarella, 1 Ei, Brösel, Zwiebel, Pfeffer, Basilikum

Für die Ravioli werden ein »weißer« und ein »roter« Teig bereitet:

Für den weißen Teig 15 dag Mehl, 3 Eiweiß und Salz gut mischen, kneten, rasten lassen und dann zu einem dünnen Teigblatt ausrollen.

Für den roten Teig 15 dag Mehl, 3 Eidotter, Salz und Paradeissoße mischen, kneten, rasten lassen und ausrollen.

Für die Fülle die Melanzane und Zwiebel kleinschneiden, in Olivenöl anbraten und zehn Minuten schmoren lassen. Etwas abkühlen und dann den kleingeschnittenen Mozzarella, die Brösel und das Basilikum dazugeben.

Von der gut durchgemischten Fülle kleine Kugeln der Reihe nach auf jeweils eine Seite der Teigblätter legen, mit der anderen Seite der Teigblätter zudecken, die Teigränder gut zusammendrücken und Ravioli ausradeln. Diese in Salzwasser kochen und mit in Olivenöl sautierten Paradeisern und Basilikum anrichten.

Gelateria »Capriccio« Pasticceria

33010 Reana del Rojale, Via C. Nanino
TELEFON: *0432/88 11 43*
Centro commerciale Diana
INHABER: *Albano Facchin*

Natürlich ist das Eis überall in Italien zuhause, meist wird es von Touristen in den Urlaubsorten an der Adria verspeist. Zum besten Eis, das wir auf unseren Reisen gefunden haben, gehört jenes des Albano im Einkaufszentrum Diana. Man findet leicht dorthin: Wer von Tricesimo kommt, der fährt beim Restaurant »Diana« in Reana del Rojale nach links, wer von Udine kommt, nach rechts. Gleich am Beginn der Straße befindet sich linker Hand ein eingeschoßiges Einkaufszentrum. Mit einem recht guten Obst- und Gemüsemarkt und mit der Gelateria des Albano.

Das Eis schmeckt köstlich, es ist eben hausgemacht, cremig oder fruchtig. Je nachdem, wie es angeboten wird. Ein Pfirsicheis schmeckt im »Capriccio« wirklich nach Pfirsich. In dieser Gelateria kann man sich nicht hinsetzen. Man bekommt das Eis in der Tüte, im Papierbecher oder aber man hat ein Gefäß zum Mit-nach-Hause-Nehmen dabei. Was allerdings Transportprobleme aufwirft.

Albano ist spezialisiert auf Konditoreiwaren. Für Weihnachten und Ostern bäckt er Panettone, Weihnachtskekse und so weiter. »Ich habe viele Stammgäste, die bei mir ihr Weihnachtsgebäck bestellen«, sagt Albano.

Agli Amici 1887

Via Liguria 250, Godia Udine
TELEFON: *0432/56 54 11,*
FAX: *56 55 55*
www.agliamici.it
E-MAIL: *info@agliamici.it*
MITGLIED: *»Friuli – Via dei Sapori«*
WIRTE: *Familie Scarello*
GESCHLOSSEN: *Sonntagabend und Montag; von Juni bis August, auch Sonntagmittag*

Godia ist ein kleines Dörfchen außerhalb von Udine. Aber seit Jahren ist es Pilgerstätte für Menschen

die eine außerordentlich großartige Küche lieben. Direkt neben der Kirche mit genügend Parkplätzen ausgestattet. Ein schönes großes Haus, das sich seit 1887 im Besitze der Wirtefamilie Scarello befindet.

Zwei sehr elegante, gemütliche und in verschiedenen Stilrichtungen ausgestattete Speiseräume bieten für etwa 50 Personen Platz. Gekocht wird mit einer unwahrscheinlichen Raffinesse. Es sind einerseits die bodenständigen, regionalen Gerichte, andererseits Meeresfrüchte und Fische. Brot, Grissini und Nudeln werden selbstverständlich hausgemacht. Dass das Agli Amici zu den besten Restaurants in der gesamten Region zu zählen sei, das berichten auch alle Gourmetführer übereinstimmend. Und obschon die Familie berühmt geworden ist, so hat sie doch ihr sympathisches Wesen und die Bescheidenheit nicht verloren.

Dass an der Eingangstüre das Schild des »Ferrari Owners« –Club prangt, soll nicht stören. Unter den Ferraristi gibt es halt auch viele, die Genussmenschen sind. Die Ferraris am Parkplatz sollen nicht bange machen, die Preise sind für die Qualität und den Rang des Hauses moderat. Also, nichts wie hinein.

Wie man hinfindet: Autobahnabfahrt Udine Nord und Richtung Cividale. Da geht es zuerst über die Pontebbana drüber. Bei einem Kreisverkehr ganz einfach Richtung »Godia« und zwei Minuten später kann das Auto vor dem Restaurant abgestellt werden.

WC: nicht getrennt, behindertengerecht, sauber

Al Ladin

Osteria con cucina, Buia, Monte di Buia, Piazza San Lorenzo 13
TELEFON: *0432/96 02 24*
WIRTE: *Marisa Castellano und Cuoco Schon*
GEÖFFNET: *Mittags und abends*
RUHETAGE: *Montag und Dienstagabend*

In der Zeit vor und nach dem Erdbeben war es Brauch in der Familie meiner Gattin Marina, an einem der Weihnachts- und Osterfeiertage ein großes Mittagessen im einfachen Wirtshaus »Da Rita« in Buia einzunehmen. Nach dem Essen war dann ein Spaziergang auf den Monte di Buja angesagt. Schöne Aussicht, verträum-tes Dorf, gemütliche Wanderung. Das Beben 1976 zerstörte viele Häuser, manche verließen das Land, um sich als

Gastarbeiter in Frankreich eine neue Existenz zu schaffen. Jetzt ist der Monte di Buja wieder ein Kleinod zum Herzeigen. Nicht nur aufgeräumt, nein, wunderschön gestaltet wurde das kleine Dorf.

Der Küchenchef und Wirt pflegt eine typische Küche der Zone und der Carnia. Wie beispielsweise Cjalsons. Die Weine kommen aus Friaul. Das Dorfwirtshaus ist Treffpunkt der Einheimischen, die sitzen im Gastzimmer bei einem Tocai, Cafe und der Zeitung. Für die Gäste stehen ein schöner Speiseraum mit toller Aussicht und ein ruhiger, freundlicher Gastgarten, besser gesagt eine überdachte Terrasse zur Verfügung. Der Gastgarten grenzt an einen kleinen Park mit Blick zur restaurierten Kirche. Manchmal dient der Park auch als Ausstellungsort für Skulpturen, die anlässlich des »Turmfestes« (immer die zwei letzten Wochen im Mai) von internationalen Künstlern geschaffen wurden. Das Turmfest gilt einer alten Kirche, deren Grundmauern auf die Römerzeit zurückreichen. Dieser Turm steht in Buia selbst und nicht am Berg.

WC: Getrennt, Frauen englisch, Männer italienisch, sauber

Trattoria »Da Rita«

33030 Buia, Via Sottocostoia 158
TELEFON: *0432/96 02 91*
WIRTE: *Mario Molinaro und Gattin Silvana in der Küche*
RUHETAG: *Montag, Betriebsferien im August*

Eine typisch friulanische Küche, mit lokalen Gerichten. Schon in der zweiten Generation wird dieses einfache Landgasthaus geführt. Meist kommen die Gäste aus Buia und den umgrenzenden Ortschaften, »doch manchmal finden auch österreichische Gäste zu uns«, erzählt Wirt Mario. Manche verbinden den kulinarischen Genuss der guten Landhausküche mit dem sportlichen Vergnügen des Reitens, denn gegenüber dem Haus befindet sich ein Reitplatz. Die Gäste sind von der einfachen, aber guten Küche der Chefin Silvana begeistert. Wer mit einer größeren Gruppe hier auftauchen möchte, der sollte vorher lieber anrufen, damit die Chefin ein geeignetes Menü vorbereiten kann. Im Hause eine einfache Bar, für die Tagesgäste, ein Speisesaal, ebenfalls ganz einfach, ein Extrabstüberl, eine Terrasse hinter dem Haus und ein Bocciaplatz (dieser steht für ein Spiel selbstverständlich zur Verfügung).

Die Parkplätze für die Autos befinden sich hinter dem Haus.

Nach dem Mittagessen empfehle ich einen Spaziergang hinauf auf den Monte Buia. Das tut dem Körper und der Seele gut, denn die Natur ist hier besonders üppig und schön.

WC: getrennt, italienisch, sauber, Waschbecken und Seife

Spargelreis
(Risotto con gli asparagi)

40 dag Spargel, 60 dag Risottoreis, Olivenöl, 3 EL Butter, 2 Stück Schalotten, Weißwein trocken, Spargelfond, Salz, Pfeffer, Parmesankäse

Spargel schälen und putzen. Die Endstücke und Schalen mit etwas Zitrone, wenig Zucker und Kerbel in genügend Wasser aufkochen und dann köcheln lassen. Daraus entsteht ein guter Spargelfond.

Die guten Spargel in Stücke schneiden. Olivenöl und etwas Butter in einer Kasserrolle heiß werden lassen. Kleingeschnittene Schalotten anschwitzen, die Spargelstücke dazugeben, dann den Reis einschütten und ebenfalls kurz mitrösten lassen. Erst mit Weißwein und

MONTASIO

dann mit dem Spargelfond aufgießen. Immer wieder köcheln lassen und nur so viel Fond aufgießen, wie der Reis benötigt. Der Reis sollte bissfest gekocht werden. Dann zwei bis drei Esslöffel Butter und Parmesankäse einrühren. Von der Herdplatte nehmen und ziehen lassen.

Là di Petròs

33030 Mels, Piazzo Tiglio 14
TELEFON: *0432/88 96 26*
E-MAIL: *petros@quipo.it*
MITGLIED: *»Friuli – Via dei Sapori«*
WIRTE: *Liano Petrozzi und Ida Dondolo*
RUHETAG: *Dienstag*

Seit 1901 in Familienbesitz. Petròs, der Name Petrozzi auf Furlan, ist ein reizendes, feines Wirtshaus im kleinen Ort Mels, der zwischen Buia und Colloredo di Monte Albano liegt. Es ist benannt nach jener Familie Mels, die im Mittelalter aus deutschen Landen kommend, die Festungsstadt Venzone lange Zeit beherrschte. Die Petrozzi sind Wirte aus Leidenschaft, einer aus der Familie besaß sogar in Paris ein Restaurant. Leider zerstörte das Erdbeben 1976 die großen Träume von Liano, der drei Jahre zuvor Ida geheiratet hatte.

Doch aus den Trümmern entstand neues und noch besseres Leben. Wenige Wochen nach dem Beben begannen Liano und Ida in einer Baracke und seit 1980 gibt es das neue »la di Petròs«. Ida ist die Patronin der Küche. Einfühlsam, immer nach Neuem Ausschau haltend, mit einer besonderen Liebe zu Fleischspeisen und Geflügelvariationen.

Das Wirtshaus ist fein, aber typisch friulanisch geblieben: Ein Gastraum mit der großen Theke, an der sich die Männer treffen, um ein tajut zu trinken. Drinnen, in den schönen Speiseräumen – beide mit offenen Kaminen – serviert Liano die besten Weine seines Landes. Er ist stolz, einen vor feinen Kreszenzen überquellenden Weinkeller sein Eigen nennen zu dürfen. Das Restaurant gehört zu den besten im Lande.

WC: wie das Restaurant, elegant

Gefüllte Wachteln

4 Wachteln, 8 Salbeiblätter, 8 Speckscheiben, 1 Salsiccia, 100 g Gänseleberpastete, Salz, Olivenöl

Die Wachteln entbeinen (die Schenkelknochen sollen allerdings bleiben). 4 Scheiben Speck, die frische Wurst (Salsiccia) und vier Salbeiblätter fein hacken, salzen, mischen und damit die Wachteln füllen. In jede Wachtel noch ein Stück Gänseleber geben. Mit den restlichen Speckscheiben und den Salbeiblättern die Wachteln einwickeln. Im Rohr bei mittlerer Temperatur mit Olivenöl rund 35 Minuten braten.

La Taverna

33010 Colloredo di Monte Albano, Piazza Castello 2
TELEFON: *0432/88 90 45*
E-MAIL: *ristorantelataverna@yahoo.it*
www.ristorantelataverna.it
MITGLIED: *»Friuli – Via dei Sapori«*
WIRTE: *Piero Zanini und Vinicio Sant*
RUHETAG: *Mittwoch*

Herrschaftliche Atmosphäre umhüllt schmeichelnd jeden Gast. In den ehemaligen Orangerien des mächtigen Schlosses Colloredo haben Piero und Vinicio 1979 begonnen ein außergewöhnliches Restaurant zu führen. Es ist ihnen gelungen, eines der führenden Wirtshäuser der gesamten Region zu gestalten. Der Aufstieg dort hin war schwer aber unaufhaltsam: 1985 erwarben die beiden Top-Gastronomen das Gebäude, 1995 wurde die Küche großzügig umgebaut. Der Rest ist Geschichte, eine köstliche. Die La Taverna darf international auf einen »klingenden« Namen verweisen. Wer sich mehr als Gutes leisten möchte, der wird irgendwann einmal unwillkürlich in dieses feine Restaurant kommen. Und er wird gehen mit dem Wunsche, bald wieder zurückkehren zu dürfen. Das ist wohl das schönste Kompliment, das einem Gastwirte widerfahren kann.

Die Küche ist mit einer Raffinesse an Gerichten ausgestattet. Immer wieder werden neue Kreationen erarbeitet. Immer sind es sehr bodenständige Produkte, die mit höchster Kreativität veredelt werden. Essen in »La Taverna« ist nicht billig, aber gemessen an dem, was Piero und Vinicio täglich bieten, ist es preiswert.

Die alte, feine Wirtsstube, der wunderschöne Balkon, der ruhige, herrliche Garten, der Gewölbesaal für Feiern und Bankette – ein Gesamtkunstwerk.

Nie übertrieben, nein, bescheidene Eleganz. Ein Vergnügen. Vor allem die Weinauswahl ist ein Vergnügen: Mehr als 1300 Etiketten – die Weine der Region, Italiens, ja der ganzen Welt – verstecken sich nicht im Keller, sie werden von den Patrons in geradezu meisterlicher Weise den Kunden zu den bestellten Gerichten empfohlen. Es gibt wenige Weinkenner, die so ein Gespür dafür haben, welches Gericht mit welchem Wein eine geradezu liebevolle Harmonie eingeht.

WC: wie das Lokal, perfekt

Entenbrust mit Waldbeeren

4 Entenbrüste, Olivenöl, Zimt- und Nelkenpulver, Salz, Pfeffer, Thymian, 200 g Waldbeeren, 2 cl Entenfond

In einem Topf etwas Olivenöl erhitzen und darin die Waldbeeren bei kleiner Flamme aufkochen, den Entenbratfond (aus Entenknochen) dazugeben, kurz mitkochen und dann abseihen.

Die Entenbrüste salzen, pfeffern und in Öl beidseitig anbraten. Einen Thymianzweig mit braten. Kurz überkühlen lassen und dann im vor geheizten Rohr noch einmal drei Minuten braten. Die Brüste in Scheiben schneiden, fächerförmig am Teller anrichten, mit der Soße übergießen und frischen Waldbeeren dekorieren.

Antica Locanda »Al Parco«

33010 Tavagnacco, Piazza di Prampro 1
TELEFON: *0432/65 00 39*
WIRTE: *Benedetto Beltrame und Antonella Zago*
RUHETAG: *Sonntagabend und Montag, Betriebsferien zwei Wochen im November und Jänner*

Das »Al Parco« mitten in Tavagnacco ist ein Wirtshaus mit Tradition. 1808 wurde hier eine Poststation gegründet, in der die Durchreisenden und die Kutscher verköstigt wurden. Die Küche bietet je nach Saison qualitativ hochwertige Grundprodukte an. Meist werden friulanische Spezialitäten gekocht, hier gibt es auch »bollito misto« (gekochtes Rindfleisch, gekochte Innereien). Im Winter wird am Fogolar gegrillt.

Offene Weine schenken die Wirtsleute in der urfriulanischen Karaffe aus. Es ist jeweils ein Weiß- und Rotwein aus dem Collio. Selbstverständlich werden auch Flaschenweine der besten Winzer aus dem Collio angeboten.

Das Haus hat einfache, aber gemütliche Speiseräume und im Sommer einen herrlichen Gastgarten. Zu finden ist das Lokal recht einfach: von der Pontebbana in Richtung Tavagnacco. Mitten im Ort ist das Lokal. Auch über die Autobahn Udine Nord ist das Lokal zu erreichen.

WC: getrennt, italienisch, sauber, Waschgelegenheit

Al Grop

Tavagnacco, Piazza della chiesa
TELEFON: *0432/66 02 40*
E-MAIL: *elgrop@tin.it*
MITGLIED: *»Friuli – Via dei Sapori«*
WIRTE: *Simona und Silvia Del Fabbro*
GEÖFFNET: *Mittags und abends*
RUHETAGE: *Mittwochabend, Donnerstag ganztägig*

Keine Trattoria in Friaul – Julisch-Venetien ist mit Spargel so verbunden, wie das Restaurant »Al Grop« in der Spargelstadt Tavagnacco. Manche nennen das Restaurant auch »Kirchenwirt«, was natürlich nicht stimmt, obschon das Wirtshaus direkt neben der Kirche von Tavagnacco etwa 500 Jahre als Gastwirtschaft der dort ansässigen Mönche diente.

COZZAROLO
COLLIO
1996
Castel San Mauro
1995
BERNARDIS
COLLI ORIENTALI DEL FRIULI
PINOT NERO

Die Familie Del Fabbro ist seit fünf Generationen im Besitz des schönen Hauses mit seinen großen Gaststuben, dem herrlichen Fogolar und der großen, modernen Küche. Al Grop – der Name leitet sich aus dem Namen des Stammvaters »Leonacco Basso dette le Groparie« ab. Aus Le Groparie wurde irgendwann einmal El Grop (der Knoten) und dann Al Grop.

Das Al Grop ist Botschafter für den weißen Spargel aus Tavagnacco. Außerhalb der Spargelzeit wird die friulanische Küchentradition in bester Qualität gepflogen. In jeder Hinsicht ein wunderschönes Wirtshaus mit zwei charmanten und äußerst feschen Wirtinnen.

WC: sehr gepflegt

Gnocchi mit Spargel

1,2 Kilo Kartoffelteig, 600 g Spargelspitzen, Butter, Olivenöl, 200 g Topfen (Quark), 150 g Parmesankäse, 1 Ei, 200 g geschmolzene Butter, Weizenmehl, Petersilie

Die Spargelspitzen in etwas Öl und Butter schwenken, würzen. Den Spargel gemeinsam mit dem Topfen und dem geriebenen Parmesan (besser reifen Montasiokäse – stravecchio) und gehackter Petersilie in eine Schüssel geben, mischen, salzen, pfeffern.

Den Nudelteig ausrollen (3 mm dick) und daraus Quadrate von 10 x 10 cm stechen. Zwei Seiten der Quadrate mit Ei bestreichen und jeweils in die Mitte etwas von der Spargelmasse setzen. Die mit Ei bestrichene Seite des Teiges hochheben, über die Fülle legen und mit der nicht bestrichenen Seite des Teiges zusammendrücken. So entsteht eine Art Dreieck. Dieses nun herzförmig modellieren und in Salzwasser kochen. Mit heißer Butter servieren.

Vitello d'Oro

33100 Udine, Via Valvason 4
TELEFON: *0432/508 982*
E-MAIL: *info@vitellodoro.it*
MITGLIED: *»Friuli – Via dei Sapori«*
WIRT: *Antonio Sabinot*

Das Vitello d'Oro (Goldenes Kalb) kann auf eine lange wechselhafte Geschichte zurückblicken. 1847 – so belegt ein Zeitungsartikel – war das Wirtshaus im Altstadtkern der Provinzhauptstadt Udine bereits ein Begriff. Damals gab es gekochtes Fleisch, Gemüse, Suppe, aber auch Braten und Käse. Das Restaurant befindet sich an der zweiten Stadtmauer Udines, die im 13. Jahrhundert errichtet wurde. In unmittelbarer Nähe die Fischhandlung und die Piazza San Giacomo, einer der schönsten Plätze der Stadt. Antonio Sabinot und seine Gattin Gigliola haben das Lokal 1987 erworben, zuvor hatte es Antonio mit zwei Gradeser Köchen gemeinsam in einer Gesellschaft geführt. Seine Freunde aus Grado brachten die Fischküche mit und bald entwickelte sich das Vitello d'Oro zur ersten Fischadresse in der Stadt. Mit den Söhnen Massimiliano – Max – und Gianluca stieg die nächste Generation in den Familienbetrieb ein. Gianluca als Sommelier, Max als genialer Koch, der sich seine Sporen in tollen Häusern Italiens und der Welt verdiente.

Das Restaurant ist gediegen und gemütlich eingerichtet, ein Stüberl für 20 Personen, ein schöner Speisesaal (dreigeteilt) für rund 70 Gäste.

WC: im ersten Stock, getrennt, Frauen englisch, Männer italienisch, sehr gepflegt, sauber, Waschtische, große Spiegel, Behindertentoilette im Parterre.

Steinbutt mit Sauvignon und Gemüseallerlei
(Rombo al Sauvignon con insalatina di legumi)

1 Steinbutt, ca. 1200 g, 2 mittelgroße Erdäpfel gekocht, 3 Zucchini klein, 15 längliche Paradeiser, 50 g Butter, 5 Blätter Basilikum, 2 Glas Sauvignon, Salz, Pfeffer

Fisch waschen, putzen und in Mehl wälzen und in einer Pfanne in Olivenöl beidseitig gut anbraten. Das Gemüse waschen und in feine Streifen schneiden, zum Fisch geben, salzen und im Ofen bei 220 Grad schmoren lassen. Nach zehn Minuten mit dem Wein ablöschen und weitere 15 Minuten schmoren. Danach den Fisch und das Gemüse auf einer Servierplatte anrichten. Mit gehacktem Basilikum bestreuen und mit dem Bratensaft übergießen.

Zitronensoufflé mit Zitroneneis
(Soufflé al limone)

500 g Milch, 100 g Zitronensaft, 50 g Julienne von der Zitronenschale

60 g Mehl 00 und 75 g Butter für weiße Einbrenn (roux)

200 g Eidotter, 25 g Kristallzucker, 300 g Eiweiß, 25 g Maizena, 100 g Staubzucker

Erst Milch, Zitronensaft und Zitronenschale aufkochen, vom Herd nehmen. Mehl mit der Butter extra anschwitzen (Einbrenn) und in die gekochte Milch rühren. Eidotter mit Kristallzucker extra aufkochen und ebenfalls dem Milchkoch beimischen. Eiweiß und Maizena mit dem Staubzucker aufschlagen. Vorsichtig in die Milchmasse unterheben.

Souffléformen mit Butter bestreichen, mit Mehl belegen und die Masse halbvoll einfüllen. Im Herd bei 200 Grad circa 15 Minuten backen. Das Rohr dazwischen nicht öffnen, sonst fallen die Soufflés zusammen!

Nach der Backzeit herausnehmen, auf Teller stürzen, mit Zitroneneis und Zitronenmelisseblättern als Dekoration servieren.

Trattoria da Pippo

33100 Udine, Viale Diaz 50
TELEFON: *0432/25 982*
WIRTE: *Juppi, Pippo, Mario und Beniamino*
GEÖFFNET: *Mittags und abends, Dienstag Ruhetag*

Vor 27 Jahren hat es Pippo von Neapel nach Udine verschlagen. Hier eröffnete er, wie es sich für einen Neapolitaner gehört, eine Pizzeria. Nun ist eine Pizzeria beinahe ein Fast-Food-Laden, doch »Juppi« – so wird er von seinen Freunden genannt – hat daraus wesentlich mehr gemacht. In seinem Wirtshaus nahe dem Zentrum von Udine verkehren die Granden der Stadt genauso wie Studenten, Sekretärinnen und Geschäftsleute. Mehr als 200 Plätze umfasst das Lokal. Nicht nur weil hier die Pizza (pane caldo genannt) eine besondere Qualität hat, sondern weil Juppi auch Botschafter Süditaliens ist. Freunde des scharfen Geschmacks – des peperoncino – liegen hier richtig. Juppi ist ein Botschafter der Genüsse Süditaliens, vor allem Kalabriens. Und dort, so weiß der Genießer, ist der peperoncino daheim. Paprikaschoten, frische, getrocknete, in Öl eingelegte, mit Thunfisch gefüllte, und, und, und.

Die Pizzeria, in der Pippo, Mario, Beniamino und Juppi tätig sind, überrascht ihre Gäste immer wieder mit frischem Büffel-Mozzarella und feinen Pasta-Gerichten. Salatbuffet, Vorspeisenbuffet, frisches Obst, das ist in diesem schön gestalteten Wirtshaus obligat.

WC: Getrennt, perfekt

Trattoria Al Passeggio

33100 Udine, Viale Volontari della Libertà 49
TELEFON: *0432/46 216*
WIRT: *Andrea Driutti*
GEÖFFNET: *Mittags, abends, Sonntag Ruhetag*

Geheimtipp? Ich denke schon. Es war Daniele, der Chef des Weingutes »Vinai del Abbate«, der mich einmal in Udine traf und ins Al Passeggio abschleppte. Vor dem Wirtshaus, na ja. Aber ich bin einiges gewöhnt. Dann eine Art Vorzelt, eine überdachte Terrasse also für die wärmere Jahreszeit. Schließlich hinein in das Lokal. Ganz klein. Keine 30 Gäste haben hier Platz. Vor mir die Weinvitrine. Aha, Borgo San Daniele, Vinai del Abbate, Zamo, Lorenzon usw. Gut, dachte ich mir, wer solche Weine hat, kann kein schlechter Wirt sein.

Nach zwei Stunden vorzüglichen Speisens kam ich zum Entschluss: Auch bei einem Wirtshaus liegen die wahren Werte oft nicht in der Fassade und den eleganten Tischen, sondern am Teller. Dass der Chef und seine Mitarbeiterin toll bedienten, eine gute Weinauswahl trafen und schließlich mir ein Menü boten, das mich begeisterte, soll hier nicht unerwähnt bleiben. Ich möchte nicht verhehlen, dass mich in diesem Wirtshaus niemand gekannt hatte und ich daher nicht wie ein VIP behandelt wurde (was ich übrigens überhaupt nicht mag).

Die Küche unter Stefano vereint Heimisches mit Internationalem: Ein Vorspeisenteller mit frischen Blattsalaten und sautierten Pilzen (Eierschwammerl/Pfifferlinge), dazu ein frischer cremiger Roquefort mit flüssigem Honig und Zimtpulver – all das auf einem Teller. Eine interessante Kombination, die sehr harmonisch wirkt. Fisch gibt es hier nicht. Stefano: »Unsere Küche ist zu klein für Fisch und Fleisch.«

WC: über'n Hinterhof, sehr einfach, aber sauber

Hotel Ristorante »La di Moret«

33100 Udine, Viale Tricesimo 276
TELEFON: *0432/54 50 96,*
FAX: *54 50 96*
E-MAIL: *Hotel-ladimoret@xnet.it*
MITGLIED: *»Friuli – Via dei Sapori«*
WIRTE: *Familie Marini*

Das goldene Besteck (»Le posate d'oro«) und den goldenen Herd (»Il fogher d'oro«) haben sie bereits gewonnen, der Restaurantkette »Il piatto del buon ricordo« (Der Teller der guten Erinnerung) gehören sie an: Das Hotel Restaurant »La di Moret« an der Einfahrtsstraße von Tricesimo nach Udine ist ein Haus, an das man sich als Gast gerne erinnert. Die Küche ist einfach grandios, der Service toll, die Weinauswahl unglaublich, das Ambiente gepflegt und gemütlich. Für ein Abendessen ohne Reue: Denn das Haus verfügt auch über sehr komfortable Hotelzimmer. Tennisplätze, Schwimmbad und Sauna gestalten den Aufenthalt kurzwei-

grappa
il Sauvignon di
NONINO
UE
Tocai

liger. Die ganze Familie arbeitet mit: Margherita, die Gattin des Chefs, und Sohn Edoardo, der bereits maßgeblich an der Führung des Hauses beteiligt ist.

Das Restaurant bietet friulanische Küche, Meeresküche, nationale Gerichte und Ausflüge in internationale Küchen. Alles in höchster Qualität.

Das Hotel im La di Moret wurde großzügig ausgebaut und mit einem Wellness-Angebot erweitert. Zu finden: Direkt an der Pontebbana an der Stadteinfahrt von Udine. Autobahnabfahrt Udine Nord.

WC: getrennt, italienisch, englisch, sauberst, Waschmöglichkeiten ideal

Spaghetti blau mit Hornhecht
(Spaghettata azzurra alle aguglie)

360 g Spaghetti, 350 g Hornhecht, 1 Knoblauchzehe, Olivenöl, 1 Gläschen Wein, 2 Paradeiser, 2 Handvoll Basilikum, Salz, Pfeffer

Die Hornhechte putzen, Köpfe und Gräten entfernen, filetieren und Filets in 3 cm lange Stücke schneiden. Knoblauch zerdrücken und mit der Hälfte des gehackten Basilikums gut verreiben. Diese Mischung in Olivenöl anbräunen, dann die Filets dazugeben. Kurz anrösten lassen und mit Wein ablöschen. Die in kleine Würfel geschnittenen Paradeiser dazugeben, salzen, pfeffern und schmoren lassen. Spaghetti in kochendem Salzwasser al dente kochen und mit dem restlichen Basilikum würzen. Auf Teller geben und den Hecht beigeben. Mit der Soße übergießen.

Reis mit Golf-Suri
(Risotto con Suri)

360 g Rundkornreis (Carneroli), 350 g Suri oder Makrelen bzw. Sardinen, 1 kl. Karotte, 1 Zwiebel, 1 Selleriestange, 1 kl. Glas Weinessig, 1 Glas trockener Weißwein, Mehl, gehackte Petersilie, Olivenöl, Salz, Pfeffer

Fische filetieren und mit Karkassen einen Fond bereiten: Olivenöl gut erhitzen, wenn es raucht, Köpfe und Gräten hineingeben. Mit Essig aufgießen, salzen, pfeffern. Einige Minuten einkochen lassen, dann Wasser, Zwiebel, Karotte, Selleriestange dazugeben und auf kleiner Flamme 1 Stunde köcheln lassen. Durch ein Spitzsieb gießen.

In der Zwischenzeit Fischfilets in 2 cm lange Stücke schneiden, leicht mehlen und in einer Pfanne im Öl drei Minuten anbräunen. Mit einem halben Glas Weißwein ablöschen und Flüssigkeit reduzieren. Pfanne vom Herd nehmen.

Für das Risotto feingehackte Zwiebel in Olivenöl anschwitzen, Reis zufügen und einige Minuten mitrösten, Fischfond eingießen und weiterkochen lassen. Fünf bis sechs Minuten vor dem Kochende die Fischstücke beigeben. Dann das Risotto vom Feuer nehmen, 1 EL Olivenöl dazugießen und mit gehackter Petersilie bestreuen. Vorsichtig umrühren und servieren.

Al Vecchio Stallo

33100 Udine, Via Viola 7
TELEFON: *0432/21 2 96*
WIRTE: *Enzo und Maurizio Mancini*
GESCHLOSSEN: *Mittwoch*

Al Vecchio Stallo ist eine Osteria, die beim ersten Besuch ein erfreuendes Aha-Erlebnis schafft. Ein einfaches Wirtshaus, das aber viel Atmosphäre bietet. Früher haben Fuhrleute und Bauern ihre Wagen zum Marktplatz gefahren und dann hier die Pferde abgestellt. Wahrscheinlich haben sie in diesen Gemäuern auch kräftig gezecht. Das macht heute ebenso große

MONTASIO

Freude: weil die Küche zünftige friulanische Kost bietet. Außerdem locken die Brüder Mancini und der originelle Ober »Pepi« mit einer Reihe friulanischer Weine. Ein großes Speisezimmer, sehr gemütlich eingerichtet, ein Gastraum, ein Extrastüberl und dazwischen ein kleiner Gastgarten laden zum Verweilen ein.

Außerhalb weist lediglich ein schmiedeeisernes Schild darauf hin, dass sich hinter dem Steingemäuer eine Osteria befindet. Übrigens: Halb Udine trifft sich in diesem urigen Wirtshaus bei Gnocchi di zucca im Herbst, bei Minestrone di orzo e fagioli im Winter, bei Spargel im Frühjahr und Pilzen im Sommer.

WC: einfach, italienisch, Waschmöglichkeit

Seebarsch mit Zitrusfrüchten
(Branzino agli agrumi)

1 Branzino ca. 1,2 kg, 3 Orangen, 3 Zitronen, Butter, Olivenöl, Weißwein, Mehl nach Bedarf, Salz, Pfeffer

Den ausgenommenen Branzino waschen, abtropfen lassen, salzen, pfeffern, mit Mehl bestauben und im Olivenöl beiderseits anbraten. Mit einem Glas Weißwein ablöschen. Dann Saft von den Zitronen und das Fruchtfleisch von zwei

Orangen zum Fisch geben, mit Wasser oder klarer Rindsuppe etwas aufgießen und im Rohr etwa 30 Minuten schmoren lassen. Den fertigen Fisch auf eine Platte legen und warm stellen. Den Bratensaft mit Mehlbutter binden, kurz aufkochen lassen, salzen, pfeffern, die restlichen Orangen und das Fruchtfleisch der gepressten Zitrone beimengen, passieren und als Soße zum Fisch servieren.

Reis mit Jakobsmuscheln und Steinpilzen
(Risotto capesante e porcini)

320 g Reis, große Jakobsmuscheln je nach Bedarf, 2 mittelgroße Steinpilze, Knoblauch, Petersilie, Olivenöl, Butter, Weißwein, Paprikapulver, Rindsuppe

In Olivenöl eine gepresste Knoblauchzehe und grüne Petersilie anschwitzen. Das geputzte Muschelfleisch und die in Streifen geschnittenen Steinpilze beimengen und etwas Paprika darüberstreuen. Mit Weißwein ablöschen, den Reis dazugeben, etwas mitrösten lassen und dann mit der Rindsuppe nach und nach aufgießen. Dann ein gutes Stück Butter und etwas Olivenöl beigeben. Vom Herd nehmen und zugedeckt noch etwas ziehen lassen.

Speziaria pei sani, Enoteca

33100 Udine, Via Poscolle 13
TELEFON UND FAX: *0432/505 061*
INHABER: *Marinella und Valentino Gori-Zanutto*
RUHETAG: *Sonntag*

Platz ist in der kleinsten Hütte – Beispiel Udine, hinter dem Kaufhaus Lavoratore auf dem Weg zur Osteria »Al Lepre«: Dort steht ein Winzighaus, eingekeilt zwischen respektablen Mietshäusern. In der kleinen »Hütte« befindet sich eine der liebenswertesten Gaststätten dieser Stadt: Die »Enoteca Speziaria pei sani« – was so viel wie »Apotheke für die Gesunden« bedeutet. Das Haus ist im langobardischen Stil um 1400 errichtet worden. In ihm befand sich einst die Prüfanstalt für Goldmünzen. Seit 1929 wird das Haus jedoch als Wirtshaus geführt.

In zwei Stockwerken bieten Marinella und Valentino nicht nur eine Vielzahl an Weinen, Schaumweinen, Champagner, Whisky, Brandy, Kognak und Grappe zum Kauf an, nein, im engen Lokal lässt es sich im Parterre bei kleinen italienischen Happen recht gut aushalten. Im Sommer sind zwei, drei Tische auf dem Gehsteig vor dem Lokal. Von hier aus kann man ganz gut das geschäftige Treiben in der Innenstadt beobachten.

WC: klein und einsam

Ristorante Pizzeria »Concordia«

33100 Udine, Piazza 1. Maggio
TELEFON: *0432/505 813,*
FAX: *297 985*
INHABER: *Cesare Mansi*
RUHETAG: *Montag*

Das Concordia am Fuße des Schlossberges von Udine ist derzeit das In-Lokal dieser Provinzhauptstadt. Der Piazza 1. Maggio ist ja als großer Parkplatz in unmittelbarer Nähe zur Altstadt bekannt. Direkt am Beginn des Weges in das historische Zentrum befindet sich auf der linken Seite das Restaurant. Ein überdachter Garten, Gasträume mit besonderem Flair und Ambiente sowie eine Küche, deren

Speisen sich sehen lassen können. Die beiden Küchenchefs Ugo Zanini und Paolo Commuzo verstehen ihr Handwerk und sind zudem auch äußerst kreativ. Fleisch- und Fischgerichte sind regional, national, aber auch international. Die Weinauswahl ist beachtlich.

Wer im Concordia einkehrt, der wird immer wieder Top-Fußballer, Manager oder den Trainer des FC Udinese oder andere prominente Udineser entdecken. Auch die haben ohne Zweifel einen guten Geschmack.

WC: getrennt, sauber, Waschmöglichkeiten ausreichend

Ristorante Astoria Italia

33100 Udine, Piazza XX Settembre 24
TELEFON: *0432/505 091*
FÜHRUNGSTEAM: *Renato Paglia, Antonio Bernardi (Maître), Giorgio Busdon (Küchenchef), Tullio Catasso (Souschef)*

Das Restaurant im Vier-Sterne-Hotel »Astoria Italia« ist eine noble Adresse für Feinschmecker. Geboten werden Spezialitäten der regionalen und italienischen Küche. Immer wieder Fisch- und Muschelgerichte. Der Service ist perfekt, die Wein- und Spirituosenauswahl grandios.

Die Speisesäle sind sehr elegant und lassen sich für Bankette, private Feiern und große Anlässe erweitern. Räume dafür bieten für 20 bis 200 Personen Platz.

Das Hotel »Astoria Italia« befindet sich mitten im Zentrum von Udine. Für die Autos der Hotelgäste stehen Tiefgaragenplätze zur Verfügung. Die Zimmer sind komfortabel eingerichtet.

Direkt vom Haus ist das Kongresszentrum »Palazzo Kechler« erreichbar.

WC: im Keller, sehr elegant, englisch, sauberst, Waschmöglichkeiten optimal

Rollgerstensuppe mit Spargel
(Zuppa di orzetto e asparagi)

1 Erdapfel, 100 g Rollgerste, 200 g weißer Spargel, 20 g durchzogener Speck, 20 g Sellerie und Karotten, 1 kl. Zwiebel, Petersilie, 50 g Butter, 20 g Parmesan, 1 l klare Rindsuppe, Salz, Pfeffer

Zwiebel feingeschnitten in heißer Butter braunrösten, den würfelig geschnittenen Speck mitrösten, Sellerie, Karotte und Erdapfel würfelig geschnitten zufügen. Mit der Suppe aufgießen, die Gerste dazugeben und langsam aufkochen lassen. Nach einiger Zeit den geputzten, kleingeschnittenen Spargel in die Suppe geben und 15 Minuten kochen lassen. Vom Feuer nehmen, die restliche Butter und den Parmesan einrühren, Petersilie darüberstreuen und servieren.

Entenragout
(Anatra in guazzetto)

4 Zwiebel, 2 Knoblauchzehen, 2 Lorbeerblätter, 4 Gewürznelken, 2 Wacholderbeeren, 2 Enten, Essig, 1 Fl. Refosco, 2 Sardellen, 1 EL Kapern

In einem großen Topf die feingeschnittenen Zwiebel und die gepressten Knoblauchzehen gut anrösten. Die Enten zerteilen, Leber beiseite stellen, das Fleisch salzen und pfeffern. Die Ente in einer Pfanne gut rösten. Es soll viel eigenes Fett ausgelassen werden. Das Fett ablassen und zu den gerösteten Zwiebeln geben. Das Fleisch mit etwas Essig besprühen, zu den Zwiebeln geben, mit Wein aufgießen und die Gewürze dazugeben. Den Topf zudecken und langsam köcheln lassen. Je nach Bedarf mit Wasser aufgießen. Ist das Fleisch durchgekocht, wird es herausgenommen. Zum Fond jetzt Kapern, Sardellen und Leber (geschnitten) dazugeben. Im Mixer pürieren und über die Entenstücke gießen.

La Frasca

33050 Lauzacco, Pavia di Udine
TELEFON: *0432/67 51 50*
WIRT: *Valter Scarbolo*
RUHETAG: *Mittwoch*
GESCHLOSSEN:
während der Weinlesezeit

»La Frasca« an der Straße zwischen Udine und Grado ist mehr als eine Buschenschenke. Der Winzer Valter Scarbolo hat vor Jahren in einer kleinen Holzhütte begonnen, seine Weine auszuschenken. Zum Wein wurden Brot und Käse gereicht. In der Zwischenzeit wurde die Hütte in ein stabiles, nach drei Seiten hin offenes Haus umgebaut, der Sitzgarten erweitert und im Keller eine urige Stube eingerichtet. Weine aus dem Hause »Le Fredis« können nach wie vor dort gekauft werden. Die meisten Besucher kommen aber, weil die Küche eine gute Hausmannskost bietet.

WC: im Keller, italienisch, einfach, sauber, Waschmöglichkeit

Weingut »Le Fredis«

33050 Lauzacco,
Pavia di Udine, Viale Grado 4
TELEFON: *0432/67 56 12*
WINZER: *Valter Scarbolo*

Die Weine von Le Fredis und das Weingut selbst wird man kaum in einem Führer über Italiens Weine finden, und dennoch sind die Weine es wert, hier genannt zu werden. Valter Scarbolo hat vor mehr als zehn Jahren den Betrieb seines Vaters übernommen. Alle seine Weingärten befinden sich im Grave del Friuli. Weil diese Weine in der Meinung mancher Kritiker nicht das Niveau von Kreszenzen aus den Top-Gebieten Colli Orientali und Collio erlangen, habe man sie auch nicht zu erwähnen.

Was meiner Meinung nach grundum falsch ist. Merlot, Cabernet, Sauvignon und Tocai von Valter sind durchaus großartige Weine, die mit einem sehr guten Preis-Leistungs-Verhältnis ausgezeichnet sind. Es sind Weine zum Trinken, für jeden Anlass und in jeder Menge. Das, was man sich im Keller für gute Freunde und größere Runden einlagert.

Albergo Ristorante Villa Riviera

33042 Pradamano,
Via die Boschi 7
TELEFON UND FAX: *0432/67 08 46*
WIRTE: *Loris und Elena Cosatti*

Wer in den Colli Orientali oder in Udine unterwegs ist und ein ruhiges, schönes Plätzchen zum längeren Verweilen sucht, der ist bei Loris und Elena gut untergebracht. An der Straße zwischen Udine und Manzano wird kein Tourist die Villa der beiden finden. Links der Straße ein Einkaufszentrum nach dem anderen. Jawohl, und da muss man durch: Zwischen Cinecity und einem Großmarkt führt eine kleine Straße in das Hinterland der Einkaufszentren. Dort als Ruhepol die Villa Riviera mit einem kleinen Park, mit Swimmingpool und schönen Zimmern. Natürlich befindet sich im Riviera auch ein Restaurant, doch nur für das Abendessen und für angemeldete Gäste. Ansonst ist das Haus für größere Gruppen und für Familienfeste eine gute Anlaufadresse. Wer Samstag auf Sonntag dort übernachtet (Mai, Juni, September) kann sich ohne weiteres mit einer lustigen Hochzeitsgesellschaft konfrontiert sehen.

Foto: O. Toscani

Nonino

33050 Percoto, Udine
TELEFON: *0432/67 63 31,*
FAX: *67 60 38*

Was ist »Nonino«? Ein Grappa aus Italien. Soweit werden viele Gourmets keine Probleme der Identifikation haben. Aber dass dieser berühmteste aller Grappe aus Friaul kommt, wird so manchen Zeitgenossen unbekannt sein.

In dem Ort Percoto nach der Sesselhauptstadt Manzano (zwischen Udine und Cormons gelegen) brennt die Familie Nonino seit dem Jahre 1897 Schnäpse. Und am 1. Dezember 1973 wurde von Giannola und Benito Nonino der erste »Grappe

Monovitigno« gebrannt. Das war für die Methode der Grappaherstellung geradezu eine Revolution. Was hat das Ehepaar Nonino gemacht? Sie haben den Trester der Picolittraube (die seltenste Traube Friauls) allein, also ohne andere Rebsorten, gebrannt. Heute bieten die Noninos eine Serie von »Cru Monovitigno«-Grappe an.

Giannola Nonino ist das, was man eine Power-Frau nennt. Durch die Erfolge beflügelt, hat sie mit Charme, Intelligenz, Kreativität und unwahrscheinlichem Einsatz nicht nur den Namen »Nonino« bekannt gemacht. Nein, Frau Giannola dürfen alle Grappa-Produzenten Italiens Dank aussprechen. Sie hat, insgesamt gesehen, das Produkt »Grappa« in der ganzen Welt salonfähig gemacht.

Heute ist die gesamte Familie in den Herstellungs- und Vermarktungsprozess von Nonino-Produkten einbezogen: das Ehepaar Giannola und Benito sowie deren Töchter Christina, Antonella und Elisabetta.

Dass nach dem Monovitigno als nächstes »Ùe« auf den Markt kam, ist ein Zeichen, dass man sich bei Nonino um Weiterentwicklungen bemüht. Ùe ist ein Branntwein, der in den exklusiven von Benito geschaffenen Dampf-Brennblasen in einem einzigen Vorgang gebrannt wird.

Trattoria »Da Nando«

33050 Mortegliano, Via Divisione Julia 4
TELEFON UND FAX: *0432/760 187*
E-MAIL: *nando@danando.it*
MITGLIED: *»Friuli – Via dei Sapori«*
WIRTE: *Nando, Ivan und Sandro Uanetto*

Mit Ivan schließt man sofort Freundschaft. Er ist ein zuvorkommender, freundlicher und eloquenter Wirt, der mit Vater und Bruder eine Trattoria regiert, die ihresgleichen suchen muss. Mortegliano liegt an der Staatsstraße, die von Udine nach Lignano führt, und ist bekannt, weil im Ort der höchste Campanile Italiens steht. Dass sich im Dom ein hinreißend schöner Holzaltar, geschnitzt von Giovanni Martini, befindet, ist schon weniger Menschen bekannt.

Doch zurück zur Kulinarik. Die Trattoria »Da Nando« ist sehr schön und bietet viel Platz. Die Küche ist friulanisch, an Weinen, Grappe, Whiskys, an besten Olivenölen und hervorragenden Balsamico-Essigsorten (auch traditionale) besteht kein Mangel. Ivan hat auch seinen eigenen Essig in verschiedenen Fässern reifen lassen.

In diesem Haus wird Polenta in verschiedensten Variationen gekocht. Ivan ist ja Mitglied einer Bruderschaft, die sich sehr um die Erhaltung des nationalen Lebensmittels »polenta« bemüht. Jedes Jahr finden in den Polenta-Restaurants üppige Feste rund um den Maisbrei statt.

Da Nando besitzt in unmittelbarer Nachbarschaft ein Refugium, wo Ivan seinen Gästen besondere Weine aufwartet und wo die besten regionalen Produkte eingekauft werden können.

WC: im Keller, getrennt, sauberst, Waschmöglichkeiten optimal

Eingelegter Berg-Radicchio mit Soppressa und Montasio
(Radicchio di monte a Soppressa e Montasio)

Radicchio di Monte, den Radicchio aus den Bergen, findet man lediglich im Hochgebirge, wenn die Schneeschmelze gut fortgeschritten ist. Die äußeren Blätter werden entfernt und der Radicchio dann gut gewaschen. Eine Marinade halb aus weißem Weinessig und Weißwein mit Salz und Pfeffer herrichten. Die Marinade aufkochen lassen und den Radicchio hineinlegen. Für einige Minuten kochen lassen. Herausnehmen und auf einem Küchentuch abtropfen lassen.

Die Radicchiobündel mit dem Stumpf nach unten in ein Rexglas stellen, dicht nebeneinander. Ein paar Lorbeerblätter dazugeben. Dann mit Olivenöl auffüllen und hermetisch abschließen. So bleibt der Radicchio mindestens 30 Tage an einem trockenen Ort stehen. Dann kann diese seltene Köstlichkeit genossen werden: Herausnehmen, das Öl abtropfen lassen, mit Soppressa-Wurst, Salami und reifem Montasio-Käse servieren.

Ristorante del Doge

33033 Passariano, Villa Manin
TELEFON: *0432/90 48 29,*
FAX: *90 65 91*
WIRTE: *Delino und Mario Macor*
RUHETAG: *Montag*

In einem Seitenflügel der Villa Manin, bei Codroipo, unweit von Udine, lässt sich gut speisen. Vor allem, wenn man unter den Arkaden mit Blick hin zur Villa sitzen darf. Die Villa wurde im 17. und 18. Jahrhundert errichtet, Bauherr war der Doge von Venedig. Sie ist ein kulturelles Zentrum Friauls und damit Ort zahlreicher großer Ausstellungen.

Das Restaurant ist ebenfalls ein gesellschaftliches Zentrum: Hier finden Bankette und Feste statt, hier treffen sich Rotarier, Lions oder die Mitglieder der Vereinigung »Ducato di vini friulani«. Das Lokal bietet Platz für jene Touristen, die nur schnell einmal zwischen Besichtigungstour und Weiterfahrt ein Getränk nehmen wollen. Wer aber Zeit hat, der sollte sich in Ruhe hinsetzen und die gute Küche des Hauses genießen. Dazu werden die besten Weine Friauls angeboten.

WC: getrennt, italienisch, englisch, sauber, Waschmöglichkeit

Erdäpfelknödel mit Montasio auf Fricoblättern
(Gnocchetti al Montasio su foglia di frico)

Teig: 1 kg mehlige Erdäpfel, 300 g Mehl, 2 Eier, Salz

Käsesoße: $^1/_2$ l süßer Rahm, 30 g Mehl 00, 30 g Butter, 300 g frischer Montasio, Muskatnuss

Frico: 6 Handvoll geriebener Montasiokäse

Erdäpfel kochen, schälen, pressen, Eier, Mehl und Salz dazugeben und gut durchkneten. Den Teig fingerdick ausrollen und davon kleine Stücke abschneiden, die im Salzwasser gekocht werden.

In der Zwischenzeit aus Rahm, Mehl und Butter eine Béchamel bereiten. Mit Muskat würzen. Über Wasserdampf den Montasio einrühren. Für den Frico eine beschichtete Pfanne erhitzen, eine Handvoll geriebenen Käse hineingeben und auf der ganzen Pfannenfläche »zusammenlaufen« lassen. Umdrehen. So entsteht eine Art Blatt. Pro Person ein Blatt herausbacken. Das noch warme Frico-Blatt über dem Rücken eines Glases oder eine Tasse zu einer Art Korb formen. In diese Körbchen die gekochten Gnocchi geben und mit der Käsesoße übergießen.

Blätterteig mit Steinpilzen und Montasio-Soße
(Sfogliatine ai funghi porcini e salsa di Montasio)

200 g Blätterteig, 300 g Steinpilze, 50 g San Danieler Schinken

Montasiosoße: 300 g frischer Montasio, 3 dl Milch, 20 g Butter, Muskatnuss

Den Blätterteig ausrollen und in vier Scheiben mit jeweils 10 Zentimeter Durchmesser ausradeln. Die Scheiben auf das Backblech (auf Backpapier) legen und bei 200 Grad fünf Minuten backen. Dann auf eine warme Servierplatte nebeneinander auflegen.

Aus den oben genannten Zutaten die Montasiosoße kochen und die

UVA -
TERRACINA -
AL KILO

Blätter damit übergießen. Mit in Butter sautierten Steinpilzen und feingeschnittenem Schinken belegen. Heiß servieren.

Trattoria »Da Toni«

33033 Gradiscutta di Varmo, via Sentinis 1
TELEFON: *0432/77 80 03*
E-MAIL: *datonimorasutti@libero.it*
MITGLIED: *»Friuli – Via dei Sapori«*
WIRTE: *Aldo und Lydia Morasutti*
GEÖFFNET: *Montag und Dienstag Mittag geschlossen, Betriebsferien ca. 20. Juli bis nach Ferragosto*

Anfang der siebziger Jahre habe ich erstmals in dieser friulanischen Land-Trattoria Einkehr gehalten und war verblüfft: nicht nur was das Essen, sondern auch was das Ambiente anlangt. Ein nobles Haus in einem kleinen Dorf irgendwo in der Ebene von Friaul. Manchmal ist es schwer hinzufinden, vor allem in der Dunkelheit. Zwei Wege empfehle ich: entweder die Autobahn Udine –Venedig benützen. Die Abfahrt Latisana – Lignano nehmen und nach der Mautstelle links abbiegen. Bis nach Varmo, dort wieder nach links, rechts an der Kirche vorbei und den Schildern »Da Toni« nachfolgen. Oder in Codroipo der Straße Richtung Lignano folgen. Schon in der Stadt weisen die ersten Schilder auf »Da Toni« hin. Es sind vielleicht sieben bis acht Kilometer zurückzulegen.

Aldo Morasutti plagen schon Pensionsgedanken. Ich aber hoffe, er bleibt noch lange. Denn in den mehr als 20 Jahren, die ich als Stammgast dort immer wieder eingekehrt bin, habe ich eines festgestellt: Diese Trattoria ist in ihrer Qualität nie gesunken, im Gegenteil, sie war den meisten anderen immer um eine Nasenlänge voran. Die Trattoria hat auch die erste »Alpen-Adria-Wirtshauspartnerschaft« mit dem Kärntner Gasthof »Tschebull« in Egg am Faaker See geschlossen, was sich auf beide Häuser gut auswirkt.

Aldo Morasutti ist ein Verfechter der ländlichen friulanischen Kost, die mit viel Liebe und Kreativität bereitet wird. Der Service ist freundlich, perfekt, der Wirt ist allgegenwärtig, steht selbst am Fogolar, um zu grillen und kennt anscheinend Gott und die Welt. Letztere verkehrt auch sichtlich bei ihm. Ein Besuch bei »Da Toni« ist ein gepflegtes, kulinarisches Erlebnis.

WC: englisch, sauber, Waschtisch, Seife, Stoffhandtücher

Erdäpfelnockerln mit Gänseragout
(Gnocchetti di patate al ragu' d'oca)

Reicht für sechs Personen: 500 g Erdäpfel, 500 g Mehl Type 00, 3 frische Eier, 200 g frische Gänsebrust, Salz, Sellerie, Karotten, Zwiebel, Aromat, 2 Knoblauchzehen, geschälte Paradeiser (pelati), Rotwein, Olivenöl

Gekochte und passierte Erdäpfel mit dem Mehl vermischen, salzen, die Eier einschlagen und daraus einen Teig kneten. Aus dem Teig lange Rollen formen und davon Stücke (3 cm lang) abschneiden, die man mit der Rückseite gegen eine Reibe drückt, damit sie ein Muster erhalten. Dann in Salzwasser aufkochen und leicht ziehen lassen, bis alle Gnocchi an der Wasseroberfläche schwimmen.

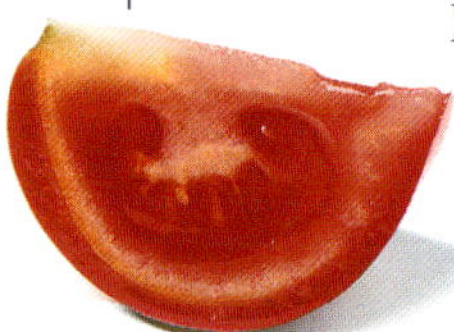

Für das Ragout die gesäuberte Gans kleinwürfelig schneiden und in einer Pfanne mit wenig Öl anbraten. Dabei verliert die Gans Fett. In einer anderen Pfanne würfelig geschnittene Sellerie, Karotten und Zwiebel (je ein Stück), ein Gewürzsträußchen oder Aromat und zwei Knoblauchzehen anbraten. Den Knoblauch wieder herausnehmen. Die Gans ohne Fett beimischen, mit einem guten Rotwein aufgießen

Risotto mit Kapaun (»Da Toni«)

und so lange kochen lassen, bis die Flüssigkeit verdampft ist. Schließlich die geschälten Paradeiser beimengen und langsam köcheln lassen, bis das Gänsefleisch weich ist. Jetzt das Sugo durch die »flotte Lotte« passieren und noch einmal fünf Minuten kochen lassen.

Abschmecken, salzen, pfeffern und als Sugo zu den Erdäpfelnockerln servieren.

Reisfleisch mit Kapaun
(Risotto di cappone)

4 Personen: 320 g Risotto-Reis, 200 g Radicchio aus Treviso, 300 g gebratener Kapaun, 100 g Fontina-Käse, 50 g Parmesan-Käse, 100 g Butter, 20 g gehackte Petersilie, 1/2 Zwiebel, 2 dl trockener Weißwein, Olivenöl, Salz, Pfeffer, klare Rindsuppe

Kapaunfleisch ablösen und in kleine Stücke schneiden. Zwiebel feinschneiden und in Olivenöl goldgelb anschwitzen. Den Reis dazugeben, etwas rösten lassen und dann mit dem Weißwein aufgießen. Das Kapaunfleisch und den kleingeschnittenen Radicchio in den Reis geben und mitköcheln lassen. Immer wieder mit Rindsuppe aufgießen, sodass der Reis recht cremig bleibt. Am Ende der Garzeit den Reis mit dem Fontina-Käse, dem Parmesan, der Butter und der Petersilie abschmecken, ziehen lassen und sehr heiß servieren.

Trattoria »Al Paradiso«

33050 Paradiso di Pocenia (Ud)
TELEFON: *0432/777 000*, FAX: *777 270*
MITGLIED: *»Friuli – Via dei Sapori«*
WIRTIN: *Anna Maria Mauro Cengarle*
RUHETAG: *Montag, Dienstag*

Viele Wege führen ins Paradies. Der den ich meine, führt von Udine auf der Straße in Richtung Lignano erst nach Pozzuolo del Friuli, dann nach Mortegliano und schließlich nach Castions di Strade. Auf der Straße Nr. 353 folgt nach einigen Kilometern die Abzweigung nach Paradiso. Oder man fährt über die Autobahn Udine – Venedig und nimmt die Ausfahrt »San Giorgio di Nogaro«. Von hier sind es nur wenige Minuten nach Paradiso. Das ist ein Weiler mit einem großen landwirtschaftlichen Betrieb (wo es nicht nur einen guten Wein, sondern auch ein gutes Mineralwasser namens »Paradiso« gibt), einer Kirche und einem Wirtshaus direkt an einer kleinen Kreuzung, das nicht verfehlt werden sollte. Ich bin schon vorbeigerast und habe bei der Suche nach dem Wirtshaus »Al Paradiso« viel Zeit verloren.

Willkommen im Paradies, kann ich da nur sagen. Außen ein unscheinbares Haus, aber welch ein Ambiente im Inneren! Der Gast kommt aus dem Staunen nicht heraus, wie aus einigen Stüberln gewaltige Atmosphäre geschaffen wurde. Dafür ist neben der charmanten Wirtin deren hübsche und gescheite Tochter Federica zuständig. Handwerkszeug an den Wänden, Kupferkessel, bemalte Teller. Eine schöne Tischwäsche mit Platztellern, die extra für das »Al Paradiso« gefertigt wurden. Überall Liebe zum Detail und viel Kreativität.

Da wird einem bang, kann die Küche auch so viel an Überraschung bieten? Sie kann! Küchenchef Domenico Monte, auch ein Feschak (typisch italienisch, meine Damen), versteht sein Handwerk, und die Wirtin ist zudem eine Patisseuse der besonderen Art. Gekocht wird je nach Saison regional mit Grundprodukten aus der Umgebung. Dass es sich hier um ein zutiefst landwirtschaftliches Gebiet handelt, wird der Besucher selbst feststellen können.

WC: getrennt, Damen englisch, Männer italienisch, Waschtisch mit großem Spiegel, sauberst

Tagliatelle al ruscus

Teig: 400 g Mehl, 4 Eier, Prise Salz
Soße: 2 Stauden Ruscus, 1 EL Nussbutter, 1 Knoblauchzehe

Die Eier mit dem Mehl gut verrühren, salzen und kneten, bis eine homogene Masse entsteht. Entweder mit der Nudelmaschine Tagliatelle (Bandnudeln) fertigen oder den Teig dünn ausrollen und die Bandnudeln mit einem scharfen Messer schneiden.

Den Ruscus (ein Feld- und Wiesenkraut) kleinschneiden. Butter in einer Pfanne heiß werden lassen, Ruscus und eine Knoblauchzehe beimengen. Die Nudeln in heißem Salzwasser kochen, abgießen, abschrecken, mit der Soße vermischen, Parmesan darüberstreuen und servieren.

Schmorfleisch vom Schwein mit Steinpilzen
(Brasato di maiale con porcini)

1 kg ausgelöstes Schweinefleisch (Schale), 500 g frische Steinpilze, Zwiebel, Knoblauch, Olivenöl, Weißwein, klare Gemüsesuppe

Zwiebel kleinschneiden und in Olivenöl anrösten. 200 g der in Scheiben geschnittenen Steinpilze dazugeben. Dann das würfelig geschnittene Fleisch beimengen und gut mitrösten lassen. Mit drei Gläsern Wein aufgießen. Ist die Flüssigkeit verdampft, Gemüsesuppe dazugeben. Und zwar so viel, dass das Fleisch gut bedeckt ist. Jetzt einige Stunden köcheln lassen. Die restlichen Steinpilze in Olivenöl mit Knoblauch sautieren und dem Fleisch zugeben. Noch etwas ziehen lassen und servieren. Als Beilage passt Polenta.

Al Ferarut

Rivignano
TELEFON: *0432/77 50 39*
E-MAIL: *ferarut@adriacom.it*
MITGLIED: *»Friuli – Via dei Sapori«*
WIRTE: *Familie Tonizzo*

Wer von Latisana (oder Autobahnabfahrt Latisana) kommend in Richtung Rivignano fährt, der kommt direkt und knapp vor der Kleinstadt zum Restaurant Al Ferarut. In Friaul – Julisch Venetien ein Restaurant, das ohne Zweifel führend bei Fischgerichten ist. Die Küste ist nicht weit weg, die Lagune zwischen Grado und Marano auch nicht. Guerrino Tonizzo und seine Gattin Anastasia Carla haben 1975 bereits ihre traditionell auf Fleischgerichte aufgebaute Küche umgestellt. Fisch und Meeresfrüchte erhielten größte Bedeutung und dafür zeigte Anastasia viel Kreativität und Verständnis in der Küche. Sohn Alberto ist längst schon in ihre Fußstapfen getreten und zeigt sich als aufmerksamer Gastgeber und arrivierter Sommelier. Seine Gefährtin Morena – ein fröhliches Wesen – zeigt ebenfalls in der Küche ihr Talent.

So ist das Ferarut ein Familienbetrieb, der seinen Platz in der Liste der guten Wirtshäuser ganz oben verteidigen konnte. Elegant, aber nicht übertrieben sind die einzelnen Speiseräume und im Keller wird der Aperitif zu einem besonderen Erlebnis. Da hat die Familie einen feinen Bankettraum geschaffen. In den Kellerräumen dominiert ein mächtiger Tisch aus Nussholz und gibt ein besonderes Flair. Dass im Al Ferarut tolle Weine zur Auswahl stehen, muss bei der Qualität des Hauses nicht weiter erwähnt werden.

WC: Außerordentlich sauber, dem Stil des Hauses entsprechend

Ristorante Al Morarat

33050 Rivignano, Via Leopardi 15
TELEFON UND FAX: *0432/77 63 35*
WIRT: *Filomeno Salerno »Mimmo«*
GEÖFFNET: *mittags, abends; Montagabend und Dienstag Ruhetag*

Im Herbst 2003 eröffnete Mimmo, er war zuvor Privatkoch im Haushalt eines Großindustriellen, mitten in Rivignano seinen Traum: Ein eigenes Restaurant. Ein altes Bauernhaus, ganz aus Ziegelsteinen errichtet, wurde liebevoll und mit Mut zu modernerem Design umgebaut. Zwei Ebenen bietet das stimmungsvolle Restaurant – oben, im ersten Stock ein Bankettsaal für rund 50 Personen, inklusive einer schönen Terrasse, unten das Restaurant mit Gaststube und einer Gartenterrasse. Der Name des Hauses leitet sich von einem mächtigen Maulbeerbaum (la mora) ab, der dem Gastgarten Schatten spendet.

In erster Linie kocht Mimmo Meeresfisch und Meeresfrüchte: Auf den Punkt genau gegart, mit Raffinesse und ständig neuen Kreationen. Das Serviceteam ist freundlich, die Weinauswahl enorm.

WC: Getrennt, sehr gepflegt

San Daniele
Daniele
Daniele
Daniele
Daniele

Goldbrasse mit Oliven
(Orate alle olive)

2 Orate, 1 kl. Zwiebel, 1 Knoblauchzehe, Petersilie, 80 g schwarze Oliven, 200 g Kirschtomaten, Olivenöl, Salz, Pfeffer, Tocai friulano

Die geschuppten und gewaschenen Goldbrassen innen und außen gut salzen. In eine feuerfeste Form etwas Öl gießen und die Fische hineinlegen. Dann gehackten Knoblauch, geviertelte Oliven und halbierte Paradeiser dazugeben, mit Petersilie bestreuen, pfeffern und mit Weißwein übergießen. Dann im vorgeheizten Rohr 20 Minuten braten. Öfter mit dem eigenen Saft übergießen. Die gebratenen Fische auf Teller anrichten und mit der Bratensoße übergießen.

Antica Bettola da Marisa

33030 Rodeano Basso,
Rive d'Arcano, Via Coseano 1
TELEFON: *0432/80 70 60*
WIRT: *Roberto Palmieri*

Bettola heißt so viel wie »Kneipe«. Was den Intentionen des sympathischen Wirtes ein wenig entgegenkommt. Roberto, der Mann auf unserem Titelfoto, hat nicht viel übrig für elegantes Ambiente, sondern für eine ausreichende, gute Kost und für tolle Weine. Dafür hat er einen großen Keller errichtet, wo von Friaul bis Kalifornien so alles lagert, was klangvolle Namen besitzt. Selbstverständlich kann man die guten Tropfen auch für daheim kaufen. Im Sommer hat Roberto gegenüber dem Stammhaus so eine Art Sommerresidenz eröffnet. Ein »Zeltgarten«, wo er grillt. Fiorentina oder T-Bone-Steaks so groß wie fliegende Untertassen. Mein Fiorentina wog 1,2 kg. Roberto hatte es so auf den Punkt genau gegrillt, dass es eine wahre Freude war, hineinzubeißen. Dabei hatte das Fleisch eine derart gute Qualität, dass beinahe jeder Bissen auf der Zunge zerging. Natürlich ist so ein Steak nur von zwei Personen »wegzuschaffen«. Neben Gegrilltem werden auch Nudelvorspeisen, Salate und Gemüse serviert.

Im Winter ist das Stammhaus geöffnet, und da zelebriert dann Roberto Spezialitäten aus der friulanischen Küche.

WC: gemeinsam, behindertengerecht, englisch, sauber, Waschmöglichkeit

Spargel mit Speck
(Asparagi con lo spek)

16 Stück Solospargel, acht dünne Speckscheiben, 20 dag weißer, dünner Spargel, Butter, Muskatnuss, Salz, 1 EL Mascarpone, Parmesan

Solospargel schälen und aufrecht in einem hohen Topf kochen. Die Köpfe sollen aus dem Wasser ragen. Dann herausnehmen und jeweils vier Stück mit Speck umwickeln. Dünnen Spargel schälen, kochen, kleinschneiden, mit Butter, Muskatnuss und Mascarpone im Mixer pürieren. In eine feuerfeste Form viel Butter geben, die umwickelten Spargel einlegen und mit der Spargelsoße überziehen. Mit Parmesan bestreuen und 15 Minuten im Rohr gratinieren.

Erdbeertörtchen
(Crostatine di fragole)

200 g Mehl 00, 150 g Butter, Schale einer Zitrone, 4 EL Zucker, 1 Pkg. Backpulver, 400 g Erdbeeren, 200 g Fertigcreme, 100 g neutrales Fruchtgelee

Teig aus Mehl, Butter und geriebener Zitronenschale mischen, den Zucker dazugeben und eine Stunde zugedeckt rasten lassen. Den Teig noch einmal durchkneten und auf Mehl ausrollen. Runde Scheiben ausschneiden und diese in Formen geben. Bei 160 Grad 20 Minuten backen. Auskühlen lassen, mit einer Creme füllen und die Erdbeeren daraufsetzen. Fruchtgelee darüberspritzen und noch einmal 2–3 Minuten bei 150 Grad überbacken.

DOK Dall'Ava

33038 San Daniele, via Gemona 29
TELEFON: *0432/94 02 80*
WIRTE: *Natalino und Carlo Dall'Ava*

Die Zeiten sind andere geworden: Vor Jahren durften Besucher in die Schinkenfabriken kommen und wurden freundlich herumgeführt. Die Hygienevorschriften erlauben dies nicht mehr. Der Schinkenproduzent Dall'Ava hat dem Rechnung getragen und ist näher zu seinen Kunden gegangen. An der Straße von der Autobahn (Abfahrt Gemona) hat er am Ortsbeginn von San Daniele ein Wirtshaus eröffnet, in dem einerseits Schinkenspezialitäten gegessen werden können, andererseits aber auch Schinken eingekauft und mitgenommen werden können. So ein Schinken schmeckt halt angesichts der schönen Stadt San Daniele noch besser, und bei »Dall'Ava« gibt es Köche, die eben auf Schinken und seine Verarbeitung in köstliche Speisen eingeschworen sind.

»Dall'Ava«, der im Zentrum von San Daniele seine eigene Produktionsstätte besitzt, hat aber auch den Sprung nach Österreich getan: In Klagenfurt (Lidmanskygasse 27) und Graz im Hilmteich-Schlössl (Hilmteichstraße 70) hat er seine »Schinken-Gaststätten« eingerichtet. Dort steht der Prosciutto San Daniele DOK Dall'Ava im Mittelpunkt des kulinarischen Angebots.

WC: einfach, sauber, italienisch, englisch, getrennt

Hirschschinken mit Honig
(Prosciutto di cervo al miele)

40 dag Hirschschinken (Prosciutto di cervo Dall'Ava)

Toastbrot, Butter, 4 EL Honig von Zitrus- oder Lindenblüten, Apfelscheiben, Zitronensaft

Den Schinken in dünne Scheiben schneiden. Weißbrot toasten, auskühlen lassen, dünn mit Butter und Honig bestreichen. Die Schinkenblätter auflegen, Apfelscheiben in Zitronensaft tauchen und mit Spießen in die Brötchen stecken und servieren.

Bonbons »Süßer Rauch«
(Caramelle dolce fumo)

2 geräucherte Forellen Dall'Ava, Zitronensaft, Koriander, 4 EL Mascarpone, 1 Zitrone, Petersilienstrauß, 4 EL Wodka, Pfeffer

Die Forellen quer in dünne Streifen schneiden, Gräten entfernen. Mit Zitronensaft beträufeln und einige zerriebene Korianderkörner darüberstreuen. Den Mascarpone mit Pfeffer und Wodka verrühren. Mitten in jede Scheibe Forelle ein bisschen Mascarponecreme geben und die Forellenscheiben wie ein Bonbon zusammendrehen und an jedem Ende mit kleinen Zitronendreiecken verschließen. Auf Teller legen und mit Petersilie dekorieren.

La Poce des Stries

33010 Montegnacco di Cassacco, Via Tieplol 2a
TELEFON: *0432/88 13 43,*
FAX: *0432/85 17 59*
WIRTE: *Familie Piva-Visentin*
BETRIEBSFERIEN: *auf Anfrage*
RUHETAGE: *auf Anfrage*

Nicht weit vom Einkaufszentrum Alpe Adria bei Cassacco liegt das kleine Dörfchen Montegnacco. Berühmt für das Nonnenkloster und für wunderschöne Villen, die sich auf den Hügeln befinden. Dort liegt auch der Agriturismo der Familie Piva-Visentin. Ein Steinhaus aus dem 19. Jahrhundert, das mit alten Materialien und mit modernen Baustoffen revitalisiert wurde. Renate, Agostino und Sohn Matteo (er ist ein hervorragender Koch) bieten in ihrem Anwesen eine Oase der Ruhe und Gemütlichkeit an. Vier komfortable Zimmer, ein Suite und zwei Appartements. Wer hier zu Gast ist, ist Freund der Familie. Im eigenen Bauernhof werden jene Produkte erzeugt, die der Gast dann bei sehr gutem Abendmahl genießen darf.

Selbstverständlich bietet die Familie auch für Restaurationsgäste Platz für Mittag- oder Abendessen. Die Weine des Hauses stammen aus der Gegend, beziehungsweise aus sehr guten Weingütern der gesamten Region.

Die sechste Reise.

Monfalcone – Grado – Aquileia –
Cervignano – Marano Lagunare – Lignano

Die Küstenstrecke zwischen Monfalcone und Lignano birgt eine Unzahl von sehenswerten Naturschönheiten, erlebnisreichen Gegenden, gastlichen Plätzen. Leider bleiben so manche dieser Kostbarkeiten für den Gast, der auf dem Landweg unterwegs ist, verborgen. Wer aber das Glück hat, mit einem Boot durch die Lagunen von Grado und Marano zu schippern, der ist gut dran. Ich fühle mit den armen »Schluckern« und zeige vom Land aus, wo Besonderheiten zu besuchen wären.

So wie es einst die Römer getan haben, die entlang der Küste eine Straße errichteten, die »Annia« genannt wurde. Diese Römerstraße gibt dem kleinsten und jüngsten Weinbaugebiet der Region ihren Namen: Friuli Annia. Ein Landstrich, der mehr zu bieten hat, als nur weite Felder, dichte Auwälder und die Lagune.

Schiffswerften und Spargelfelder

Monfalcone ist das, was man eine moderne Hafenstadt nennt: am Ufer der Adria Großindustrie, Raffinerie, Schiffswerften. Bei Fincantieri werden die größten Passagierschiffe der Welt gebaut. Sie sind besonders luxuriös eingerichtet und werden als schwimmende Casino-Hotels vor der Küste Amerikas eingesetzt. Der Hafen von Monfalcone kämpft um Aufträge und um Anschluss an die Industriezentren in Süddeutschland und an die neuen Hoffnungsmärkte im ehemaligen Osten. Die Autobahnverbindung steht, die Hochleistungsbahn Pontebbana ist seit Jahren in Betrieb. Ob über Österreich der Anschluss an die neuen Märkte im ehemaligen Osten geschaffen wird, bleibt offen.

In Monfalcone haben Geschäftsleute zu tun, wir Touristen begeben uns in Richtung Grado und durchfahren eine interessante Landschaft. Die Mündung des Isonzo ist ein Naturschutzgebiet. Etwas weiter in einer von Kanälen durchzogenen Tiefebene befinden sich die Spargelfelder von Fossalòn.

LA TORRE

10-11 maggio 1997
Associazione Nazionale Alpini
Comitato Friulano Difesa Osterie

Friaul-Julisch Venetien verfügt noch über Spargelreichtum. Nördlich von Udine, in Tavagnacco wird der weiße Spargel angebaut und auch bei Fossalòn zwischen Monfalcone und Grado ist das königliche Gemüse daheim. Leider werden die Spargelfelder Jahr für Jahr reduziert. Der Arbeitsaufwand ist zu hoch, Arbeitskräfte sind für die Erntezeit schwer zu finden. Junge Bauern bauen in ihren Feldern immer mehr Soja an. Das geht maschinell, rationell. Die Qualität des Friauler Spargels ist hoch. Kein Wunder, dass quer durch das Land vom Mai bis Mitte Juni jedes Restaurant seine Spargelkreationen anpreist.

Zwei erbitterte Gegner

Attila der Hunnenkönig hat mehfach Unglück gebracht: Er hat mit seinen Truppen 452 das bis dahin blühende Aquileia erobert und dem Erdboden gleichgemacht. Jene Bewohner, die noch vor den Horden des Attila fliehen konnten, sammelten sich auf einer kleinen Insel in der Lagune: Grado. Die Insel wurde befestigt, Häuser und Kirchen wurden errichtet. Aquileia, einst mächtigste Stadt im Raume Venetien und Istrien, verlor bald auch den letzten Einfluss: den Bischofssitz. Sie waren zwar nur 11 Kilometer getrennt, aber sowohl Aquileia als auch Grado wurden Bischofsstädte. Das gefiel der einen Stadt genauso wenig wie der anderen, und wen wundert's, dass diese Städte einst Rivalen waren. Ähnliches kennen wir aus der Geschichte von den Einflussquerelen zwischen Gemona und Venzone. Jedenfalls war Grado bis ins neunte Jahrhundert die Nummer eins an der nördlichen Adria. Bis dann in einer anderen Lagune, weiter südlich von Grado, Ähnliches geschah. Flüchtlinge hatten eine Insel befestigt und sich sesshaft gemacht: Venedig im Status nascendi! Der Rest ist bekannt.

Heute wird Grado das gesamte Jahr über von Touristen eingenommen (aber nicht ausgebeutet). Es wurde ein Kurort mit einer blühenden Gastronomie. Restaurants wie »Da Nico« (außerhalb der Saison am Donnerstag geschlossen, Telefon 0431/80 470), »De Toni« (Mittwoch, Telefon 0431/80 104) oder »Al Campiello« (Montag, Telefon 0431/85 249) haben sich auf Fischspeisen spezialisiert und es hier auf großartige Qualitäten gebracht.

Grado ist das ganze Jahr über für Touristen attraktiv. Das Meer lockt auch im Winter zum Spaziergang entlang der Strandmole und einige Restaurants haben immer geöffnet. Grado bietet einen 18-Loch-Golfplatz an, der ebenfalls fast das ganze Jahr über bespielbar ist.

Das Hinterland

Jede Küste besitzt ein Hinterland. Auf dem Weg von Grado hinein in das Gebiet der Laguna di Marano und weiter in den Badeort Lignano sollte Palmanova nicht vergessen werden. Eine Militärstadt, nach Plänen von Giulio Savorgnan – ein Schüler, nein, nicht ein durchschnittlicher, sondern der beste Schüler von Andrea Palladio – errichtet. Eine Bastei nach den modernsten Erkenntnissen der Militärstrategie. Sternförmig ragen die Wehranlagen in die Ebene hinaus. Im Zentrum der Stadt ein riesiger Platz – Aufmarsch- und Exerzierplatz. Napoleon hat die Stadt trotz aller Wehrhaftigkeit besetzt. Das Bollwerk war ja mehr gegen die Einfälle der Türken errichtet.

Auf dem Weg von Cervignano nach Palmanova liegt der Ort

Strassoldo, wo Sie die Villa Vitas besuchen sollten. Erst einmal wegen des Weines, der gemütlichen Buschenschenke und des herrlichen Parks. Vielleicht lässt Sie die Familie Vitas auch einen Blick in die alte Villa werfen. Die hatte sich in der Habsburgerzeit ein österreichischer Feldmarschall als (nobles) Quartier genommen.

Auch Aiello ist nicht uninteressant. Graf Formentini veranstaltet in den Sommermonaten in diesem bäuerlichen Dorf jeden Sonntag einen Antik-Flohmarkt.

Nicht weit weg, in Joannis, befindet sich das Gut »Ai vecchi ippocastani« (Zu den alten Rosskastanien). Für Pferdeliebhaber ein Tipp (Reiten, Kutschenfahren etc.). Es wird auch gekocht: Spanferkel beispielsweise. Wer hinkommen möchte, der sollte zuvor anrufen: Tel. 0431/97 38 82.

Gänse und Perlhühner

Das Gebiet rund um Palmanova ist bekannt für Gänse, Enten, Perlhühner und Kaninchen. Die Firma Iolanda de Colò ist mit ihren Gänseprodukten bereits weltberühmt geworden. Gänseschinken, Gänsemortadella, Gänseleber. Die Auswahl dieser Kunstwerkstätte des guten Geschmacks ist enorm. Iolanda de Colò besitzt in Aiello ein Geschäft, wo der Konsument zuschlagen kann. Von der Zentrale in Palmanova werden die besten Gastronomiebetriebe und Händler Europas beliefert.

Und in Castions di Strada befindet sich der Bauernhof »Casali Mangilli«. Dort ist Mirella Herrin über eine Unzahl von Geflügel – glückliche Hühner, Enten, Perlhühner und Truthähne.

Sie können auf den weitläufigen Feldern, Wiesen und in den Laubwäldern weiden. Nur am Abend, da lockt Mirella alle ihre Tiere in die Stallungen: »Fuchs und Marder sind sonst schneller …« Wen wundert's, dass Mirellas Geflügel begehrte Waren unter den Feinschmeckern der Region sind.

Die Lagune und ein Fischerdorf

Jedes Jahr zu Ostern versammeln sich die Fischer von Marano Lagunare und verlosen unter der Leitung des Bürgermeisters ihre Fischgebiete. Es soll Gerechtigkeit herrschen bei Fischfang in der weiten Lagune. Viele Fischer fahren mit ihren Booten aber weit hinaus in die Adria, meist in Richtung kroatischer Küste, wo noch was im Netz bleibt. In der Lagune selbst haben Fischer große Naturbecken für die Zucht von Branzino und Orate gebaut. Und was sonst noch in den Fischgroßmarkt nach Marano kommt, das wurde nicht selten aus Chioggia, dem großen Fischerhafen südlich von Venedig, herbeigetuckert. Das Fischgeschäft blüht jedenfalls. Das merken die Wirte der Restaurants in der Altstadt von Marano. Sie haben sich zusammengeschlossen und bieten »Cucina di Aqua« an. Eine kulinarische Wandermeile quer durch die Lagunengastronomie.

Wer am 15. Juni nach Marano Lagunare kommt, der sollte dies nicht wegen des Essens, sondern wegen der Frömmigkeit tun: An diesem Tag findet die Schiffsprozession nach San Vito statt.

Lignano mal drei

Viele Österreicher und Deutsche haben als Kind die Freuden des Strandes, der Wellen und des Spazierganges im Zentrum erleben dürfen und denken heute noch oft daran oder kommen immer wieder: Lignano. Manche ätzen, Lignano sei ein Ferienort aus der Retorte – aber haben nicht

JC
Jolanda de Colò
JC
Jolanda de Colò
JC
Jolanda de Colò
JC
Jolanda de Colò

die großen Ferienorte Europas, denen man große Tradition nachsagt, auch einmal so angefangen (mit Fischerhütten, Privatzimmern, kleinen Pensionen)? In Lignano ist man die Touristenpflege allerdings radikal und konsequent angegangen. Wobei hier städtebaulich und von der Raumordnung her gesehen eine vernünftige Dreiteilung vollzogen wurde: Lignano Sabbiadoro (dort, wo nach dem Krieg alles begann) als das wilde, pulsierende Herz der Halbinsel, Lignano Pineta als noble Ausweiche zum städtischen Charakter des Nachbarbezirks und Lignano Riviera als Ruhepool für das Wohnen in Villen, auf Booten, für Camping und Golf.

Man muss den Unternehmern in Lignano gratulieren, weil sie an fast alles gedacht haben. Es gibt kaum ein Freizeitvergnügen, das hier nicht perfekt angeboten würde. Einst genügten Tennis- und Minigolfplätze. Heute sind es Bahnen für Inlineskater, Skater, Go-Kart-Fans.

Lignano verfügt über eine 18-Loch-Golf-Anlage, die das ganze Jahr über bespielbar ist. Es bietet ein Aqua-Splash an, eine Wassererlebnislandschaft à la Florida.

Wenn heute Deutsche und Österreicher in Lignano investieren, Appartements oder Häuser kaufen, dann tun sie das im Vertrauen auf das, was durch Jahrzehnte hier geschaffen wurde.

Leider hinkt die Gastronomie ein wenig nach. Viele haben sich zu sehr auf die Touristen eingestellt. Aber dennoch gibt es rühmliche Ausnahmen. Hier nur wenige davon:

»Al Bancut«, typisch friulanische Fleisch- und Fischküche in der Via Friuli 32 (Strandnähe), Telefon 0431/71 9 26. Im Sommer hat es immer geöffnet, im Winter donnerstags geschlossen. Die Küche hervorragend, gute Auswahl an Weinen.

Sehr originell ist auch die »Osteria Sacheburache« in der Via Genziana 2 in Sabbiadoro. Ein Landgasthaus mitten im Ferienzentrum. Ab Ostern bis Saisonende geöffnet, Telefon 0431/71 4 98. Friauler Kost wird hier geboten.

»Da Ori« nennt sich ein ebenfalls hervorragendes Restaurant in Lignano Riviera. Außerhalb der Saison hat es am Dienstag geschlossen. Telefon 0431/720 791. Auf Meeresfrüchte und Fische ist man hier spezialisiert. Auch die Weinauswahl ist großartig.

»Da Ciutto« ist ein unscheinbares Restaurant an der Einfahrt nach Lignano (Mittwochabend und Donnerstag geschlossen). Es bietet eine großartige Fischküche. Telefon 0431/53 051.

Wir besuchen:

Chichibio, Cervignano del Friuli
Ristorante La Rotonda, Cervignano
Osteria Altran, Ruda
Ristorante La Colombara, Aquileia
Hotel Villa Reale, Grado
All' Androna, Grado
Ristorante Stella d'Oro, Marano Lagunare
Bidin, Lignano Sabbiadoro
Alle Bocce, Lignano Sabbiadoro
Isola Augusta, Palazzolo dello Stella

Chichibio, Ristorante Pizzeria

33052 Cervignano del Friuli,
Via Carnia 2
TELEFON: *0431/32 704*, FAX: *34 949*
WIRT: *Gennaro Mansi*
GESCHLOSSEN: *Mittwoch, die ersten zwei Wochen im Juli*

Ein Feinspitz rümpft vielleicht im ersten Moment die Nase: Was, ein so großes Lokal, eine so große Terrasse, an so einer frequentierten Kreuzung? Wer solcherart die Flucht ergreift, hat etwas versäumt. Natürlich ist das »Chichibio« ein großes Lokal, dort werden auch Pizzas gebacken (aber in welch einer Qualität!), dennoch spricht etliches für ein Verbleiben: absolute Sauberkeit, freundlichste, perfekte Bedienung und Beratung am Tisch, eine sehr gute Küche.

Patron Mansi: »Ich kaufe nur Fisch, wenn es ihn frisch gibt. Sonst steht er halt nicht auf der Speisekarte.« Auch die Weinauswahl ist beachtlich.

Zum Lokal selbst: Die Terrasse ist auch an heißen Sommertagen recht luftig. Im Winter stehen einige recht gemütliche Speiseräume zur Verfügung.

Das Restaurant befindet sich von Palmanova kommend linker Hand an der großen Kreuzung vor Cervignano. Hier kreuzen sich die Staatsstraßen Nr. 14 und Nr. 352.

WC: getrennt, sauber, Waschmöglichkeiten bestens

Nudeln mit Scampi
(Spaghetti agli Scampi)

320 g Spaghetti, 600 g Scampi, 400 g ausgelöste Scampi, 1 Knoblauchzehe, Olivenöl, 1/2 Glas Brandy, 400 g Paradeiser, Petersilie, Salz, Pfeffer, 1 Pfefferone

In einer großen Pfanne Olivenöl erhitzen, den Knoblauch pressen und im Öl goldgelb anschwitzen. Etwas Öl abschütten und dann die ganzen Scampi und die ausgelösten Scampi (mit dem Bauch nach unten) in die Pfanne geben und zwei bis drei Minuten schmoren lassen. Die Pfefferone kleingeschnitten dazugeben, Brandy zugießen und verdampfen lassen. Die Paradeiser kleinschneiden und mit der Gabel zu einer fast flüssigen Masse zerkleinern. Dann zu den Scampi schütten, salzen, pfeffern und zugedeckt fünf Minuten kochen lassen.

In der Zwischenzeit die Spaghetti al dente kochen. Die Scampi aus der Pfanne nehmen und warm stellen. Die Spaghetti in die Pfanne zur Soße geben, gut umrühren und bei heißer Flamme wenige Minuten schmoren. Auf Teller geben und die Scampi dazulegen.

Seebarsch im Rohr
(Branzino al forno)

1,6 Kilo Seebarsch, schwarze Oliven, 1 EL Kapern, 4 mittelgroße Erdäpfel, 1 Prise Majoran, 300 g Paradeiser, Petersilie, Olivenöl, Salz, Pfeffer, Mehl

Den Fisch putzen, schuppen und leicht mit Mehl bestauben. Eine genügend große Kasserrolle für den Fisch herrichten, Olivenöl eingießen, ins Rohr schieben und etwas »vorheizen«. Herausnehmen und den Fisch einlegen. Die entkernten Oliven und die Kapern beimengen. Mit frischem Majoran und einem Löffel geschnittener Petersilie würzen.

Die kleingeschnittenen Paradeiser und die geschälten, gleich groß geschnittenen Erdäpfel dazugeben, salzen, pfeffern und mit eineinhalb Liter Wasser aufgießen. Den Fisch in das heiße Rohr schieben und bei 180 Grad 45 bis 50 Minuten schmoren lassen.

Auf eine heiße Servierplatte den gebratenen Fisch legen, mit der Soße übergießen und mit den Erdäpfeln garnieren.

Ristorante »La Rotonda«, Hotel Internationale

33052 Cervignano, Via Ramazotti 2
TELEFON: *0432/30 751*
INHABER: *Sabatino Mansi*
DIREKTOR: *Taverna Turisan Moreno*
CHEFKOCH: *Lastella Pino*
GESCHLOSSEN: *Sonntagabend und Montag, ersten zwei Wochen im August und 1. Woche im Jänner*

Das Hotel Internationale liegt an der großen Kreuzung der Straßen, die von Udine nach Grado und von Pordenone nach Triest führen. Eine ideale Lage auf unserer Tour. Das Haus wurde 1991 renoviert und strahlt Sauberkeit aus. Dass es über Komfortzimmer verfügt, versteht sich. Im Hotel stehen etliche Räumlichkeiten für Seminare oder private Feste zur Verfügung. Sabatino Mansi, der Chef des Hauses, hat Frühstücksraum und Speisesaal für

seine Gäste trennen lassen: »Ich will nicht, dass Frühstück und Mittagessen in einem Raum stattfinden.«

Im Hotel, aber mit einem eigenen Eingang, befindet sich das Restaurant »La Rotonda«. Ein sehr elegantes Lokal, das weitum bekannt ist für seine kreative Küche. Mansi: »Wir kochen italienisch und friulanisch, aber nur mit Grundprodukten höchster Qualität«. Das Restaurant ist sehr schön eingerichtet, Spiegel an der Decke lassen den Raum noch größer erscheinen. Die Weinauswahl ist groß, auf Grappe hat man sich hier besonders spezialisiert.

WC: getrennt, englisch, sehr sauber, optimale Waschmöglichkeiten

Calamari, gefüllt mit Scampi und jungen Zucchini
(Calamari ripieni con scampi e zucchine novelle)

5 mittelgroße Calamari, 2 junge Zucchini, 100 g Weißbrot, 2 Eiweiß, 50 g süßer Rahm, 200 g ausgelöste Scampi, 50 g geriebener Grana, Salz und Pfeffer

Die Calamari gut waschen und trocknen. Eine Calamari und die Köpfe der anderen ganz klein schneiden. Am besten mit dem Stabmixer zerkleinern. Weißbrot, das zuvor in Milch eingeweicht wurde, gut ausdrücken und mit den zerkleinerten Calamari mischen. Scampi und Zucchini ebenfalls zerkleinern und beigeben. Das Eiweiß steif schlagen und unterheben. Grana dazumischen, salzen, pfeffern und alles gut mischen. In die Calamari füllen. Die Calamari erst in Plastikfolie, dann in Alufolie gut einwickeln. Im Herd bei 100 Grad etwa 30 Minuten schmoren lassen. Dann die Folien abnehmen, die Calamari auf Teller legen und mit Olivenöl beträufeln. Sofort servieren.

Osteria Altran

33050 Ruda, Cortona 19
TELEFON: *0431/96 94 02*,
FAX: *96 75 97*
E-MAIL: *osteria.altran@libero.it*
WIRTE: *Denis und Guido*

Das Altran nennt sich »Osteria«, ist aber in den letzten Jahren zu einem Schlemmertempel ersten Ranges aufgestiegen. Elegante Tische zwischen bäuerlichem Gerät, alten Kutschen und anderem liebevoll Zusammengetragenen schaffen ein heimeliges Ambiente. Die große Kunst wird aber in der Küche ausgeübt. Küchenchef Alessio ist eine Kreativbombe. Zu allererst wird dem Grundprodukt große Aufmerksamkeit entgegengebracht. Nur Top-Produkte schaffen den Einzug in die Küche. Diese sind allesamt friulanischer Herkunft. Ohne Zweifel darf ich feststellen, das Altran gehört zu den besten Restaurants der gesamten Region. Wer im Herbst beispielsweise die Gerichte von der Gans speist, wird sich in Ahs und Ohs ergehen. Essen und Trinken hat seinen Preis, doch der bewegt sich im Rahmen.

Das spiegelt sich übrigens auch in der Speisekarte wider.

WC: top

Ristorante »La Colombara«

33051 Aquileia, Via S. Zilli 34
TELEFON: *0431/91 513*
WIRTE: *Vanni und Nella Aizza*
GESCHLOSSEN: *Montag*

»Ich koche in erster Linie Meeresfrüchte und Fische, aber als Alternative natürlich auch Fleischgerichte«, erzählt Vanni, der Wirt und Chefkoch dieses von außen gesehen eher unscheinbaren Schlemmertempels am Rande von Aquileia an der Straße in das Fiumicellogebiet. »La Colombara« heißt der Taubenschlag. Diesen Namen, so erzählt die Geschichte, führt das Gasthaus seit dem Mittelalter. Unter Dach war damals viel Platz für Tauben, die als Kommunikationsträger oder auch als Nahrungslieferanten gezüchtet wurden. Das Hauswappen zeigt ein Kapitell, auf dem eine Taube thront.

Tauben stehen natürlich keine auf der Speisekarte. Es sind Fische, die in der »Colombara« gebraten, gegrillt oder gekocht werden. Sie kommen täglich frisch von den Märkten aus Grado und Marano. Frische, Qualität und bester Geschmack, darauf ist Vanni bei seinen Speisen stolz. Er ist ein sehr innovativer Koch, der alte Rezepte mit dem neuzeitlichen Geschmacksstil verbindet.

Das Restaurant verfügt über zwei Speiseräume, die einfach eingerichtet sind. In einem befindet sich ein offener Kamin. Im Winter sitzen dort gerne die älteren Männer des Dorfes oder der Umgebung und stellen ihr Glas in der Nähe des Feuers ab.

Jedoch nur so nahe, dass das Glas ein wenig Temperatur erhält. Der kellerkühle Wein im Glas soll damit einen noch edleren Geschmack erhalten, sagen die Alten.

WC: nicht getrennt, sehr klein, ital., kleines Waschbecken, sauber

Pastete vom Zackenbarsch
(Sformato di cernia)

1 kg Zackenbarschfilet, 300 g Butter, 600 g süßer Rahm, 12 Eier

Die Fischfilets zerteilen, zerkleinern, die Gräten entfernen und mit der Butter, den Eiern und dem Rahm gut mischen. Salz zugeben, in Förmchen gießen und bei 150 Grad im Wasserbad garen. Mit einer Soße servieren.

Bandnudeln mit Jakobsmuscheln und Spargel
(Tagliatelle alle capesante ad asparagi)

6 Jakobsmuscheln, 1/2 kg frischer Spargel, 1 Knoblauchzehe, Petersilie, Weißwein, 1/4 l süßer Rahm, Salz, Pfeffer, Olivenöl, 1/2 kg Tagliatelle (hausgemacht)

Den Knoblauch zerdrücken und in heißem Öl anbräunen, die Jakobsmuscheln (nur das Fleisch) dazugeben, mitrösten und mit Wein ablöschen. In einer anderen Pfanne Öl heiß werden lassen, Knoblauch, Petersilie und dann den geschälten und in kleine Würfel geschnittenen Spargel beigeben. Zehn Minuten kochen lassen, Rahm zugießen und aufkochen lassen. Zum Schluss die Muscheln dazugeben, zwei Minuten ziehen lassen und mit den gekochten Nudeln servieren.

Hotel Villa Reale

34073 Grado
TELEFON: *0431/80 015*
INHABER: *Familie Vianello*

Es scheint, als sei hier ein wenig die Zeit stehen geblieben. Ein Hauch Nostalgie, der Geruch nach Monarchie, die Noblesse alter Zeiten. Ein liebenswürdiges Quartier: die Villa Reale in Grado, hinter dem modernen, aber auch traditionsreichen Hotel Savoy, schräg gegenüber der Kurverwaltung des Kurortes.

Die Jugendstilvilla wurde einst von einer Familie aus Wien erbaut, die hier mit Kind und Kegel vermutlich nicht nur den Sommer verbrachte, sondern auch rauschende Feste gefeiert haben dürfte.

Seit 1925 ist die Villa Reale im Besitz der Familie Vianello, die ihrerseits auch österreichische Wurzeln besitzt. Sie führt das Haus als Hotel, wobei versucht wurde, aus den alten Räumen nicht moderne Nullachtfünfzehn-Quartiere zu machen. Das alte Mobiliar, alte Waschbecken, alte Armaturen – alles noch original. Da die Zimmer aber relativ groß (und vor allem hoch) sind, blieb Platz, um darin Dusche und WC einbauen zu lassen. Telefon, TV und Minibar sind die einzigen Zugeständnisse an den neuzeitlichen Komfort.

Im Sommer wird im Freien gegessen – vom Frühstück bis zum Abendmahl. Frühstücksbuffet kennt man hier nicht. Da wird noch serviert nach alter Wiener Kaffeehaustradition. Dennoch muss der Gast auf Schinken, Käse etc. nicht verzichten. Die Küche ist insgesamt sehr gut, der Service äußerst nett und zuvorkommend. Da die »Villa Reale« lediglich etwas mehr als 20 Zimmer anbietet, ist die Atmosphäre im Hause recht familiär.

Autos finden im großen, versperrten Garten der Villa Platz.

All'Androna

34073 Grado, calle Porta Piccola
TELEFON UND FAX: *0431/80 950*
E-MAIL: *info@androna.it*
MITGLIED:
»Friuli – Via dei Sapori«
WIRTE: *Famiglie Tarlao*
GEÖFFNET: *Im Sommer täglich, sonst Dienstag Ruhetag*
GESCHLOSSEN:
1. Jänner – 15. Feber

Was ist seit 2001 neu am »Androna« in der bezaubernden Altstadt von Grado? Alles, denn da ist die Familie Tarlao ins bekannte Fischrestaurant »All'Androna« eingestiegen. Die Tarlaos sind eine bekannte Gradeser Wirtefamilie, die das »Adriatico« bekannt gemacht hat. Osiris und Franca sowie ihre Söhne Alan (der Chef) und Attias (der Koch) hauchten dem kleinen Wirtshaus mit dem Sitzgarten auf der anderen Seite der Gasse neues Leben ein.

Die Gradeser Küche ist etwas Besonderes: Geprägt von den Traditionen der Fischer, beeinflusst von Mittelmeer und Kontinentaleuropa.

Androna bedeutet »Laube« – sie verband die alten Häuser und war so eine Art Kommunikationspunkt. Das ist auch heute so: All'Androna ist ein Platzerl für Genießer. Eine hervorragende Küche, ein tolles Weinangebot, ein freundliches, kompetentes Serviceteam. Alles, was ein verwöhnter Fischesser braucht.

Die Atmosphäre des Lokals ist beeindruckend: Innen alles in Holz gehalten, im Freien speist man in jahrhundertealter Geschichte. Die Gebäude stammen teilweise aus dem 6. Jahrhundert. Entstanden sind sie durch Menschen aus Aquileia, die vor den Barbaren geflüchtet waren, die damals Aquileia zerstörten.

WC: getrennt, sauber

Ravioli, gefüllt mit Scampi in der eigenen Suppe

(Ravioli di scampi nel loro brodo)

Für 6 bis 8 Personen: 1,5 Kilo frische Scampi, 1 Zwiebel, 1 kl. Sellerieknolle, 1 Karotte, 1 Knoblauchzehe, 5 Blätter Basilikum

Teig: 400 g Mehl 00, 3 ganze Eier, Salz

Für den Teig die Zutaten mischen, gut kneten, rasten lassen und dann den Teig dünn ausrollen.

Für die Suppe: Die Scampi putzen, das Fleisch herausnehmen und zur Seite legen. Zwiebel, Karotte, Sellerie würfelig schneiden, Knoblauch blättrig schneiden. Das Gemüse und die Karkassen der Scampi in Olivenöl gut anrösten. Mit einem Schuss Brandy ablöschen, salzen, pfeffern und mit genügend warmem Wasser aufgießen. Etwa eine Stunde köcheln lassen.

Für die Fülle die ausgelösten und in Mehl getauchten Scampi in Olivenöl etwas anrösten, mit einem Glas Milch aufgießen, salzen, pfeffern und Basilikumblätter beimengen. Alles im Cutter fein mixen.

Den Teig in 8 Zentimeter breite Streifen schneiden. Auf der einen Hälfte kleine Knödel der Fülle setzen, dann die andere Hälfte des Teigblattes darüberlegen. Gut andrücken und die Ravioli ausradeln.

Die Suppe abseihen und darin die Ravioli kochen. Gemeinsam servieren. Etwas Petersilie in die Suppe streuen.

Nudeln mit schwarzem Tintenfisch

(Spaghetti alle seppie nere)

1 kg Tintenfisch, gewaschen und zerkleinert, 4 Säckchen Tinte derselben, Salz, Pfeffer, 2 Knoblauchzehen, 1 geschnittene Zwiebel, 1 Lorbeerblatt

Alle Zutaten in eine große Kasserolle geben, mit warmem Wasser auffüllen und bei mittlerer Hitze etwa 60 Minuten kochen. Spaghetti kochen und mit der schwarzen Soße und den Tintenfischstückchen vermischen.

Ristorante Stella d'Oro

33050 Marano Lagunare, Vittorio Emanuele II, 11
TELEFON UND FAX: *0431/670 18*
www.stelladoro.info
WIRTE: *Familie Corso*
GEÖFFNET: *Mittags und abends*
GESCHLOSSEN: *Montag, Dienstag Ruhetage (außer August)*

Marano hat als Städtchen wenig zu bieten. Es ist der Reiz des Fischerhafens, der hierher lockt und es ist der Genuss von frischem Fisch. Ganz klar, nirgendwo kann er frischer verspeist werden als hier. Daher kommen den Restaurants von Marano Lagunare eine besondere Verantwortung zu. Giuseppina, Wirtin im feinen »Stella d'Oro« (Goldener Stern) trägt mit Sohn Christian diese Verantwortung beeindruckend köstlich: Ihre Fischgerichte sind fulminant, die Frische ist unverkennbar. Das Restaurant liegt sozusagen am

Hauptplatz, unweit des alles überragenden Turms, in einem Bogengang aus dem 14. Jahrhundert. Der Verbau dieser Arkaden ist gut geglückt. Die Familie Corso betreibt dieses Restaurant nun schon in der fünften Generation, was auch auf Verlässlichkeit schließen lässt.

WC: Getrennt, sehr sauber

Bidin

Lignano Sabbiadoro, Viale Europa 1
TELEFON: *0431/71 988,*
FAX: *72 0738*
E-MAIL: *info@ristorantebidin.com*
www.ristorantebidin.com
WIRT: *Luigino Bidin*
GEÖFFNET: *11.30–14, 18.30–24 Uhr*
GESCHLOSSEN: *Mittwoch*

Das »Bidin« ist in der Touristenmetropole Lignano so etwas wie ein aufrechter Felsen in einer wilden Brandung. Ein wenig Osteria, ein wenig Enoteca, ganz wenig Ristorante, aber immer sehr italienisch, sehr bodenständig und nie touristisch. Dafür sorgt schon Wirt Luigino, der ein aufmerksamer und fröhlicher Gastgeber ist. An der Theke ist schon am Vormittag der Bär los: Da wird diskutiert, politisiert und getrunken. Da werden kleine Appetithappen verspeist, die allesamt den Gaumen ergötzen. Bester Schinken und hausgemachte Salami, Käse aus den Bergtälern von Friaul und wer es nötig hat, den holt der Luigini aus dem nahe gelegenen Ristorante sogar ein dolce. Perfetto.

Dass im Bidin 500 verschiedene Weine angeboten werden, ist eine nicht unwesentliche Tatsache.

WC: gibt es auch

Alle Bocce

Lignano Sabbiadoro,
Viale dei Platani 63
TELEFON UND FAX: *0431/71 512*
WIRT: *Mario Passilongo*
GEÖFFNET: *Von Feber bis*
Ende November
GESCHLOSSEN: *Sonntag*

Für mich ist das Alle Bocce seit Jahrzehnten eine verlässliche Feinschmeckeradresse in Lignano Sabbiadoro. Nahe der Boccia-Bahnen gelegen, zählt das riesige Restaurant (samt Sitzgarten können über 500 Gäste untergebracht werden), zu jener Wirtshausgruppe, die sich den »Sapori di Laguna« (Genüsse der Lagune) verschrieben haben. Wirt Mario hat das Lokal erst vor einigen Jahren übernommen und es nach einer Image-Abmagerung wieder »aufgefettet«. Ganz klar, dass der Gastgarten der wichtigste Teil des Restaurants ist. Die Speisekarte bietet Fisch, aber auch viel Fleisch und Geflügel. Die Florentiner und Rumpsteaks können sich sehen lassen.

WC: entsprechend der Größe des Lokals, sehr sauber, getrennt

Spaghetti »Alle Bocce«

50 g geschälte Kirschtomaten, 70 g Meeresfrüchte, Rucola, Tomatensoße, Olivenöl, Knoblauchzehe, Salz, Pfeffer, Brandy, Spaghetti

Die Nudeln in Salzwasser bissfest kochen. Die Meeresfrüchte in Olivenöl mit der Tomatensoße wie bei einer Busara anrösten und sieden lassen. Knoblauch, Salz, Pfeffer und einen guten Schuss Brandy dazugeben, dann die kleinen Tomaten beimengen und einige Minuten köcheln lassen. Schließlich mit den Nudeln mischen und mit Rucola garnieren.

Isola Augusta

Azienda Agricola,
33056 Palazzolo dello Stella,
Casli Isola Augusta 4
TELEFON: *0431/58 0 46,*
FAX: *58 91 41*
www.isolaugusta.com
E-MAIL: *info@isolaugusta.com*
WINZER: *Massimo Bassani*

Wer nach Lignano fährt, kommt unwillkürlich mit dem Weingut »Isola Augusta« in Berührung: Direkt neben der Verbindungsstraße von Latisana nach Lignano besitzt dieses Gut eine Verkaufsstelle. Auffallend: Alle Häuser des Gutes sind in einer dunkelroten Farbe angestrichen. Nicht weit entfernt befindet sich das Stammhaus: ein altes, wunderschön renoviertes Bauernhaus mit einer Trattoria, einem Weinverkaufs- und Verkostungsraum und den Produktionsgebäuden. 46 Hektar Weinfläche nennt Anwalt Bassani sein Eigen. Er und sein Team bemühen sich im Grave del Friuli entsprechende Qualitäten zu erzielen. Herausragend sind der Pinot Grigio und der Cabernet Sauvignon. Neben dem Weinbau wird auch Olivenöl bester Qualität produziert.

Die im Hause befindliche Trattoria und die Gästezimmer bieten Top-Qualität.

Die siebente Reise.

*Codroipo – Sesto al Reghena – San Vito al Tagliamento –
Valvasone – Porcia – Pordenone – Sacile –
Aviano – San Quirino – Spilimbergo –
Clauzetto – Pinzano – San Daniele in Friuli*

In meinen ersten Ausgaben habe ich wahrheitsgetreu klargestellt: Der Westen von Friaul-Julisch Venetien »liegt« mir nicht so wie das Hügelland im Osten (Collio, Colli Orientali). Spilimbergo als die Stadt der Mosaike und Pordenone als die Stadt des Renaissance-Künstlers »Pordenone« waren mir natürlich schon aus früheren Ausflügen bekannt. Doch jetzt habe ich nachgeholt und darf auffordern: Dieses westliche Friaul-Julisch Venetien (also der »venezianische« Teil der Region) ist eine wahre Fundgrube für Genießer aller Art: Kunst, Kulturgeschichte, Kulinarik. Ja selbst die Weine aus dieser »mageren« Erde sind da und dort großartig!

Sassi und magredi

Sassi, das sind Steine. Magredi, das ist ein Ausdruck für mager und dürr. Die Trauben, die auf solch mageren und steinigen Böden wachsen, sind keinesfalls »mager«. Sie sind fruchtig, trocken und frisch. Beispiele dafür gibt es etliche: Die Weingüter »Borgo Magredo« in Tauriano bei Spilimbergo (toller Tocai friulano), Fantinel mit seinem herausragenden Cabernet Sauvignon »Sant Helena« (auch bei Tauriano), Plozner in Barbeano, I Magredi in Domanins (Pinot Grigio, Refosco d.p.), Emilio Bulfon in Pinzano mit der autochthonen Rebsorte Ucelùt, Forchier und Borgo delle Oche (siehe einige Seiten weiter) mit dem geradezu sensationellen Gewürztraminer sind Beispiele großartiger Weinkultur. Die steinigen, mageren Böden geben den Weinen eine mineralische Note, die als »reich« eingestuft werden darf.

Die größte Rebschule der Welt

Die Böden können so schlecht nicht sein, denn in Rauscedo (zwischen Spilimbergo und Pordenone) befindet sich die größte Rebschule der Welt. Diese kargen Böden aus Kies und Sand sind dank der klimatischen Bedingungen ein »Nährboden« für die Aufzucht von Reben.

Chardonnay
Ramandolo
Pinot Nero
NONINO
GRAPPA di MONOVITIGNO
FRIULANI
ANNIVERSARIO
UE
NONINO
Moscato
GRAPPA
MARZADRO

70 Millionen Ableger pro Jahr werden zur Rebveredelung gezüchtet und in die ganze Welt geliefert. Das bringt dem 1300 Seelen-Dorf Rauscedo etwas Wohlstand. Denn sonst bietet das Dorf gar nichts: Den einzigen Charme strahlt die Dorfosteria »il Favri« aus (0427/94 0 43). Mauro D'Andrea ist der Wirt und manchmal hilft ihm Schwester Tiziana aus. Sie ist Saxophonistin, nicht Wirtin. Doch ihr Charme ist wie eine zarte Melodie. Großvater Pietro war der Begründer der Rebzucht in Rauscedo. Das war 1917, Kriegszeit. Pietro war Postbeamter. In seiner Freizeit züchtete er Reben. Rund um die Reben herrschte auch Krieg: Die Reblaus hatte die meisten Rebbestände Europas dahingerafft. Mit Hilfe von Unterlagsreben, die aus Amerika kamen und reblausresistent waren, wurden damals im Piemont die Weinberge neu bestückt.

1917 lernte Großvater Pietro einen Soldaten aus dem Piemont kennen, der sich am Rückzug befand. Dessen Kavallerie hatte in Rauscedo Quartier bezogen. Der Unteroffizier verriet Pietro die Rebveredelung. Der Rest ist bekannt. 1931 wurden die »Vereinigten Rebschulen Rauscedo« gegründet.

Das Kloster von Sesto al Reghena, Casarsa und San Vito

Eine Reise hat uns nach Codroipo in die Villa Manin gebracht. Auf der Staatsstraße geht es weiter über den Tagliamento nach Casarsa della Delizia. In dieser Kleinstadt befindet sich eine große Weinkellerei namens »La Delizia«. Auf den ersten Moment mag man meinen, hier werden ausschließlich sogenannte Massenweine produziert. Was nicht ganz stimmt, denn »La Delizia« keltert ausgesprochen gute Tropfen. Besonders erwähnenswert ist auch die Tatsache, dass Alvano Moreale, der Direktor von La Delizia, auch ein Weingut im Ramandolo-Gebiet von Nimis (Reise 2) führt. Dort wird ein Ramandolo produziert, der sich Ronco Vieri nennt und ohne Zweifel zu den besten Ramandolos zählt (ein Wein aus der Verduzzo-Traube).

Von Casarsa, wie gesagt, biegen wir ab in das mittelalterliche Städtchen San Vito al Tagliamento (Sankt Veit). Hier sind die Stadtmauern großteils noch erhalten und auch drei Türme (Scaramuccia, Grimana und Raimonda – in letzterem ist das Museum untergebracht).

Ein Bummel durch die Altstadt hebt das Herz und macht Platz für leibliche Genüsse.

Beispielsweise im »Alla Scala« in der Via Moro 14 (Tel. 0434/80780, Dienstag Ruhetag, im Sommer auch Sonntag). Seit vier Generationen bereits im Familienbesitz, ist man sich hier der Tradition voll bewusst und bietet gar großartige Köstlichkeiten. Was auch den noblen Familien von San Vito gefallen dürfte, denn die kehren hier gerne ein.

Von San Vito sind es etwa 15 Kilometer bis nach Sesto al Reghena, wo sich jene Benediktinerabtei befindet, die nicht auf einem Hügel erbaut wurde (woher auch?). Wie wir ja alle wissen, haben die Benediktiner ihre prachtvollen Klöster dorthin gebaut, wo sie von allen Seiten auch bewundert werden konnten, die Zisterzienser wiederum »versteckten« ihre Bauten bescheiden in den Tälern. Wie dem auch sei, die Abtei in Sesto geht auf eine Schenkung im achten Jahrhundert zurück. Sie wurde mehrfach erweitert, war ebenfalls ein Prachtbau und erreichte ihren Glanz zwischen dem 11. und dem 15. Jahrhundert. Die Äbte waren die Herren und Herrscher eines weiten Gebietes. Da ging nur ein Teil ihrer Arbeit auf die Verkündigung der christlichen Lehre auf.

Heute sind nur mehr Teile des Klosters zu sehen. Aber die Basilika ist einen Besuch wert: Sie ist im langobardisch-byzantinischen Stil erbaut und reich mit Fresken aus dem 15. Jahrhundert geschmückt. In noch bestehenden Teilen des Klosters sind das Rathaus, ein Kindergarten und das Pfarrhaus untergebracht.

Vogelmesse und ein weltberühmter Flügel

Piazza Popolo in Sacile: Da sitze ich am liebsten im Cafe Commercio. Im Sommer auf der Terrasse vor dem Lokal, im Winter in einer gemütlichen Ecke des schönen Kaffeehauses. Sacile trifft sich dort, und der Macchiato kann besser nicht gemacht werden (cremig, ja, ja, der Milchschaum muss cremig sein). Die Altstadt ist venezianisch. Die Stadt und vor allem ihre Umgebung hat sich in den letzten zehn Jahren zu einer der wichtigsten Industrie- und Gewerbestandorte der Region entwickelt. Holzverarbeitung, Möbel. Da kaufen auch unsere großen Möbelhäuser ein.

Am Sonntag nach Ferragosto findet in dieser westlichsten Stadt von Friaul eine Messe der wundersamen Art statt: die Vogelmesse. Angeblich ist sie bereits einige Jahrhunderte alt und führt Vögelzüchter und Händler aus ganz Italien und aus anderen Staaten dieses Erdteiles in die Innenstadt, wo, wie auf einem Jahrmarkt, die Vögel zur Schau gestellt und verkauft werden.

Früher hat man viele Vögel natürlich mit dem Hintergedanken eines guten Mahles verscherbelt. Aber davon sind die Italiener auch schon abgekommen. Trotzdem findet man in Sacile praktisch alles, was Flügel und zwei Beine hat und fliegen kann. Tausende Menschen strömen nach Sacile, um diese einzigartige Schau zu bewundern. Sehr viele kommen in der Nacht, wandern in die Innenstadt, wo schon alle Vogelkäfige ausgestellt sind und warten, bis mit dem Beginn des Tages der Reihe nach der Morgengruß der Vögel beginnt. Es ist wie der Bolero von Ravel. Da und dort ein kleiner Ton, ein Piepsen, das immer mehr anschwillt und schließlich zum Orkan der Vogelstimmen anwächst. Wer dies einmal erlebt hat, will es nie wieder vergessen.

Ganz andere wundersame Töne stimmt in Sacile ein Klavier an: Fazioli. Der Flügel aller Flügel. Das beste Klavier der Welt, so sagen es zumindest jene Pianisten, die darauf gespielt haben oder spielen. Elena Misirkova aus Montenegro zum Beispiel. Eine international erfolgreiche Pianistin, die in Moskau studiert hat und in Wien lebt, spielt fast ausschließlich nur auf Fazioli-Flügel. »Bösendorfer ist der 500er Mercedes, keine Frage, Steinway ein Cadillac, aber Fazioli das ist der Maybach der Klaviere«, sagt sie. Nahe Sacile steht die Produktionsstätte dieses Handarbeit-Werkes. Und ihr Eigner, Professore Fazioli, hat sich den Luxus einer eigenen Konzerthalle in seinem Werk geleistet. Wen wunderts, dass hier die besten Pianisten der Welt auftreten.

Auf dem Weg nach Pordenone wird auch das Städtchen Porcia erreicht. Dominierend das Schloss der Grafen von Porcia. Eine Stadt mit vielen kleinen Sehenswürdigkeiten und einem großartigen Restaurant, dem »Gildo« in der Via Marconi 17 (Telefon 0434/921 212, Sonntagabend und Montag Ruhetag, Ferien vom 1. bis 20. Jänner und vom 1. bis 20. August). Das Restaurant ist in einem wunderschönen Palazzo des erweiterten Schlosses untergebracht.

UVE
ALEXANDER

In Porcia findet sich in der Via Gabelli auch eine Käseproduktionsstätte der besonderen Art: Die »Latteria Sociale di Palse«; kaum woanders wird der Montasiokäse so gut gemacht wie hier. Ein echter Geheimtipp.

Die Contrada Maggiore

Contrada Maggiore wird die Altstadt von Pordenone genannt. Und damit sind wir mitten dort, wo wir nach Sacile hinwollten – in die Hauptstadt dieser Provinz. Pordenone war vor dem ersten Jahrtausend schon bewohnt, als Stadt erhielt es allerdings erst ab dem 12. Jahrhundert eine Bedeutung. Am Noncello-Fluss entstand damals ein Hafen. Daraus entwickelte sich bis zum Beginn des 19. Jahrhunderts eine rege Handelstätigkeit. Dann wurde der Hafen geschlossen und aus der Handelsstadt wurde ein Zentrum der Handwerkskunst. Die Wirtschaft rund um Pordenone hatte also schon damals eine große Bedeutung.

Heute ist das gleich geblieben. Im nördlicher gelegenen Maniago sind heute noch erfolgreich die Messerproduktionen angesiedelt.

Was historisch auffällt, ist der gewaltige Campanile von San Marco (Bauzeit 1291–1374, 72 Meter hoch), das gotische Rathaus und im Dom die Madonna dell Misericordia von »Il Pordenone« gefertigt. Der Künstler hieß mit zivilem Namen Giovanni Antonio De' Sacchis. Auch ein Werk Tintorettos findet sich nebst vielen anderen wertvollen Kunstwerken im Dom von Pordenone.

Diese Provinzhauptstadt ist aber auch einen Einkaufsbummel wert (unter den Arkaden ist es auch im Sommer ein Vergnügen, zu lustwandeln). Empfehlenswerte Lokale? Bitteschön:

»Al Gallo«, Via San Marco (Telefon 0434/520 996, Sonntag Ruhetag) oder »La Vecia Osteria del Moro« in der Via Castello. Als Enoteca empfehle ich »Campanile«, wo es nicht nur eine gute Weinauswahl, sondern auch kleine Appetithappen gibt (Telefon 0434/520 628).

Straßen im Fluss

Von Pordenone führen mehrere Wege nach Norden in Richtung Spilimbergo. Eine geht zurück nach Casarsa und zweigt dann dort über Valvasone ab. Hier sollte Rast eingelegt werden, einmal wegen des tollen Restaurants La Torre, zweitens auch wegen der Stadt. In der Pfarrkirche beispielsweise steht die älteste Orgel Friauls (1532). Pordenone und Amalto haben ihr Gehäuse bemalt. Zudem ist die Altstadt einfach schön.

Die zweite Straße nach Spilimbergo führt über San Quirino, wo sich das berühmte »La Primula« befindet, und dann über San Foca, Vivara und Basaldella. Dabei werden mehrfach ausgetrocknete Flüsse durchquert. Verkehrsschilder weisen darauf hin, dass bei Hochwasser die Straßen gesperrt sind. Man kann sich das im ersten Moment gar nicht vorstellen.

Auf dieser Route wird Ihnen auch immer wieder Militär begegnen – weil hier etliche Kasernen stehen und sich das Gelände als Truppenübungsplatz gut verwenden lässt.

Die Stadt der Mosaike

Die Mosaikschule in Spilimbergo kennt den Namen nach fast jeder, doch wenige haben sie von innen gesehen. Es gibt zwar eine permanente Ausstellung über Arbeiten von Generationen an Schülern (die wiederum kommen aus der ganzen Welt hierher), aber um den Schulbetrieb nicht dauernd zu stören, werden Führungen eher zurückhaltend durchgeführt. Dafür sind der Dom und das Schloss für Besucher geöffnet – beides Sehenswürdigkeiten ersten Ranges. Auch der Künstler Il Pordenone hat hier und in nahen Dörfern gewirkt.

conservare sottovuoto
ITALCAPS
DIAMETRO

Ein Bummel durch die restaurierte und als Fußgängerzone gestaltete Altstadt ist ein Erlebnis. Die Wege sind kurz, die Innenstadt ist klein.

Wer Spilimbergo auswählt, um im La Torre oder im Afro abends zu speisen, dem empfehle ich das Hotel President (0427/50 050).

Asino und Salami

Wer bei Tosoni nicht vorbeigeschaut und den »Asino« erbeutet hat, der war nicht in Spilimbergo. Die Brüder Tosoni beziehen Milch von höchster Qualität aus Bauernhöfen in den Bergen hinter Clauzetto, wo sich das Dorf Vito D'Asio und der Monte d'Asio befinden. Die Tosonis produzieren ihren Käse als »Formadi salât della Carnia« – Salzkäse aus der Carnia oder als »Formadi Asìn« – was zwar Eselskäse bedeutet, doch nichts mit Eselsmilch zu tun hat. Es ist der Käse der ursprünglich aus Vito d'Asio stammt. Der klassische Asìno wird aus reiner Kuhmilch gewonnen. Die Käseformen werden nach der Pressung in eine spezielle Salzlake eingelegt. Das dauert drei bis sechs Monate. In dieser Zeit wird der Salzlösung Milch und Rahm beigegeben.

Der Formadin Asìn hat einen gröberen Bruch. Der Grund: Wasser sollte in der Trockenmasse zurückgehalten werden, damit wird die Masse wesentlich weicher und damit im Geschmack frischer. Die Molke wird nicht gekocht, der Käse nicht gepresst und bleibt in der Salzlake lediglich 20 Tage. Die Prozedur des »Salzens« ist es, was den Käse ausmacht: In Spilimbergo wird die »Salmuerie« genannt. Diese Prozedur ist seit über 200 Jahren bekannt. Die Salzlaken befinden sich in großen Holzbottichen (Lärche). Gegessen wird der Asino zu Polenta oder gekochten Kartoffeln, der weiche auf getoastetem Brot (das empfiehlt zumindest Dr. Walter Filiputti in seinem Buch: Friaul, die Straße der Genüsse«, 2003, Gribaudo, Savigliano/CN).

Übrigens: Die wahren Asìno-Produzenten bewahren das Geheimnis der Zusammensetzung ihrer Salzlaken. Und sie bewahren auch die Salzlaken, so manche in den bäuerlichen Betrieben sind mehr als 50 Jahre alt.

Wer nicht in der Fleischhauerei von Bepino De Rosa war, der war nicht in Spilimbergo. Seine Würste (salsiccia, salame, sopressa, musetto etc.) und Frischfleisch bietet er in seiner Boutique im Corso Roma an.

Es soll hier nicht unerwähnt bleiben, dass mit der kleinen, feinen Fleischindustrie Lorison Spilimbergo vermutlich den besten Salamiproduzenten des Landes besitzt (natürlich nur in der Kategorie Großfleischhauer). Lorison-Salami wird in ganz Norditalien vertrieben: Allerdings nur in Delikatessen-Läden. So ist das mit Spilimbergo.

Hinauf auf die Berge

Von Spilimbergo empfehle ich unbedingt nicht den direkten Weg nach San Daniele und damit wieder in Richtung Autobahn nach Österreich und Deutschland, sondern den Umweg über die Berge zu nehmen: Es ist das Valle Tramonti, das unbedingt besucht werden sollte.

Die Straße führt über Sequals und Meduno hin zu den Seen Tramonti und Lago di Cà Selva. In eine sehr schöne Gegend. Über Tramonti führt die Straße hinauf zum Pass Somp la Mont und weiter nach Ampezzo in das Ursprungstal des Tagliamento. Von hier aus kann man über Tolmezzo wieder die Autobahn erreichen.

Über Castelnuovo erreicht man das Tal Cosa und über Clauzetto das Tal d'Arzino. Eine eher weite, aber landschaftlich wunderschöne Strecke. Ich empfehle im »Corona« in Clauzetto Halt zu machen, am Abend zu essen und dort zu übernachten. Ganz in der Nähe befinden sich auch die sehenswerten Höhlen von Pradis.

Aus dem Val d'Arzino zurückgekehrt, geht es über Clauzetto und Vito d'Asio hinunter nach Pinzano, wo eine Bogenbrücke das tiefe Tal des Tagliamento überspannt. Ein prachtvoller Ausblick hinunter ins Tagliamento-Tal. Sandbänke benützen die Menschen aus der Umgebung als Sonnenstrände und die Seitenarme des blauschimmernden Flusses werden zum Baden benutzt.

Ein Stück weiter folgt bereits San Daniele, das Ende unserer Reise kreuz und quer durch Friaul – Julisch-Venetien.

Wir besuchen:

Villa Luppis, Rivarotta
Hostaria Vecchia Cecchini, Passiano di Pordenone
La Vecia Osteria del Moro, Pordenone
Ristorante Albergo La Primula, San Quirino
La Piola, Sacile
Al Burcio, Sacile
Il Pedrocchino, Sacile
Villa Policreti, Aviano
Antica Hosteria La Vicinia, Grizzo di Montereale
La Torre, Valvasone
Borgo delle Oche, Arzene
Trattoria il Carantan, Domanins
La Torre, Spilimbergo
Osteria Da Afro, Spilimbergo
Ristorante Albergo Corona, Clauzetto

Hotel Villa Luppis

33048 Rivarotta di Pasiano,
Via S. Martino 34
TELEFON: *0434/62 69 69,*
FAX: *62 62 28*
www.villaluppis.it
E-MAIL: *hotel@villaluppis.it*
WIRTE: *Familie Luppis*

Es gibt sie, die Orte, an denen der Gast gerne länger verweilen möchte. Die Villa Luppis ist so ein Ort: Dort wo die Flüsse Livenza und Meduna zusammentreffen liegt dieses Kleinod. Ein 5 Hektar großer Park mit dem ehemaligen Kloster und dem Sitz der Barone Luppis. Sie waren einst von Polen gekommen, um den Habsburgern am Rande der La Serenissima als Feldherren zu dienen. Der derzeitige Besitzer, ebenfalls ein Luppis, war als Werbe- und Marketingmanager sehr erfolgreich. Er verkaufte seine Mailänder Firma und baute 1994 sein Anwesen zu einem modernen Hotel und großartigem Restaurant um. Elegante Zimmer, Suiten und mehrere Restauranträume (auch für große Hochzeiten) bieten neben einem tollen Weinkeller, dem Park und dem Swimmingpool die perfekte Infrastruktur für einen schönen Aufenthalt. Der Patron und seine charmante Gattin sind überdies freundliche und aufmerksame Gastgeber.

Doch auch die Küche hält mit dem Hotelbereich gleich hohes Niveau: Fisch, Fleisch. Alles von ausgesuchter Qualität und hervorragender Umsetzung.

WC: ohne Tadel, allerfeinst

Hostaria Vecchia Cecchini

33087 Passiano di Pordenone,
Cecchini di Pordenone,
Via Sant'Antonio
TELEFON: *0434/61 06 68,*
FAX: *62 09 76*
MITGLIED: *»Friuli – Via dei Sapori«*
WIRTE: *Mario und Nicola Carraio*
GEÖFFNET: *Mittags und abends*
GESCHLOSSEN: *Samstagmittag und Sonntag*

Irgendwie habe ich mich geärgert: Da fährst du praktisch Jahrzehnte durch das Land und wusstest nicht einmal, dass sich südlich von Pordenone ein Restaurant befindet, dem Michelin einen Stern verliehen hatte. Also nichts wie hin: Autobahnabfahrt Pordenone Süd, dann nicht in Richtung Stadtzentrum, sondern in Richtung Prata und Pasiano. Es werden so an die zehn Kilometer sein. Obacht geben: Weiße Hinweistafeln führen zur »Hostaria Vecchia Cecchini« – auch zur Villa Luppis geht zumindest ein Teil dieser Strecke.

Die Hostaria hat von außen schon eine noble Ausstrahlung: Ein lang gezogenes Hotel, an der Straßenseite der Eingang in das Restaurant. Und da steht auch noch »Ristorantino«. Was wohl das wieder ist?

Beim Eintreten eine kleine Theke, so eine Art Empfang. Alles in Holz, die Wände in dunklen, warmen Farben. Fein, fein. Unwillkürlich greife ich zum Portemonnaie? Die werden doch Kreditkarten akzeptieren? Ich frage lieber, denn alles sieht eher nach eine höheren Rechnung aus. Typisch Sternelokal, denke ich mir.

Sehr freundlich beruhigt mich die Kellnerin. Dann aß ich Meeresfrüchtevorspeise, Fisch als Hauptgericht, ein Dessert, einen halben Liter Prosecco (der sei vom Haus, flüstert mir die Kellnerin zu), Grappa, Kaffee. Geld wird nicht reichen, also heraus mit der Plastikkarte. Dann kam die Rechnung, ich stutzte, sah noch einmal – die werden doch nicht etwas vergessen haben. 29 Euro, gibt's doch gar nicht.

Pilzplatte mit Salzkäse (»La Primula«)

Der Wirt klärt mich lächelnd auf: Zu Mittag ist eben eine kleinere Küche, nicht so raffiniert (von wegen, die Gnocchi mit Muscheln, Scampi und so, die waren schon Klasse) wie abends. »Sie speisten im Ristorantino«, klärt er mich auf. Da schau her, wie sieht denn das Ristorante aus? Kleine Sälchen, noch feiner, noch eleganter. Die Speisekarte wies dann auf die Feinheiten der Küche. Andere Preise, sicher, aber auch andere Menüs. Preis-Leistung stimmen.

Nach einem guten Mahl lassen Sie sich vom Padrone in seinen Weinkeller entführen: Frankreich, Italien, eine gewaltige Rum-Kollektion, und, und, und, …

»Wiederkommen, ganz sicher«, dachte ich mir.

WC: Entspricht der Feinheit des Lokals

La Vecia Osteria del Moro

33170 Pordenone, Via Castello 2
TELEFON: *0434/28 658*
WIRTE: *Familie Sartor*
GEÖFFNET: *9–15, 18–01.00 Uhr*
GESCHLOSSEN: *Sonntag*

Pordenone gilt wie Udine als Stadt der »Osteria«: Kleine, gemütliche Wirtshäuser in der Innenstadt, die bodenständige Gerichte, immer wieder Paste und meist gegrilltes Fleisch anbieten. In der Osteria treffen sich vormittags sehr häufig Pensionisten, Kaufleute und andere Einheimische auf ein Tajut und ein Schwätzchen. So auch in der Osteria La Vecia del Moro. Leicht zu finden: vom Campanile Stadt einwärts gehen, gleich eine der ersten Gassen nach links und schon steht man vor der Osteria. Sie ist im Gebäude eines ehemaligen Klosters aus dem 14. Jahrhundert untergebracht. Drei gemütliche Räume – alles mit Kreuzgewölben ausgestattet. Einfache Holztische, feine Tischwäsche, schöne Gläser. Vor der Osteria in der kleinen Gasse ein paar Tische im Freien.

Die Weinliste ist lesenswert. Da finden sich die besten Weinnamen Italiens und natürlich in erster Linie die Weine der Region. Die Gerichte sind bodenständig, einfach und sehr schmackhaft zubereitet: Gekochtes Fleisch (bollito misto), Stockfisch (baccalà), Kutteln, Würste mit sauren Rüben und Kren, Polenta und gegrilltes Fleisch.

WC: einfach, getrennt

Ristorante Albergo »La Primula«, Antica Trattoria

33080 San Quirino (Pn), Via San Rocco 47
TELEFON: *0434/91 005,*
FAX: *91 9280*
MITGLIED: *»Friuli – Via dei Sapori«*
WIRT: *Roberto Canton und Familie*
GESCHLOSSEN: *Sonntagabend und Montag*

Schon beim Klang des Namens steigen Freude und Appetit gleichermaßen stark auf: »La Primula«. Dieses durchgestylte, elegante, noble und doch traditionelle Haus in der weiten Ebene zwischen Pordenone und Spilimbergo gehört zu den ersten Adressen des Landes.

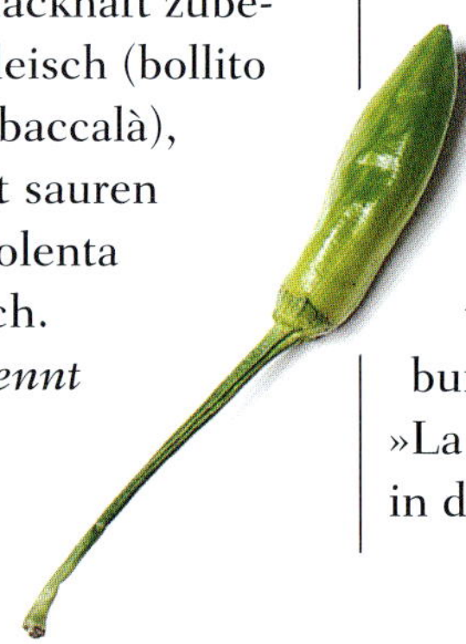

Das hat mit viel Arbeit, mit Wissen und Können zu tun. Was die Eltern Canton aufgebaut haben, führt der Sohn in moderner Form weiter. Die ganze Familie ist eingebunden in den Arbeitsprozess. Das »La Primula« befindet sich mitten in der reizenden Ortschaft San

Quirino, von Pordenone in 15 Autominuten bequem zu erreichen.

Das Haus besteht bereits seit 1873 als Wirtshaus »Alle Nazioni«. Als 1993 das »La Primula« kräftig umgebaut wurde, da hat die Familie Canton das Lokal zweigeteilt: Vorne an der Straße wurde eine Osteria mit dem alten Namen »Alle Nazioni« errichtet, wo es einfache Hausmannskost gibt. Die allerdings sensationell gekocht.

Durch eine Hofeinfahrt gelangt man dann in das »La Primula« selbst. Wie gesagt, ein durchgestyltes Restaurant.

Wer im »La Primula« nur schnell etwas essen möchte, der ist in der Osteria des Hauses richtig. Im Restaurant muss man sich Zeit zum Genießen lassen. Denn was die Küche bietet, ist einfach genussvoll, wunderschön für das Auge. Das gesamte Ambiente ist ein Kunstwerk.

Die Familie wusste, ein außergewöhnliches Restaurant benötigt auch eine außergewöhnliche Aufmachung.

Selbst der Weinkeller ist von der Architektur her gesehen ein Meisterwerk. Was allerdings darin lagert, kann einen Weinfreund an den Rand eines Herzinfarkts bringen (Aufregung über Aufregung!).

Im Haus werden auch sehr schöne, komfortable Zimmer angeboten. Was vor allem dann wichtig ist, wenn man sich einem opulenten Abendessen samt Verkostung etlicher Weine hingibt.

WC: getrennt, dem Stil des Hauses entsprechend einzigartig

Kürbisstrudel mit Nüssen und Specksoße
(Strudel di zucca e noci con salsa allo speck)

300 g Kürbisfleisch, 30 g geschälte Nüsse, 30 g Pinienkerne, 2 EL Parmesan, etwas Zimt, 200 g Blätterteig

Soße: 200 g Rahm, 50 g feingeschnittener Käse (julienne), 40 g Wodka

Das Kürbisfleisch klein schneiden und mit den Nüssen und Pinienkernen, dem Parmesan und dem Zimt sowie einer Prise Salz und Pfeffer gut vermischen.

Blätterteig dünn ausrollen, mit der Kürbisfülle belegen, zusammenrollen, oben mit Eidotter bestreichen und im Rohr bei 180 bis 200 Grad etwa 30 Minuten backen.

Für die Soße: Den Wodka in eine Pfanne schütten, auf den Herd stellen und verdampfen lassen, dann den Rahm dazuschütten und die Hälfte des Specks einlegen, pfeffern. Langsam reduzieren lassen.

Den gebackenen Strudel in Stücke schneiden, den übrig gebliebenen Speck in kleinen Häufchen daneben hinsetzen und mit der Soße übergießen.

Pilzplatte mit Salzkäse
(Tavolozza di funghi misti al formaggio di salamoia)

1 kg gemischte Pilze, 150 g Salzkäse, Polentamehl nach Bedarf, Scalogni Nr. 2, 100 g geräucherter Ricotta, Butter und Olivenöl

Die Pilze putzen und waschen und in einer Pfanne anrösten, die geschnittenen Scalogni dazugeben und abschmecken.

Für die Polenta einen Liter Wasser zum Kochen bringen, salzen, das Polentamehl einrieseln lassen, umrühren und bei kleiner Flamme etwa 30 Minuten aufquellen lassen.

Auf jeden vorgewärmten Teller in der Mitte einen Esslöffel Butter geben und darauf die Polenta setzen. Mit einem breiten Messer die Polenta so auf den Teller drücken, dass daraus so etwas wie eine Oblate entsteht. Ins Zentrum dieses Polentakreises die Pilze geben, so, dass sie nicht die gesamte Fläche der Polenta benötigen. Über die Pilze dann mit einem Trüffelhobel den Ricotta reiben.

La Piola

33077 Sacile, Piazza del Popolo 9
TELEFON: *0434/781 893*
WIRTE: *Michele, Deborah und Alex Mussinano*
GEÖFFNET: *Mittags und abends*
GESCHLOSSEN: *Dienstag*

Sacile hat es mir angetan. Die westlichste Stadt der Region Friaul-Julisch Venetien ist klein und verfügt doch über eine anständige Gruppe großartiger Restaurants. Eines davon liegt direkt am Hauptplatz, gegenüber dem Municipio (Rathaus). Wenige Schritte neben dem bekannten Cafe Commercio führt eine Passage vom Platz weg in die »hintere« Häuserzeile. Dort liegt auch das recht nette Restaurant, wo man im Freien (einige Tischchen), in einem schönen Gastraum im Parterre oder unter Dach im ersten Stock sitzen kann. Dort oben ist das Ambiente noch schöner als zu ebener Erd. Die Küche ist regional, Fisch wird allerdings auch angeboten und der Griller ist ständig angeworfen. Beste Qualität, freundlicher Service und ein große Weinauswahl sprechen für das Haus.

WC: Getrennt, sauber

Al Burcio

33077 Sacile, Via Garibaldi 13
TELEFON: *0434/781 464*
GEÖFFNET: *Mittags und abends*
GESCHLOSSEN: *Sonntag*

Wer keine Lust auf großes Essen besitzt, aber dennoch nicht auf Speis und Trank verzichten möchte, der ist bei den jungen Burschen des kleinen Beisls Al Burcio gut aufgehoben. Natürlich wird hier auch gekocht, doch viele Gäste kommen vormittags auf ein Gläschen Wein, ein Panino mit Prosciutto oder Salami, oder auf einen anderen kleinen Snack vorbei.

Die Wirte sind mit Sympathie und Können an der Sache. Ihre Weinauswahl ist enorm. Vor allem die Weine aus dem Collio und den Colli Orientali sind hier in großer Zahl vertreten.

WC: Gemeinsam, italienisch, sehr sauber

Il Pedrocchino

33077 Piazza 4 Novembre 4
TELEFON: *0434/70 034*
E-MAIL: *ilpedrocchino@srl.it*
MITGLIED: *»Friuli – Via dei Sapori«*
GEÖFFNET: *Mittags und abends*
GESCHLOSSEN: *Sonntagabend und Montag*

Jeden Tag fährt der Padrone dieses einzigartigen Restaurants nach Chioggia, um dort frischen Fisch

und Meeresfrüchte einzukaufen. Denn das Il Pedrocchino steht für eine exzellente Fischküche. Das Restaurant am Rande der Altstadt von Sacile gehört zu den besten Restaurants des Landes Friaul-Julisch Venetien. Elegant eingerichtet, wie eine feine Trattoria in der Toskana. Steinboden, mächtige Tische, ein wunderschöner Garten mit einer überdachten Terrasse und einer Fußbodenheizung (!). Damit, so der Padrone, könne er die Gartensaison verlängern. Fünf sehr schöne Gasträume, die ein wunderbares Flair vermitteln. Wärme strahlt jeder dieser Räume aus.

Die Küche bringt immer wieder wunderbare und köstliche Fischkreationen, zu denen die Gäste meist Champagner trinken. Auf seine Küche ist der Padrone, der die Rezepte selbst ausarbeitet und mit seiner Mannschaft durchtrainiert, stolz. Szenenapplaus ist hier angebracht.

Für Gäste, die von weit her kommen, stehen vier schmucke Komfortzimmer zur Verfügung

Tischreservierung für das Essen ist von Vorteil.

WC: Elegant wie die Gasträume

Ristorante Villa Policreti

*Golf & Wine Hotel,
33081 Castel D'Aviano,
Via IV Novembre*
TELEFON: *0434/677 169*
www.golfwinehotel.it
E-MAIL: *info@golfwinehotel.it*
KÜCHENCHEF: *Roberto Basso*
GEÖFFNET: *Mittags und abends, kein Ruhetag*

Vier Sterne, nobles Ambiente, eine Villa aus dem 17./ 18. Jahrhundert. Schöne Zimmer und Suiten, viel Platz für Kongresse und Seminare, ein 9-Loch-Golf-Platz und ein Restaurant vom Feinsten: der Speisesaal, die herrliche Terrasse. Da lässt es sich vergnügt und genüsslich leben, vor allem wenn Roberto Basso aufkocht. Ich halte ihn für einen der besten Köche der jungen Garde. Bisher war er unstet, wie ein guter Koch eben ist: einmal da, einmal dort. Zum Sesshaftwerden bleibt ja noch Zeit.

Die Villa Policreti liegt einige Kilometer außerhalb von Aviano. Und zwar in dem reizenden Straßendorf Castello D'Aviano. Im Grunde genommen nicht schwer zu finden.

Die Küche und auch die Getränkeauswahl sind dem Ambiente entsprechend – einfach außergewöhnlich und dabei gar nicht so teuer, wie es beim ersten Eintritt den Anschein hat.

WC: alles top

Antica Hosteria La Vicinia

*Grizzo di Montereale Valcellina,
Via Mazzini 44*
TELEFON UND FAX: *0427/79 028*
WIRT: *Giacomello Terry*
GEÖFFNET: *Mittags und abends*
GESCHLOSSEN: *Montag*

Ein wenig entlegen ist es schon, dieses Dorf Grizzo zwischen Maniago und Aviano, direkt am Fuße der südlichsten Ausläufer der Alpen: Pordenonese wird diese Gegend genannt. Da geht es durch das Valcellina hinein bis in die Dolomiten. Im Dorf habe ich die nette Hosteria La Vicinia kennen und lieben gelernt – ein Familienbetrieb, bei der Sohn Terry das Sagen hat, ein junger Kochkünstler und Wirt, der sich mit normaler Qualität nicht zufrieden gibt. Er war in der Schweiz, in Frankreich und hat sich bei den besten Köchen der Welt weitergebildet. Wen wundert es, dass seine Küche etwas ganz Besonderes ist. Nicht nur bodenständige Produkte werden in seiner hellen, modernen Küche mit außerordentlicher Kreativität veredelt, er wagt auch den Blick weit über die Grenzen. In der Küche wird er von seiner Mutter, im Service von seinem Vater unterstützt.

Das Wirtshaus in einem historischen Gebäude untergebracht, strahlt Wärme, Behaglichkeit und einfache Noblesse aus. Nicht auch zuletzt durch die gelungene Kombination von modernem Design und alpinem Holz. Die Weine sind wie die Speisen: Nur was gut ist, findet im Keller Aufnahme.

Das Restaurant ist leicht erreichbar: Von Maniago die Straße Richtung Montereale nehmen und dann dem Ortsschild Grizzo folgen. Direkt ins Zentrum, die nächste Querstraße hinter dem Dom ist die Via Mazzini. Vor dem Restaurant sind genügend Parkplätze vorhanden.

WC: getrennt, außerordentlich sauber

Trattoria La Torre

33098 Valvasone, Piazza Castello 11
TELEFON: *0434/898 802*
WIRTIN: *Gianna Cuzzetta*
GESCHLOSSEN: *Dienstag, eine Woche im Juli*

Valvasone liegt nahe am Tagliamento, in der Tiefebene zwischen Pordenone und Udine. Eine Dorf, in dem ein großes Castello alle anderen Gebäude mächtig überragt. Es ist aus dem 12. Jahrhundert, wurde oft renoviert. So steht ein Teil des Schlosses auch jetzt unter Gerüst.

Durch einen breiten Turm kann man in den Hof des Castello fahren. Und dieser Turm (torre) eröffnet den Weg zu einem Gasthaus der besonderen Art. Es nennt sich ganz schlicht und einfach »La Torre« und sieht von außen wie eine putzige Locanda des Dorfes aus. Dabei handelt es sich im Inneren um einen Schlemmertempel.

Drei Damen geben hier den Ton an. Aber welchen! Frau Mama herrscht in der Küche mit Hingabe und großem Können. Gekocht wird, was die Saison an Grundprodukten bietet. Die beiden Töchter sind im Service maßgebend. Insgesamt hat Gianna Cuzzeta fünf Kinder, drei Buben und die beiden Töchter. Letztere begrüßen jeden Gast mit einer Freundlichkeit, die wohltuend ist.

Beim Eintreten kommt man in einen kleinen Gastraum mit einer großen Theke. Dort treffen sich wie in einer italienischen Trattoria oder Osteria so üblich, die Männer der Umgebung, um rasch ein Gläschen Wein zu verdrücken und ein paar markige Sprüche zu klopfen. Eine gute Gelegenheit, auch seinen Frust über Politik, Ernte, den Nachbarn und die Frauen loszuwerden (die lösen ihren Ärger hoffentlich auf ähnliche Art und Weise).

Vom Thekenraum aus gelangt man in einen schönen, großen Speiseraum. Eine uralte Holzdecke, altes Mobiliar und kleine Details an Wänden und Fensterbänken weisen auf die alte Geschichte dieses Hauses hin. Im Keller ebenfalls ein Speiseraum, der allerdings ist aus dem 13. Jahrhundert: ein Steingewölbe (gut für private Feste). Im Sommer wird im Garten serviert. Von hier hat man einen schönen Blick auf das Castello, sitzt neben einem Bächlein und erfreut sich am guten Essen der Wirtin. Die lieben Töchter (Serena und Carla) servieren in Tracht. Sie ist österreichischen Dirndlkleidern ähnlich. Das, so meint die Wirtin, gehe auf die Besitzer des Schlosses zurück, die ein Naheverhältnis zu Österreich hätten.

WC: getrennt, italienisch, sauber, Waschbecken, Seife, Papierhandtücher

Lammkotelettes mit Waldfrüchten
(Costini d'agnello ai profumi di bosco)

4 Lammkoteletts, 2 Knoblauchzehen, Butter, 10 dag gekochte Kastanien, 20 dag Pilze, Zitrone, Trüffel, 1 Eidotter, Blätterteig

Die Kastanien kochen und klein schneiden. Die Pilze sautieren und mit dem Saft einer Zitrone beträufeln. Beides zusammenmischen und einen Hauch Trüffel darüberhobeln (oder Trüffelöl verwenden). Die Koteletts in Butter und Knoblauch langsam rösten und auskühlen lassen. Den Blätterteig ausrollen und Dreiecke ausschneiden. Darauf jeweils ein Stück vom Lammfleisch setzen und darüber etwas von der Kastanien-Pilzmasse geben. Mit Teig bedecken, die Ränder mit Eidotter bestreichen und im Rohr herausbacken.

Reis mit Schinken und Feigen
(Risotto al prosciutto e fichi)

4 Feigen, 80 g Prosciutto, 360 g Reis, Butter, klare Rindsuppe

Butter in einer Kasserolle heiß werden lassen und darin die feingeschnittenen Feigen und den feingeschnittenen Schinken ein wenig anrösten lassen. Dann den Reis dazugeben und ebenfalls etwas mitrösten. Immer wieder umrühren und dann mit Rindsuppe aufgießen. Aber nicht alles auf einmal hineinschütten, sondern immer nur so viel, dass der Reis gut quellen kann. Zum Schluss noch ein gutes Stück Butter dazugeben und ziehen lassen.

Borgo delle Oche

Azienda Agricola Vitivinicoli, 33090 Arzene
KELLEREI: *Valvasone*
TELEFON UND FAX: *0434/899 398*
WINZER: *Luisa Menini, Augusto Majero Pittini*

Das junge Ehepaar Luisa und Augusto – meist Nicola genannt – leben in Arzene, doch in Valvasone betreiben sie ein Weingut, klein, aber oho! Wobei sich die studierten Önologen die Verantwortung exakt teilen: Luisa ist für die Weingärten zuständig, Nicola ist der Weinmacher in der Kellerei. Borgo delle Oche ist ein Beweis dafür, dass im Grave del Friuli tolle Weine zu keltern sind. Die Weingärten nahe dem Fluss Tagliamento sind steinig und mager. Doch die Steine speichern die Hitze des Tages und geben den Trauben während der Nacht Wärme ab. Das bringt fruchtige, leicht aromatische Weine, die aber dennoch trocken ausgebaut werden. In erster Linie sind es Weißwein wie der Charadonnay, der Pinot Grigio, ein sensationeller Gewürztraminer (auch als Trockenbeerenauslese). Bei den Rotweinen sind der Merlot und das Cuvee (Merlot, Cabernet Sauvignon) »Svual« (nach der Schwalbe benannt) herausragend.

Luisa und Augusto sind ein sympathisches Pärchen, und wer in ihrem Verkostungsraum mit Käse, Schinken, Salami und Speck (von der Schweinsbacke) verwöhnt wird und mit ihnen plaudert, der möchte bald wiederkommen. Dass Salami, Speck und Käse nicht aus dem Supermarkt, sondern von kleinen bäuerlichen Produzenten kommen, spricht für das Qualitätsbewusstsein der Winzer.

Augusto ist als Önologe in ganz Italien sehr bekannt, in Friaul betreut er beispielsweise die Brüder Petrussa (Reise zwei).

Übrigens, Borgo delle Oche würden wir in Österreich als »Gänsehäufl« oder »Gänsebezirk« bezeichnen. Tatsächlich hatten die Bauern der Umgebung hier sehr viele Gänse gezüchtet.

Zu erreichen: Von der Staatstraße in das Zentrum fahren. Dort führt eine kleine Gasse zum Weingut. Besuch nur gegen Voranmeldung möglich.

Trattoria il Carantan

33095 Domanins, Via del Sole 20
TELEFON: *333/991 30 87*
www.ilcarantan.it
www.ilcarantan@libero.it
WIRTE: *Elisa und Mario*
GEÖFFNET: *Mittags und abends*

Aufgefallen ist mir das Wirtshaus, als ich von Spilimbergo in Richtung Zoppola fuhr. Rauscedo vorbei, dann eine lange Gerade. Links das Weingut »I Magredi«, rechts ein kleines, weißgetünchtes Haus. Wie eine Kassette. Der Parkplatz dicht belegt mit Lastwagen. »Aha, da kann man gut essen«, dachte ich mir. Eine alte Weisheit in Italien: Dort wo zur Mittagszeit Fahrzeuge stehen, die auf Facharbeiter hinweisen, da kann gut und preiswert gespeist werden. Denkste, die kleine, aber herzige Bude war gedroschen voll. Da saßen die Regionalkapitäne der Gemeindestraßen (Fernfahrer haben keine Zeit mehr für ein Mittagsmahl) und schmausten, dass es eine wahre Pracht war. Die Wirtin lächelte mich an, dort an der Theke, ein Minitischchen, ja, das wäre noch frei. Nichts wie hin. Und ich bereue es nicht. Gut gegessen. Tolle Weine haben sie da. Alles von guten Bekannten und Freunden. Wer trinkt die? Die Lastwagenfahrer? Nein, gibt mir Elisa zu verstehen, die werden am Abend getrunken, denn da gäbe es die grande cucina. So ist es: Mittags gut kochen. Schnelle, feine Küche. Am Abend zeigt Wirt Mario was er drauf hat. Große Klasse.

Achtung: Mit einem Bus voll Genießer muss man das Weite suchen. Das kleine Wirtshaus bietet nur rund 30 Personen Platz.

WC: Italienisch

La Torre

Spilimbergo, Pizza Castello 8
TELEFON UND FAX: *0427/50 555*
WIRTE: *Massimo Botter, Marco Talamini*
GEÖFFNET: *Mittags und abends*
GESCHLOSSEN: *Sonntagabend und Montag*

In Spilimbergo, der Stadt, die als alte Dame am Ufer des Tagliamento bezeichnet wird, führt der Weg jedes Touristen unwillkürlich in das mittelalterliche Schloss des Geschlechtes der Spangenberg. Im Palazzo Dipinto – er gehört zum Gesamtensemble dieses Schlosses – aus dem 14. Jahrhundert ist das beste Restaurant der Stadt untergebracht, das Restaurant »La Torre«.

Gäbe es einen Preis für besonders gute Käseauswahl, das La Torre müsste ihn erhalten. Gäbe es einen Preis für besondere Weinauswahl, das La Torre gehörte zu den führenden Betrieben. Und den Preis für kreative Küche haben Maitre Massimo und Küchenchef Marco schon längste erhalten: Er ist die Begeisterung des Publikums.

Jeden Monat wird die Speisekarte gewechselt und Produkte aus der gesamten Region bis tief in den Veneto hinein werden köstlich veredelt. Im Keller lagern knapp 400 verschiedene Weine. Ein kleines Restaurant mit Grandezza und Stil.

WC. Getrennt, sauber

Osteria Da Afro

Spilimbergo, Via Umberto 14
TELEFON UND FAX: *0427/22 64*
E-MAIL: *osteriadaafro@tin.it*
WIRT: *Dario Martina*
GEÖFFNET: *Mittags und abends*
GESCHLOSSEN: *Sonntag, 1.–10. Jänner*

Ein Besuch im »Da Afro« gehört zum Pflichtprogramm von Spilimbergo: Ein reizendes Wirtshaus in der Innenstadt, wo Dario nach Rezepten seiner Großmutter und Mutter köstliche regionale Speisen

auf den Tisch bringt. Platz findet der Gast im Kaminzimmer oder im Freien unter der Pergola. Zuerst muss man durch die Gaststube, wo die Kartenspieler sich ihr tägliches Stelldichein geben. Hinter dem Haus eine Boccia-Bahn, die im Sommer sehr häufig in Betrieb ist. Man hört den Klang der Boccia (Kugel), die auf dem harten Sandboden aufschlägt oder rollt.

WC: getrennt, sauber

Ristorante Albergo Corona

33090 Clauzetto, Via Fabricio 14
TELEFON: *0427/8 06 68*
WIRTE: *Fausto und Eliana Fabrici*

Von Spilimbergo sind es 20 Kilometer in Richtung Norden nach Castelnuovo del Friuli und über Noraz hinauf auf die Berge. Nach einigen Kilometern kommt das Bergdorf Clauzetto. Eine mächtige Kirche und eng aneinandergeschmiegte Häuser, die sich an den steilen Berghang »klammern«. Mitten drinnen das Hotel »Corona«. Eigentlich eher unscheinbar. Auf den ersten Blick ein typisch friulanisches Berghotel.

»Wir hatten 1976 durch das Erdbeben schwere Schäden am Haus und haben daher alle Zimmer neu gebaut«, zeigt Fausto. Die Zimmer sind modern ausgestattet und haben fast alle eine tolle Aussicht hinunter in die Tiefebene Friauls. »Bei klarer Sicht«, so der Wirt, »sieht man von hier aus die Adria.« Man glaubt ihm das, denn Clauzetto wirkt wie der Balkon eines Hochhauses. Vor dem Zweiten Weltkrieg hatte das Dorf noch 3000 Einwohner. Jetzt sind es gerade 450. Aber im Sommer kommen viele Italiener zur Sommerfrische. Clauzetto liegt etwas über 500 Meter und besitzt gegenüber der Hitze in der Ebene geradezu ein mildes Klima.

So manche Gäste zieht es aber nicht wegen der Sommerfrische, sondern wegen der guten Küche in das »Corona«. Im Tiefgeschoß des Hauses befindet sich das Restaurant (mit einer recht schönen Terrasse). Der Koch des Hauses und die Chefin bieten Friulaner Kost aus den Bergen. Und zwar in bester Qualität und sehr innovativ, was das Zusammenstellen des Menüs, der einzelnen Teller und neuer Gerichte angeht. Fausto serviert und empfiehlt seinen Gästen den dazupassenden Wein. Was er mit großem Engagement und Wissen tut. Die Auswahl der Kreszenzen, die er besitzt, ist ordentlich.

WC: getrennt, italienisch, einfach, sauber, Waschmöglichkeit

La Balote

Polenta, Salzkäse, Pilze, Montasio-Käse, geräucherter Topfen (Ricotta affumicata)

La Balote ist ein originelles Gericht aus dem Gebiet der Täler d'Arzino, Cosa und Tramontina. Einst wurde dieser Maiskloß an jenem Tag serviert, an dem ein Bräutigam bei den Eltern seiner Zukünftigen um die Hand angehalten hatte. Da wurde ihm Balote gereicht und damit die Einverständniserklärung abgegeben. Heute wird Balote vom »Corona« als Vorspeise innerhalb eines Menüs angeboten.

Man kocht eine Polenta und gibt dazu sautierte Pilze und den Salzkäse. Das wird gut vermischt und zu Bällchen geformt. Diese werden mit einer Käsesoße aus Käse von Clauzetto (oder Montasio) und ricotta affumicata übergossen. Für die Soße werden die Käse kleingeschnitten in eine Pfanne gegeben. Über das Feuer halten, bis der Käse schmilzt und dann sofort über die Polentaknödel schütten.

Rezepte

A

Ausgelöste Entenkeulen mit Gewürzkräutern ... 78

B

Balsamico Hirschkarree ... 116
Bandnudeln mit Jakobsmuscheln und Spargel ... 204
Basilikum-Reis ... 60
Berg-Radicchio, eingelegter, mit Soppressa und Montasio ... 177
Birnenauflauf ... 55
Bischofsbrot ... 67
Blätterteig mit Steinpilzen und Montasio-Soße ... 178
Blätterteigtaschen mit Meeresfrüchten und Scampi ... 23
Bonbons »Süßer Rauch« ... 188
Brennnessel-Gnocchi ... 34

C

Calamari, gefüllt mit Scampi und jungen Zucchini ... 202
Cjalzons aus Timau ... 55
Cjarsons (Ravioli) ... 28

D

Dalmatinische Fischsuppe ... 142

E

Ente, Das Beste mit getrüffeltem Honig ... 94
Entenbrust mit Waldbeeren ... 162
Entenragout ... 174
Erdäpfelknödel mit Montasio auf Fricoblättern ... 178
Erdäpfelnockerln mit Gänseragout ... 180
Erdbeertörtchen ... 187

F

Fischsuppe ... 132
Frico mit Erdäpfeln ... 24
Frico mit geriebenem Käse ... 24
Frico mit Steinpilzen ... 63
Frico mit Zucchini ... 60
Frico ... 60
Friulanischer Salat ... 98

G

Gefüllte Wachteln ... 161
Gefüllte Zucchiniblüten mit Basilikum und Melanzane ... 38
Gemüsebauern-Omelette ... 138
Geschmortes Schweinefleisch à la Carnia ... 33
Ghibaniza ... 128
Gnocchi alla Carnica ... 20
Gnocchi alle erbe fini (Erdäpfelknödel mit feinen Kräutern) ... 33
Gnocchi mit Erdäpfeln und Zucchini ... 26
Gnocchi mit Minze ... 22
Gnocchi mit Ricotta ... 24
Gnocchi mit Spargel ... 164
Goldbrasse mit Oliven ... 186

H

Himbeer-Charlotte ... 152
Hirschfilet mit Preiselbeeren ... 104
Hirschschinken mit Honig ... 188

I

Idrik Uprasen ... 66

J

Jota ... 138

K

Kalbschnitzel mit Pilzen und Trüffelöl ... 64
Karotten-Risotto ... 30
Karree vom Rehbock mit Carnia-Kräutern und Polenta ... 30
Karstfilet ... 129
Kartoffelknödel mit Zimt und Feigen ... 129
Käsekörbchen mit Käsecreme und Polenta ... 81
Käsetörtchen mit Kräutern ... 52
Kürbisstrudel mit Nüssen und Specksoße ... 225

L

La Balote ... 234
La Maialata (Schweinereien) ... 73
Lammkotelettes mit Waldfrüchten ... 230

M

Marillen, Versunkene ... 78
Minzcreme mit Erdbeeren ... 66
Moscardini ... 20
Muschelsuppe ... 18

N

Nudeln mit Scampi ... 200
Nudeln mit schwarzem Tintenfisch ... 207

O

Orata auf Rucola ... 21

P

Panierte Truthahnroulade mit San Danieler Schinken und Artischocken ... 98
Paprikavariationen ... 94
Pastete vom Zackenbarsch ... 204
Perlhuhn in Kohlblättern mit Steinpilzen ... 38
Pilzplatte mit Salzkäse ... 225

R

Ravioli mit Mozzarella, Melanzane und Paradeiser ... 155
Ravioli, gefüllt mit Scampi in der eigenen Suppe ... 207
Reh mit Polenta ... 34
Reis mit Golf-Suri ... 170
Reis mit Jakobsmuscheln und Steinpilzen ... 173
Reis mit Trüffelöl ... 63
Reisfleisch mit Kapaun ... 182
Risotto mit Huhn und Schwarzbeeren ... 28
Risotto mit Schinken und Feigen ... 230
Rollgerstensuppe mit Spargel ... 174

S

Schmorfleisch vom Schwein mit Steinpilzen ... 183
Seebarsch im Rohr ... 200

Seebarsch mit Zitrusfrüchten 172
Spaghetti »Alle Bocce« 208
Spaghetti blau mit Hornhecht 170
Spargel mit Speck 187
Spargelreis 158
Steinbutt mit Sauvignon
und Gemüseallerlei 167
Steinpilz-Creme 30
Steinpilztorte 22
Strudel 104
Szegedinergulasch 27

T
Tagliatelle al ruscus 183
Tagliolini mit Garnelen 21
Toc cun Pestum di Coculis 27

W
Würzige Gänseleber 134

Z
Zitronensoufflé mit Zitroneneis 167

Empfehlenswerte Hotels

Udine

Ambassador Palace Hotel ****
Via Carducci 46
Telefon 0432/503 777
Fax 503 711

Hotel La di Moret ***
Viale Tricesimo 276
Telefon und Fax 0432/545 096

Hotel President ***
Via Duino 8
Telefon 0432/509 905
Fax 507 287

Hotel Cristallo ***
Piazzale D'Annunzio 43
Telefon 0432/501 919
Fax 501 673

Hotel Ramandolo ***
Via Forni di Sotto 28
Telefon 0432/545 915
Fax 479 835

Hotel Clocchiatti **
Via Cividale 29
Telefon und Fax 0432/ 505 047

Cividale

Hotel Roma ***
Piazza Picco
Telefon 0432/731 871
Fax 701 033

Venzone

Hotel Carnia ***
Stazione Carnia
Telefon 0432/978 013
Fax 978 187

San Giovanni al Natisone

Wiener Hotel ***
Via Stazion 68
Telefon 0432/757 378
Fax 757 359

Sacile

Hotel due Leoni ****
Piazza del Popolo 24
Telefon 0434/788 111
Fax 788 112

Cormons

Hotel Felcaro ***
Via S. Giovanni
Telefon 0481/60214
Fax 630 255

Triest-Muggia

Hotel Lido ***
Via. C. Battisti
Telefon 040/273 338
Fax 271 979

Info

Agenzia Turismo Friuli Venezia Giulia

Telefon 0039/0432/73 41 00
www.turismo.fvg.it, info@turismo.fvg.it

Movimento Turismo del Vino Friuli Venezia Giulia

Telefon 0039/0432/28 95 40
www.mtvfriulivg.it, info@mtvfriulivg.it

Wirte, Winzer, Produzenten

A

Agli Amici, Godia Udine ... 156
Ai Fiori, Trattoria, Triest ... 132
Ai Tre Re, Osteria, Cividale ... 64
Aita, Azienda Agricola, Cormons ... 100
Al buon Arrivo, Trattoria, Tarvis ... 21
Al Burcio, Sacile ... 226
Al Convento, Almwirtshaus, Luschari ... 22
Al Ferarut, Rivignano ... 184
Al Giardinetto, Trattoria, Cormons ... 98
Al Grop, Tavagnacco ... 162
Al Ladin, Osteria, Buia ... 156
Al Lido, Muggia ... 142
Al Morarat, Ristorante, Rivignano ... 184
Al Mulin Vieri, Ristorante, Tarcento ... 54
Al Paradiso, Trattoria, Paradiso di Pocenia ... 183
Al Parco, Antica Locanda, Tavagnacco ... 162
Al Parco, Trattoria, Buttrio ... 80
Al Passeggio, Trattoria, Udine ... 168
Al Ponte, Albergo Ristorante, Gradisca d'Isonzo ... 129
Al Scus, Cortale di Reana del Rojale ... 154
Al Vecchio Stallo, Udine ... 170
All Unione, Osteria, Cormons ... 97
All'Androna, Grado ... 206
Alla Pace, Ristorante, Sauris ... 33
Alle Viole, Osteria, Gradisca d'Isonzo ... 116
Alle Bocce, Lignano Sabbiadoro ... 208
Altran, Osteria, Ruda ... 203
Antica Bettola da Marisa, Rodeano Basso ... 186
Aquila d'Oro, Ristorante, Dolegna del Collio ... 92
Astoria Italia, Ristorante, Udine ... 174

B

Bidin, Lignano Sabbiadoro ... 208
Blanch, Trattoria, Mossa ... 106
Borgo delle Oche, Azienda Agricola, Arzene ... 232
Borgo San Daniele, Weingut, Cormons ... 97

C

Caffè San Marco, Triest ... 137
Capriccio, Gelateria, Reana del Rojale ... 155
Carnia, Hotel Restaurant, Carnia ... 28
Casa del Grivo, Agriturismo, Faedis ... 59
Castello di Spessa, Capriva ... 115
Castelvecchio, Weingut, Sagrato d'Isonzo ... 129
Chichibio, Ristorante Pizzeria, Cervignano del Friuli ... 200
Chiosco al Ponte, Trattoria, Faedis ... 60
Colli di Poianis, Agriturismo, Prepotto ... 74
Concordia, Ristorante Pizzeria, Udine ... 173
Corona, Ristorante Albergo, Clauzetto ... 234

D

Da Afro, Osteria, Spilimbergo ... 233
Da Benito, Ristorante, Caporosso ... 20
Da Gaspar, Trattoria, Tarcento ... 52
Da Giusi, Antica Trattoria, Malborghetto ... 24
Da Lucia, Trattoria, Ugovizza ... 22
Da Mario, Enoteca dello Schioppettino, Prepotto ... 72
Da Nando, Trattoria, Mortegliano ... 177
Da Pepi, Buffet, Triest ... 134
Da Pippo, Trattoria, Udine ... 167
Da Rita, Trattoria, Buia ... 158
Da Toni, Trattoria, Gradiscutta di Varmo ... 180
Dal Fari, Weingut, Cividale ... 64
Davino Meroi, Weingut, Buttrio ... 81
Del Doge, Ristorante, Passariano ... 178
Delikatessen Scubla, Cividale ... 63
Devetak, Trattoria Gostilna, Savogna d'Isonzo ... 126
Distilleria di Bepi Tosolini, Povoletto ... 56
DOK Dall'Ava, San Daniele ... 187

E

Edi Kante, Weingut, Duino-Aurisina ... 141
Enoteca di Cormons, Cormons ... 100
Enoteca L'Elefante, Cividale ... 63
Erbe di Carnia, Venzone ... 52

F

Feinkost Savio, Tricesimo ... 152
Formentini, Golf Hotel, San Floriano dell Collio ... 110

G

Gaudemus, Sistiana ... 132
Gigi Valle, Weingut, Buttrio ... 82
Giovanni Dri Il Roncat, Azienda Agricola, Ramandolo ... 55
Girolamo Dorigo, Weingut, Buttrio ... 80
Gran Malabar, Vinothek, Triest ... 134

H

Hostaria Vecchia Cecchini, Passiano di Pordenone ... 222
Hotel Franz, Gradisca d'Isonzo ... 126

I

Il Carantan, Trattoria, Domanins ... 232
Il Pedrocchino, Sacile ... 226
Iole Grillo, Azienda Agricola, Prepotto ... 70
Isola Augusta, Azienda Agricola, Palazzolo dello Stella ... 209
Italia, Ristorante, Tarvis ... 18

K

Kitzmüller, Weingut, Brazzano ... 94

L

La Colombara, Ristorante, Aquileia ... 203
La di Moret, Hotel Ristorante, Udine ... 168
Là di Petròs, Mels ... 160
La Frasca, Lauzacco ... 175
La Piola, Sacile ... 226
La Poce des Stries, Montegnacco ... 188
La Primula, Ristorante Albergo, San Quirino ... 224
La Rotonda, Ristorante, Cervignano ... 201
La Subida, Trattoria, Cormons ... 103
La Taverna, Colloredo ... 161
La Torre, Spilimbergo ... 233
La Torre, Trattoria, Valvasone ... 229
La Vecia Osteria del Moro, Pordenone ... 224
La Viarte, Weingut, Prepotto ... 74

La Vicinia, Antica Hosteria, Grizzo di Montereale ... 229
Laite, Ristorante, Sappada ... 37
Le Due Terre, Weingut, Prepotto ... 68
Le Dune, Mariano del Friuli ... 131
Le Fredis, Weingut, Lauzacco ... 176
Livio Felluga, Weingut, Brazzano ... 96
Locanda San Gallo, Moggio Udinese ... 27

M

Magnas, Azienda Agricola, Cormons ... 115
Marco Felluga, Weingut, Gradisca d'Isonzo ... 115
Marina Danieli, Azienda Agricola, Buttrio ... 77
Marinig Valerio, Azienda Agricola, Prepotto ... 73

N

Nonino, Distilleria, Percoto ... 176

O

Ota, Pasticceria, Bagnoli della Rosandra ... 141

P

Petrussa, Azienda Agricola, Prepotto ... 68
Prosciutti D'Osvaldo, Cormons ... 100

R

Radikon, Weingut, Oslavia ... 110
Ramandolo, Antica Osteria, Nimis ... 56
Renzo, Ristorante, Valbruna ... 23
Roma, Ristorante, Tolmezzo ... 30
Ronchi di Cialla, Weingut, Cialla di Prepotto ... 67
Ronco del Gelso, Azienda Agricola, Cormons ... 103
Rose von Görz, Gärtnerei, Gorizia ... 109
Rosenbar, Gorizia ... 109
Rosic, Agriturismo, Malborghetto ... 23
Russiz Superiore, Weingut, Capriva ... 112

S

Sale e Pepe, Trattoria, Stregna ... 66
Salon, Ristorante, Arta Terme ... 32
Salumi Turus, Azienda Agricola, Mossa ... 106
Sancin, Bauernhof, Triest ... 130
Scabar, Triest ... 138
Scacciapensieri, Agriturismo, Buttrio ... 78
Schinkenproduktion Wolf, Sauris ... 36
Schiopetto, Weingut, Capriva ... 111
Spezieria pei sani, Enoteca, Udine ... 173
Stella d'Oro, Ristorante, Marano Lagunare ... 207
Suban, Antica Trattoria, Triest ... 137
Subida di Monte, Weingut, Cormons ... 104

T

Tami, Weingut, Buttrio ... 81
Tenuta di Blasig, Weingut, Ronchi dei Legionari ... 130
Tenuta Villanova, Distilleria, Villanova di Farra ... 106
Tercic, Weingut, San Floriano dell Collio ... 109
Tereza Raiz, Weingut, Povoletto ... 59
Terra e vini, Osteria, Brazzano ... 96
Tiare, Osteria, Cormons ... 97
Tinello di San Urbano, Urlaub am Bauernhof, Prepotto ... 74
Tschurwald, Trattoria, Tarvis ... 18

V

Venica & Venica, Weingut, Dolegna del Collio ... 92
Vignai dell Abate, Azienda Agricola, Manzano ... 77
Villa Luppis, Rivarotta ... 222
Villa Policreti, Ristorante, Aviano ... 229
Villa Reale, Hotel, Grado ... 204
Villa Riviera, Albergo Ristorante, Pradamano ... 176
Villa Russiz, Weingut, Capriva ... 112
Villafredda, Osteria, Loneriacco di Tarcento ... 152
Vitello d'Oro, Udine ... 164

Z

Zuani, Weingut, San Floriano dell Collio ... 110

Worterklärungen

Erdapfel – Kartoffel

Paradeiser – Tomate

Topfen – Quark

Obers, Schlagrahm, süßer Rahm – Sahne

Einbrenn – Bechamel

Julienne – in feine Streifen geschnitten

EL – Eßlöffel

KL – Kaffeelöffel

TL – Teelöffel

Olivenöl – in diesem Buch ist damit das Olio di Oliva extravergine gemeint, immer ein gutes Öl verwenden, es kostet zwar mehr, lohnt den Preis aber durch den besseren Geschmack

Parüren – so nennt man die »Abfälle« beim Zuschneiden von Fleischstücken.

Passieren – durchsieben, durchdrücken oder durchstreichen von Flüssigkeiten, Obst, Gemüse etc.

Sasaka – Verhackertes

Schwarzbeeren – Heidelbeeren

Kohl – Wirsing

Fogolar – offene Feuerstelle

Greißler – Tante-Emma-Laden

Agriturismo-Betriebe – Bäuerliche Betriebe, die eigene Produkte ab Hof verkaufen, kochen oder auch Zimmer anbieten

Fotos: © Ferdinand Neumüller, Klagenfurt
Gestaltung: TextDesign, Klagenfurt
Satz & Repro: TextDesign Ges.m.b.H., Klagenfurt
Karten im Innenteil mit Genehmigung des Landesfremden-
verkehrsamtes der Region Friaul – Julisch-Venetien, Triest
Druck und Bindung: Carinthian Bogendruck GmbH, Klagenfurt
Printed in Austria

4. völlig überarbeitete Auflage

ISBN-10: 3-85378-567-0
ISBN-13: 978-3-85378-567-6